高等职业教育（本科）机电类专业系列教材

U0738024

电子技术

主 编◎蔡大华 蒋嘉洋 李 唐

参 编◎周 慧 陈 敏 王 芳 张文婷 曹 曦

机械工业出版社

CHINA MACHINE PRESS

"电子技术"课程包括模拟电子技术和数字电子技术两部分内容。

本书主要内容包括半导体器件、交流放大电路、集成运算放大器、正弦波振荡电路、直流稳压电源、数字电路基础、门电路和组合逻辑电路、触发器和时序逻辑电路、脉冲信号的产生与整形电路。每章附有典型电子电路的虚拟仿真及结果，结合实验要求强化实践技能训练。

本书适合用作高等职业本科院校机电类、交通类及电气类等专业的教材，也可作为从事电子技术工作的工程技术人员的参考书。

为方便教学，本书配有电子课件、习题答案、模拟试卷及答案等教学资源，凡选用本书作为授课教材的老师，均可通过QQ（2314073523）咨询。

图书在版编目（CIP）数据

电子技术 / 蔡大华，蒋嘉洋，李唐主编 . -- 北京：机械工业出版社，2025.6. --（高等职业教育（本科）机电类专业系列教材）. -- ISBN 978-7-111-77959-9

Ⅰ. TN

中国国家版本馆 CIP 数据核字第 2025ZZ3413 号

机械工业出版社（北京市百万庄大街 22 号　邮政编码 100037）

策划编辑：曲世海　　　　　责任编辑：曲世海　王　荣
责任校对：潘　蕊　张昕妍　　封面设计：马精明
责任印制：单爱军

北京盛通数码印刷有限公司印刷

2025 年 6 月第 1 版第 1 次印刷

184mm×260mm · 16 印张 · 405 千字

标准书号：ISBN 978-7-111-77959-9

定价：55.00 元

电话服务　　　　　　　　　　网络服务

客服电话：010-88361066　　　机 工 官 网：www.cmpbook.com
　　　　　010-88379833　　　机 工 官 博：weibo.com/cmp1952
　　　　　010-68326294　　　金 书 网：www.golden-book.com
封底无防伪标均为盗版　　　　机工教育服务网：www.cmpedu.com

前　言

"电子技术"是机电类、交通类、电气类专业的一门重要的技术基础课程。通过本课程的学习，学生可以掌握电子器件功能及应用、模拟电子及数字电子电路分析应用，能够进行典型电子电路实验，掌握仿真的基本技能，并为后续课程准备必要的电子理论知识和分析方法。

本课程是一门理论性、实践性和应用性很强的技术基础课程。根据电子电路的特点及高等职业本科教育的任务，设计编写本书的思路如下：

1）本书主要包括半导体器件、交流放大电路、集成运算放大器、正弦波振荡电路、直流稳压电源、数字电路基础、门电路和组合逻辑电路、触发器和时序逻辑电路、脉冲信号的产生与整形电路等内容。

2）电子技术内容繁多，而学时有限，因此本书在保证基本概念、基本原理和基本分析方法的前提下，力求精选内容，以典型电子电路分析应用为主，并结合实验及仿真要求强化实践技能训练。

3）增强实用性。本书在编写过程中力图做到理论联系应用，学以致用，淡化公式推导，重在教学生学会电子元器件的功能、典型电子电路在实际中的应用和掌握基本电子仪器仪表使用测量方法，每章附有典型电子电路的虚拟仿真及实验内容。

4）力求语言通顺、文字流畅、图文并茂、可读性强，书中习题和例题着重分析和应用，每章有小结，便于学生学习和提高。

5）附录列出电子元器件型号命名方法及常用器件选型内容。

本书由蔡大华、蒋嘉洋、李唐主编，周慧、陈敏、王芳、张文婷、曹曦参与了部分内容的编写及整理工作。

在本书编写过程中，编者借鉴了相关文献，在此对相关作者以及帮助本书出版的单位和个人一并表示感谢。

由于编者水平有限，书中难免有错误和不妥之处，恳请读者批评和指正。

编　者

目 录

第二部分 数字电路分析与应用

第一部分

模拟电路分析与应用

第1章

半导体器件

▶ **学习目标**

1. 了解半导体材料的特性、本征半导体及杂质半导体载流子的概念。
2. 掌握 PN 结形成及导电特性。
3. 掌握二极管的结构、分类、特性及应用。
4. 掌握晶体管的结构、分类及特性。
5. 了解场效应晶体管的结构、分类及特性。

▶ **素养目标**

培养学生对电子技术领域的学习兴趣，鼓励他们对新技术和行业趋势保持好奇心和学习热情，帮助他们理解电子工程师的职业道德和在社会中的责任。

▶ **实例引导**

在家用电器产品或工业控制电路中，在计算机主板和工业控制板（见图 1-1）上，都可以找到半导体器件的踪迹，半导体器件已经跟人们的生活密不可分。半导体器件是电子技术的重要组成部分，因其具有体积小、重量轻、使用寿命长以及功耗小等优点而得到广泛应用。

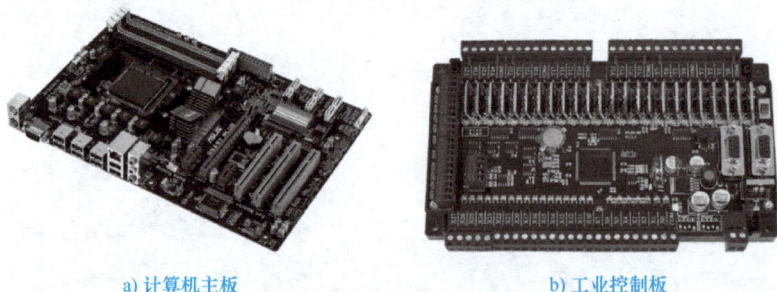

a) 计算机主板　　　　　　　　　　b) 工业控制板

图 1-1　半导体电子器件

本章介绍与放大电路有关的半导体基本知识以及二极管、晶体管、稳压二极管、场效应晶体管的工作原理、伏安特性、主要参数。本章还介绍了由分立器件组成的各种常用基本放大电路，讨论它们的电路结构、工作原理、分析方法以及电路的特点及应用等。

1.1 半导体的基础知识

1.1.1 半导体的特性

在自然界中，所有物质按导电能力强弱可分为导体、绝缘体、半导体三大类。导电能力介于导体和绝缘体之间的物质称为半导体。用于制造半导体元器件的材料有硅、锗、砷化镓及金属氧化物等，其中尤以硅最为常见。用半导体制成的器件称为半导体器件，包括半导体二极管、晶体管、场效应晶体管等。

半导体之所以用来制造半导体器件，是因为它的导电能力在外界因素作用下会发生显著的变化。

1）热敏特性。温度的变化会使半导体的电导率发生显著的变化，利用半导体的电阻率对温度特别灵敏，可做成各种热敏元件。

2）光敏特性。光照可以改变半导体的电导率。半导体在没有光照时，电阻可高达几十兆欧；受光照射时，电阻可降到几十千欧。利用这种特性，可将半导体制成光电晶体管、光耦合器和光电池等。

3）掺杂特性。若在纯净半导体中掺入微量杂质，其导电性能也可得到显著提高，因此，可以通过掺入不同种类和数量的杂质元素制造出二极管、晶体管等各种不同用途的半导体器件。

1.1.2 本征半导体

纯净不含任何杂质、晶体结构排列整齐的半导体称为本征半导体。原子是由带正电的原子核和带负电的核外电子组成的。若把纯净的半导体材料制成单晶体，它们的原子将有序排列。图 1-2 所示为硅原子结构和单晶硅原子排列示意图。

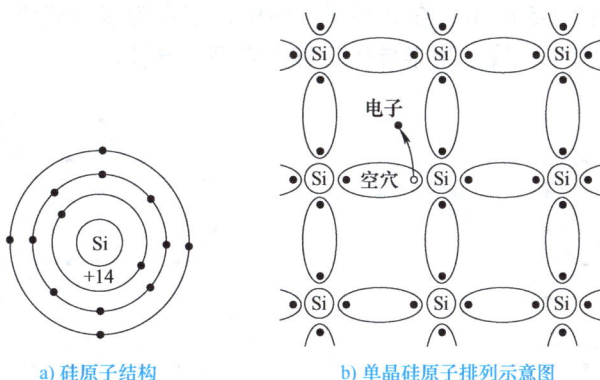

a) 硅原子结构   b) 单晶硅原子排列示意图

图 1-2　硅原子结构和单晶硅原子排列示意图

在一定温度下，若受光和热的激发，晶体结构中的少数价电子将会挣脱原子核的束缚成为自由电子。在原来共价键的相应位置留下一个空位，这个空位称为空穴，如图 1-2b 所示。出现空穴是半导体区别于导体的一个重要特点。显然，自由电子与空穴是成对出现的，所以称其为电子 - 空穴对。在本征半导体中，自由电子与空穴的数量总是相等的。此时原子失去电子带正电，相当于空穴带正电。与此同时，有空穴的原子会吸引相邻原子的价电子来填补空穴，于是形成了新的空穴，并继续吸引新的价电子转移到这个新的空穴上，如图 1-3 所示。如此继续不断，在晶体内则形成了自由电子的运动和空穴的反方向运动。因此，电子和空穴都成为运载电荷的粒子，称为载流子。本征半导体在外电场作用下，两种载流子的运动方向相反，形成的电流方向相同。

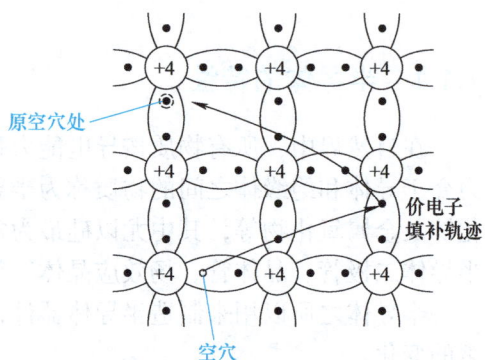

图 1-3　电子 – 空穴运动

1.1.3　杂质半导体

在本征半导体内部，自由电子和空穴总是成对出现的，因此，对外呈电中性。如果在本征半导体中掺入少量其他元素，就会使半导体的导电能力发生显著的变化。根据掺入杂质的不同，可形成两种不同的杂质半导体，即 N 型半导体和 P 型半导体。

1. N 型半导体

硅是四价元素，原子核最外层有四个电子。若在单晶硅中掺入五价磷，就可形成 N 型半导体，如图 1-4 所示。由于五价的磷原子同相邻的四个硅或锗原子组成共价键时，有一个多余的价电子不能构成共价键，这个价电子就变成了自由电子。在 N 型半导体中，电子为多数载流子，空穴为少数载流子，导电以自由电子为主，故 N 型半导体又称电子型半导体。

2. P 型半导体

同样，若在纯净半导体硅或锗中掺入少量三价元素杂质如硼，就可成为 P 型半导体。硼原子只有三个价电子，它与周围硅原子组成共价键时，因缺少一个电子，在共价键中便产生了一个空穴，如图 1-5 所示。在 P 型半导体中，空穴为多数载流子，自由电子为少数载流子，导电以空穴为主，故 P 型半导体又称空穴型半导体。

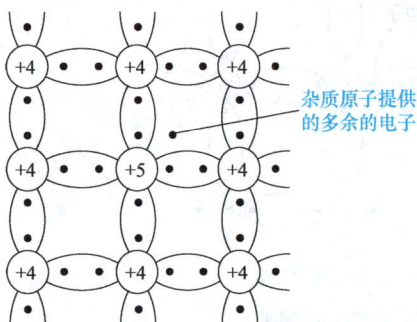

图 1-4　N 型半导体

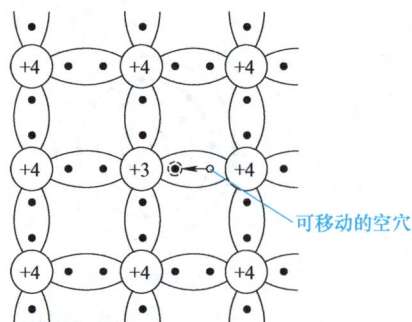

图 1-5　P 型半导体

1.1.4　PN 结及特性

1. PN 结的形成

在一块本征半导体的晶片上，通过一定的掺杂工艺，可使一边形成 P 型半导体（称为

P区），而另一边形成 N 型半导体（称为 N 区）。在 N 型半导体和 P 型半导体交界面的两侧，由于载流子浓度的差别，N 区的电子向 P 区扩散，P 区的空穴向 N 区扩散，P 区一侧因失去空穴而留下不能移动的负离子，N 区一侧因失去电子而留下不能移动的正离子，这些离子被固定排列在半导体晶体的晶格中，不能自由运动，因此并不参与导电。这样，在交界面两侧形成一个带异性电荷的离子层，称为空间电荷区，又称耗尽层或 PN 结（见图 1-6），并产生内电场，其方向是从 N 区指向 P 区。PN 结是构成各种半导体器件的基本单元。

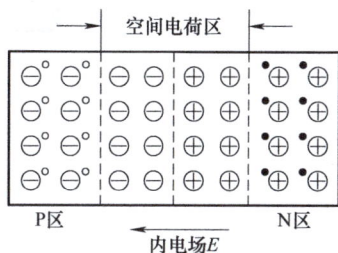

图 1-6　PN 结的形成

2. PN 结的单向导电特性

实验证明，PN 结对外不导电。但若在 PN 结两端加不同极性的电压，则将打破原平衡状态而呈现单向导电性。

（1）PN 结的正向偏置　在 PN 结两端外加电压，若 P 端接电源正极，N 端接电源负极，则称为正向偏置。由于外加电源产生的外电场方向与 PN 结产生的内电场方向相反，削弱了内电场，使 PN 结变薄，因此有利于两区多数载流子向对方扩散，形成正向电流。此时测得正向电流较大，PN 结呈现低电阻，称为 PN 结正向导通，如图 1-7 所示。

（2）PN 结的反向偏置　如图 1-8 所示，PN 结的 P 端接电源负极，N 端接电源正极，称为反向偏置。由于外电场方向与内电场方向一致，因此加强了内电场，使 PN 结加宽，阻碍了多数载流子的扩散运动。在外电场的作用下，只有少数载流子形成很小的电流，称为反向电流。此时测得电流近似为零，PN 结呈现高电阻，称为 PN 结反向截止。

应当指出，少数载流子是由于热激发产生的，因此 PN 结的反向电流受温度影响很大。

综上所述，PN 结具有单向导电性，即加正向电压时导通，加反向电压时截止。

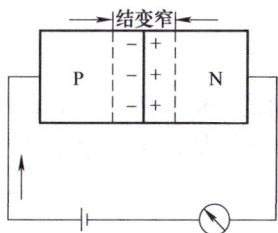

图 1-7　PN 结的正向偏置

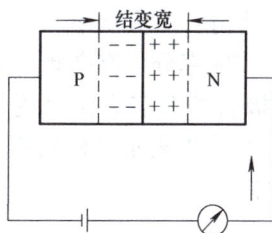

图 1-8　PN 结的反向偏置

1.2　半导体二极管

1.2.1　二极管的结构及类型

1. 结构与符号

在形成 PN 结的 P 型半导体上和 N 型半导体上，分别引出两根金属引脚，并用管壳封装，就构成二极管。其中从 P 区引出的电极为正极（阳极），从 N 区引出的电极为负极（阴极）。二极管的结构、符号及外形如图 1-9 所示。

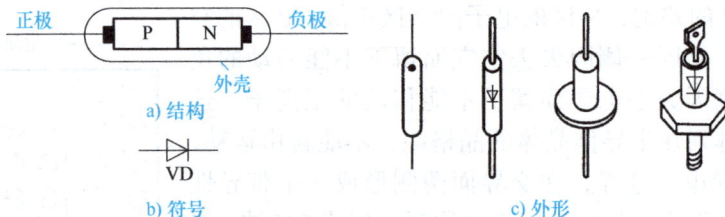

图 1-9　二极管的结构、符号及外形

多数二极管的管壳上都标有极性符号，对于玻璃外壳的硅二极管，有色点或色环的为负极。由于二极管实质上就是一个 PN 结，必然具有单向导电性，因此也可以用万用表的电阻档测量它的正、反向电阻以判断其正、负极性，也可以用数字式万用表测试二极管正偏电压值。

二极管的图形符号中，空心箭头的方向为其正向导通时电流的方向。

2. 类型

1）按材料分：有硅二极管、锗二极管和砷化镓二极管等。

2）按结构分：有面接触型、点接触型等。面接触型二极管的结面积大，结电容也大，可通过较大的电流，但其工作频率较低，常用在低频整流电路中；点接触型二极管的结面积小，结电容也小，高频性能好，但允许通过的电流较小，一般应用于高频检波和小功率整流电路中，也用作数字电路的开关元件。

3）按用途分：有整流、稳压、开关、发光、光电及变容等二极管、肖特基二极管等。

4）按封装形式分：有玻璃、塑料及金属封装等二极管。

5）按功率分：有大功率、中功率及小功率二极管。

6）按工作频率分：有高频二极管和低频二极管。

国产二极管的命名方法见附录 A。此外，常用美国的 1N 系列二极管，如 1N4004、1N4007 等，其中 1 表示二极管有一个 PN 结，N 表示该器件是在美国电子工业协会注册登记的半导体。

1.2.2　二极管的伏安特性

常利用伏安特性曲线来描述二极管的单向导电性。所谓二极管的伏安特性，是指二极管两端电压和流过它的电流之间的关系，如图 1-10 所示。伏安特性是二极管应用的理论依据。下面对二极管的伏安特性曲线加以说明。

1. 正向特性

二极管的正向特性分为正向死区和正向导通区两部分。以硅二极管为例，图 1-10 中，OA 段为正向死区。由于正向电压较低，正向电流近似为零，二极管呈现高阻特性，尚未导通。当外加电压超过死区电压后，正向电流随外加电压的增大而迅速上升，二极管呈导通状态，导通后，二极管管压降很小，且不随电流变化，如图中 AB 段所示。硅二极管的死区电压约为 0.5V，导通管压降约为 0.7V。图中虚线为锗二极管的伏安特性曲线，其死区电压约为 0.1V，导通管压降约为 0.3V。

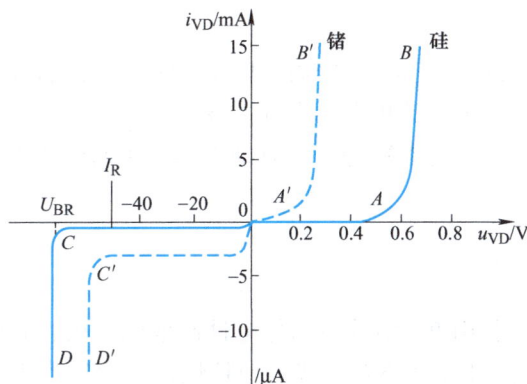

图 1-10　二极管的伏安特性

2. 反向特性

二极管的反向特性分为反向截止区和反向击穿区两部分。仍以硅二极管为例，图1-10中，OC 段为反向截止区，当二极管两端加上反向电压时，在开始的很大范围内，二极管相当于一个非常大的电阻，反向电流极小，且不随反向电压变化，称为反向饱和电流，通常用 I_R 表示。小功率硅二极管的反向饱和电流一般小于 0.1μA。当反向电压增大到一定数值时，反向电流将急剧增大，称为反向击穿，此时对应的电压称为反向击穿电压，用 U_{BR} 表示，如图中 CD 段所示。反向击穿将造成 PN 结损坏，应用中应避免发生。

二极管的反向饱和电流与温度密切相关，温度升高时，少数载流子增加，所以反向电流将急剧增加。通常温度每升高 10℃，反向饱和电流约增加一倍。当温度升高时，二极管反向击穿电压 U_{BR} 会有所下降。

由以上分析可知，二极管是一个非线性器件，电压和电流之间的关系不符合欧姆定律，电阻不是一个常数。除单向导电性外，二极管还具有开关特性。正向导通时，管压降很小，可视为短路，相当于一个闭合的开关。反向截止时，反向电流很小，可视为开路，相当于一个断开的开关。因此，二极管在开关稳压电路中有广泛的应用。

1.2.3　二极管的主要参数

电子元器件的参数表征了器件的性能和使用条件，是合理选用和正确使用半导体器件的重要依据。常用二极管的主要参数可参阅本书附录表 B-1。下面对二极管的常用参数做简要介绍。

1. 最大整流电流 I_F

最大整流电流指二极管长期运行时，允许通过的最大正向平均电流。二极管工作时电流不得超过此值，否则 PN 结将因过热而损坏。

2. 最高反向工作电压 U_{RM}

最高反向工作电压指允许加在二极管两端的反向电压的最大值，其值通常取二极管反向击穿电压的一半左右。使用二极管时电压不得超过此值，否则二极管将被反向击穿。

3. 反向电流 I_R

反向电流是指在室温下，二极管未击穿时的反向电流值。该值越小，二极管的单向导电性能越好。

4. 最高工作频率 f_M

最高工作频率是指二极管正常工作时的上限频率值。它的大小与 PN 结的结电容有关。工作频率超过此值，二极管的单向导电性能变差。

二极管的参数很多，除上述参数外，还有结电容、正向电压等，实际应用时，可查阅半导体器件手册。

1.2.4　特殊用途二极管

二极管的种类很多，利用 PN 结的单向导电性制成的二极管有整流二极管、检波二极管、开关二极管等。此外，PN 结还有一些其他特性，采用适当工艺方法可制成特种功能用处的二极管，如稳压二极管、变容二极管、发光二极管和光电二极管等。

1. 稳压二极管

稳压二极管是一种特殊的面接触型二极管，具有稳压作用，图 1-11 为它的电路符号和伏安特性。

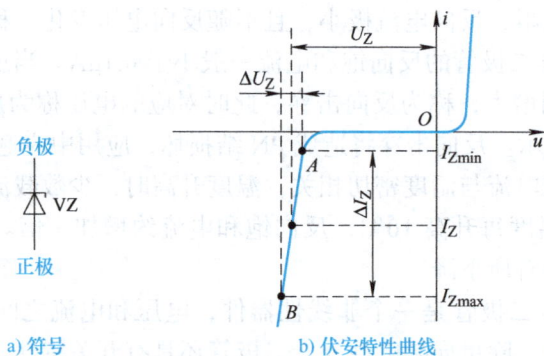

图 1-11　稳压二极管的电路符号和伏安特性

（1）稳压原理　从伏安特性看，稳压二极管的正向特性与普通二极管相同。不同的是，稳压二极管工作在反向偏置状态，即它的正极接电源的低电位，负极接电源的高电位。稳压二极管反向击穿时，其反向电流可在很大范围内变化，如图 1-11b 中 ΔI_Z，但端电压却变化很小，如图 1-11b 中 ΔU_Z，因此具有稳压作用。

（2）主要参数

1）稳压电压 U_Z：也即稳压二极管的反向击穿电压。不同类型的稳压二极管，其稳压值不一样。由于制造工艺的原因，同一型号的稳压二极管的稳压值也不易固定在同一数值上，而是一个范围。例如 2CW11 稳压二极管，U_Z 的允许值在 3.2 ～ 4.5V 之间。其中，有的可能 3.5V，有的可能 4.2V。

2）最大稳定电流 I_{Zmax}：指允许通过的最大反向电流。

3）最大耗散功率 P_{ZM}：指稳压二极管所允许的最大功耗，其值为 $P_{ZM}=I_{ZM}U_Z$。若超过此值，管子将过热而损坏。

【例 1-1】如图 1-12 所示，已知稳压二极管的 U_Z =5.5V，当 U_I=±15V，R=1kΩ 时，求 U_O。稳压二极管的正向导通压降 U_F=0.7V。

解：当 U_I=15V，VZ_1 反向击穿稳压。

U_{Z1} =5.5V，VZ_2 正向导通，则 U_O=6.2V。

同理，VZ$_2$ 反向击穿稳压，VZ$_1$ 正向导通，$U_I = -15V$，$U_O = -6.2V$。

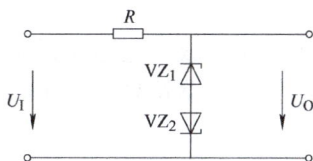

图 1-12　例 1-1 图

2. 发光二极管

发光二极管是一种能将电能转换成光能的特殊二极管，它的符号及外形如图 1-13 所示。制成发光二极管的半导体中杂质浓度很高，当对发光二极管加正向电压时，多数载流子的扩散运动加强，大量的电子和空穴在空间电荷区复合时释放出的能量大部分转换为光能，从而使发光二极管发光，并根据不同化合物材料，可发出不同的颜色，如磷砷化镓发出红色、磷化镓发出绿色等。发光二极管常用来作为显示器件，除单个使用外，也常做成七段式，正向导通电压一般为 1 ～ 2V，工作电流一般为几毫安至十几毫安。

3. 光电二极管

光电二极管在管壳上有一个玻璃窗口以便接收光照，如图 1-14a 所示，一般工作在反向电压下，它的反向电流随着光照度而上升，它的符号如图 1-14b 所示。当有光照时，可以激发大量电子空穴，光电二极管处于导通状态；当没有光照时，只有很少的电子空穴，光电二极管处于截止状态。光电二极管可应用于光的测量。

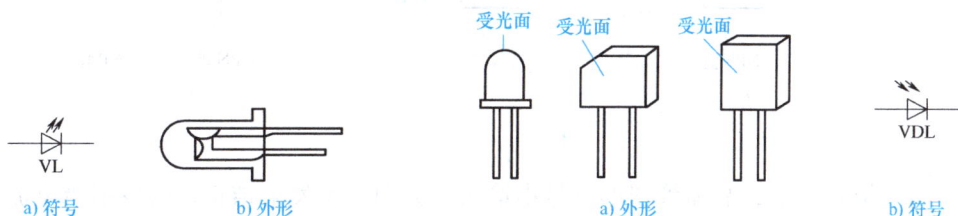

图 1-13　发光二极管的符号及外形　　　　图 1-14　光电二极管的外形和符号

4. 变容二极管

变容二极管是利用 PN 结反偏时结电容大小随外加电压而变化的特性制成的。反偏电压增大时结电容减小，反之结电容增大。它的符号如图 1-15 所示。变容二极管的电容量一般较小，其最大值为几十皮法到几百皮法。它主要在高频电路中用作自动调谐、调频等，例如在电视机的调谐电路中作可变电容。

5. 肖特基二极管

肖特基二极管是利用金属和 N 型或 P 型半导体接触形成具有单向导电性的二极管，它的图形符号如图 1-16 所示。肖特基二极管具有开启电压小（在 0.2 ～ 0.5V 范围之内）、工作速度快的特点。它在数字集成电路中与晶体管做在一起，形成肖特基晶体管，以提高开关速度，还可用作高频检波和续流二极管等。

图 1-15　变容二极管的符号　　　　　　　　　图 1-16　肖特基二极管的图形符号

1.3　晶体管

晶体管又叫半导体三极管，主要用于放大电路和开关稳压电路，在电子电路中得到广泛的应用。本节仅讨论晶体管的结构、电路符号、工作原理、特性曲线及其主要参数等。

1.3.1　晶体管的结构及符号

晶体管是由三层半导体材料组成的。有三个区域，中间的一层为基区，两侧分别为发射区和集电区。发射区和集电区的作用分别是发射和收集载流子，从而形成半导体内部电流。晶体管有两个 PN 结，发射区和基区之间的 PN 结叫发射结，集电区和基区之间的 PN 结叫集电结。晶体管有三个电极，各自从基区、发射区和集电区引出，分别称为基极（B、b）、发射极（E、e）和集电极（C、c）。

根据三个区域半导体材料类型的不同，晶体管可分为 NPN 型和 PNP 型两类。基区为 P 型材料的晶体管为 NPN 型，基区为 N 型材料的晶体管则为 PNP 型。两者的工作原理完全相同，只是工作电压的极性不同，因此三个电极电流的方向也相反。图 1-17 给出了晶体管的结构和符号。

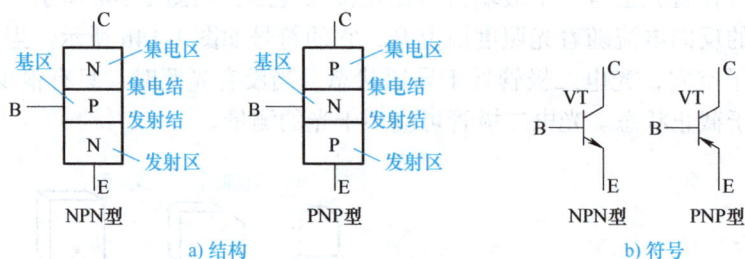

图 1-17　晶体管的结构和符号

与二极管相似，晶体管图形符号中箭头的方向表示发射结正偏时发射极电流的方向，该电流总是从 P 指向 N。图 1-18 为常见晶体管的外形。

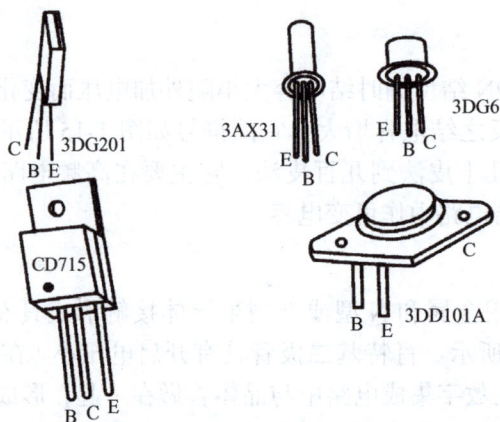

图 1-18　常见晶体管的外形

晶体管种类有很多。除上述按结构分为 NPN 型和 PNP 型外，按工作频率可分为低频管和高频管，按功率大小可分为小功率晶体管、中功率晶体管和大功率晶体管，按所用半导体材料分为硅管和锗管，按用途分为放大管和开关管等。晶体管命名方法参阅附录 A。

为使晶体管具有电流放大作用，采用了以下制造工艺：基区很薄且掺杂浓度低，发射区掺杂浓度高，集电结面积比发射结面积大等。因此，在使用时，晶体管的发射极和集电极不能互换。

1.3.2　晶体管的电流分配关系

晶体管的电流放大作用是指基极电流对集电极电流的控制作用。

1. 电流放大作用的条件

晶体管的电流放大作用，首先取决于其内部结构特点，即发射区掺杂浓度高、集电结面积大，这样的结构有利于载流子的发射和接收。而基区薄且掺杂浓度低，以保证来自发射区的载流子顺利地流向集电区。其次要有合适的偏置。晶体管的发射结类似于二极管，应正向偏置，使发射结导通，以控制发射区载流子的发射。而集电结则应反向偏置，以使集电极具有吸收由发射区注入基区的载流子的能力，从而形成集电极电流。对于 NPN 型晶体管，必须保证集电极电位高于基极电位，基极电位又高于发射极电位，即 $V_C > V_B > V_E$；而 PNP 型晶体管，则与之相反，即 $V_C < V_B < V_E$。

2. 晶体管各电极电流的形成

图 1-19 所示为 NPN 型晶体管内部载流子的运动规律，晶体管各极电流的形成分析如下：

（1）发射区发射电子形成 I_E　发射结正偏，由于发射区掺杂浓度高而产生的大量自由电子，在外电场的作用下，被发射到基区。两个电源的负极同时向发射区补充电子形成发射极电流 I_E，I_E 的方向与电子流方向相反。

（2）基区复合电子形成 I_B　发射区发射到基区的大量电子只有很少一部分与基区中的空穴复合，复合掉的空穴由基极电源正极补充形成基极电流 I_B。

（3）集电区收集电子形成 I_C　集电结反偏，在基区没有被复合掉的大量电子，在外加电场的作用下被收集到集电区，并流向集电极电源正极形成集电极电流 I_C。

3. 晶体管的电流放大作用

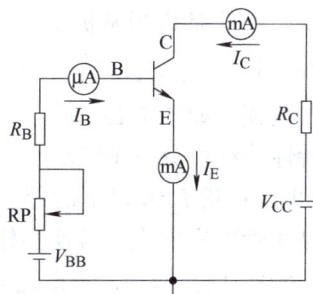

图 1-20 所示为 NPN 型晶体管共发射极的电流测试电路。该电路包括基射回路（又称输入回路）和集射回路（又称输出回路）两部分，发射极为两回路的公共端，因此也称为共射电路。共射电路中，V_{BB} 为发射结正偏电源；V_{CC} 为集电结反偏电源（$V_{CC} > V_{BB}$）；RP 为电位器。调节 RP 可以改变基极电流 I_B、集电极电流 I_C 和发射极电流 I_E 的大小，表 1-1 为晶体管三个电极上的电流分配。

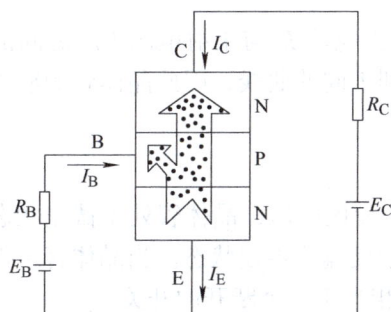

图 1-19　NPN 型晶体管内部载流子的分配　　　图 1-20　NPN 型晶体管共发射极的电流测试电路

表 1-1　晶体管三个电极上的电流分配

I_B/mA	0	0.01	0.02	0.03	0.04	0.05
I_C/mA	0.01	0.56	1.14	1.74	2.33	2.91
I_E/mA	0.01	0.57	1.16	1.77	2.37	2.96

分析测试结果可以得到以下结论：

1）发射极电流等于基极电流与集电极电流之和，即 $I_E=I_B+I_C$。而又因基极电流很小，则 $I_E \approx I_C$，也就是说，发射极电流大部分流向集电极。

2）集电极电流受基极电流的控制，控制系数为 $\bar{\beta}=I_C/I_B$，即 $I_C=\bar{\beta}I_B$，$I_E=(1+\bar{\beta})I_B$，一般说来，$\bar{\beta}$ 值为 20～200，因此 $\bar{\beta}$ 也叫直流电流放大倍数，此即为晶体管的电流放大作用。

可见，基极电流 I_B 的微小变化，将使集电极电流 I_C 发生大的变化，即基极电流 I_B 的微小变化控制了集电极电流 I_C 较大的变化，这就是晶体管的电流放大作用。

应当注意的是，在晶体管放大作用中，被放大的集电极电流 I_C 是由电源 V_{CC} 提供的，并不是晶体管自身生成能量，它实际体现了用小信号控制大信号的一种能量控制作用。晶体管是一种电流控制器件。

1.3.3　晶体管的伏安特性

晶体管的伏安特性曲线是指输入回路和输出回路中电压与电流的关系曲线。仍以图 1-20 所示电路为例分析。

1. 输入特性曲线

输入特性曲线是指集射电压 U_{CE} 固定时，基极电流 I_B 随基射电压 U_{BE} 变化的曲线，即 $I_B=f(U_{BE})|_{U_{CE}=常数}$。实验中，若取不同的 U_{CE}，可得到不同的曲线。但当 $U_{CE}>1V$ 后，各条曲线基本重合。图 1-21 为实测 $U_{CE}=0$ 时的输入特性曲线。

由图 1-21 可见，该输入特性曲线与二极管的正向特性相似，是非线性的。当 U_{BE} 小于死区电压时，晶体管不导通，$I_B=0$。当管子导通后，发射结压降基本保持不变。对于硅管，死区电压约为 0.5V，导通管压降约为 0.7V。对于锗管，死区电压约为 0.1V，导通管压降约为 0.3V。

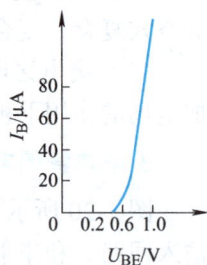

图 1-21　晶体管输入特性曲线

2. 输出特性曲线

输出特性曲线是指当基极电流 I_B 固定时，集电极电流 I_C 与集射电压 U_{CE} 之间的关系曲线，即 $I_C=f(U_{CE})|_{I_B=常数}$。若取不同的 I_B，则可得到不同的曲线，因此晶体管的输出特性曲线为一曲线族，如图 1-22 所示。

输出特性曲线可分三个区域：

1）截止区：指 $I_B=0$ 以下的部分。此时 U_{BE} 小于死区电压，晶体管处于截止状态。有时为了使晶体管可靠截止，常使晶体管的发射结处于反偏或零偏状态。当晶体管工作在截止区时，$I_C \approx 0$，$U_{CE} \approx V_{CC}$，集射之间呈现高电阻，相当于一个断开的开关。

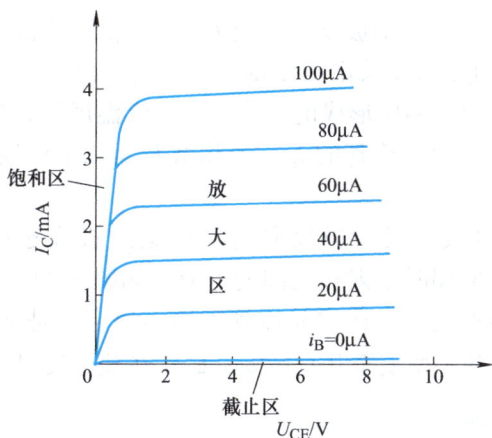

图 1-22 输出特性曲线

2）饱和区：指曲线上升和弯曲处的部分。此时 $U_{CE}<U_{BE}$，集电结处于正偏状态，因此影响了集电结收集载流子的能力，即使 I_B 增大，I_C 也不会变化，I_C 不再受 I_B 控制，晶体管处于饱和导通状态。此时，集射极之间呈现低电阻，相当于一个闭合的开关。

3）放大区：指曲线族的平直部分，此时 $I_B>0$，$U_{CE}>1V$。晶体管工作在放大区的特点是：I_C 只受控于 I_B，与 U_{CE} 无关，呈现恒流特性。因此当 I_B 固定时，I_C 的曲线是平直的。当 I_B 增大时，I_C 的曲线上移，且 I_C 的变化量远大于 I_B 的变化量，表明了晶体管的电流放大作用。

由以上分析可知，晶体管不仅具有电流放大作用，同时还具有开关作用。晶体管用作放大器件时，工作在放大区；用作开关器件时，则工作在饱和区和截止区。晶体管工作在饱和区时，发射结和集电结同为正偏，$U_{CE} \approx 0$；晶体管工作在截止区时，发射结和集电结同为反偏，$U_{CE} \approx V_{CC}$。

【例 1-2】在某放大电路中，如果测得图 1-23 所示各引脚的电位值，问各晶体管分别工作在哪个区？

解： 图中各管均为 NPN 管。

图 1-23a 中，$U_B>U_E$，$U_B>U_C$，两个 PN 结均正偏，晶体管工作在饱和区。

图 1-23b 中，$U_B>U_E$，$U_B<U_C$，发射结正偏，集电结反偏，晶体管工作在放大区。

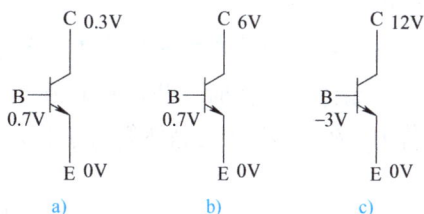

图 1-23 例 1-2 图

图 1-23c 中，$U_B<U_E$，$U_B<U_C$，两个 PN 结均反偏，晶体管工作在截止区。

1.3.4 晶体管的主要参数

1. 共射电流放大倍数 β

电流放大倍数表征了晶体管电流放大能力，应包括直流放大倍数 $\bar{\beta}=I_C/I_B$ 和交流放大倍数 $\beta=\Delta I_C/\Delta I_B$ 两种。$\bar{\beta}$ 和 β 意义不同，数值也不完全相等，但在晶体管工作范围内，二者在数值上相差很小，工程估算中可混用，用 β 表示。电流放大倍数是衡量晶体管电流放大能力的参数。但是 β 值过大，热稳定性差，做放大用时一般 β 取 50～200 为宜。

2. 极间反向电流

（1）发射极开路，集电极 – 基极反向电流 I_{CBO} I_{CBO} 是当晶体管发射极开路而集电结处于反向偏置时的集电极电流值，如图 1-24a 所示。它是由于集电结处于反向偏置，集电区中和基区中少数载流子的漂移所形成的电流。在一定温度下，I_{CBO} 基本上是个常数，与 U_{CB} 大小无关。常温下，小功率锗管的 I_{CBO} 为几微安至几十微安，小功率硅管的 I_{CBO} 在 $1\mu A$ 以下。其值越小越好。

（2）基极开路，集电极 – 发射极反向电流即集射极穿透电流 I_{CEO} I_{CEO} 指基极开路、发射结正偏、集电结反偏时集射极之间的电流，如图 1-24b 所示。I_{CEO} 的值为 I_{CBO} 的 $(1+\beta)$ 倍，受温度影响很大，会造成晶体管工作不稳定，是衡量晶体管质量的一个指标。小功率锗管的 I_{CEO} 为几十微安至几百微安，硅管在几微安以下。I_{CEO} 越小越好。

3. 集电极最大允许电流 I_{CM}

I_{CM} 指晶体管正常工作时，集电极所允许的最大电流。当集电极电流太大时，β 值将下降。一般认为，当 β 值下降到正常值 2/3 时的集电极电流为最大允许电流。

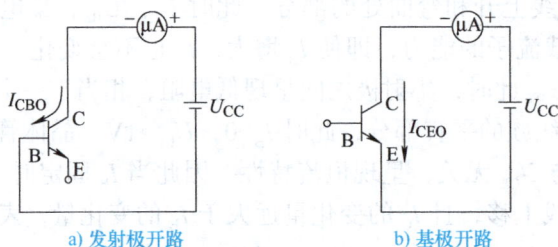

a) 发射极开路   b) 基极开路

图 1-24   晶体管极间反向电流

4. 集射极反向击穿电压 $U_{(BR)CEO}$

$U_{(BR)CEO}$ 指基极开路时，集射极间允许加的最高反向电压。若 $U_{CE}>U_{(BR)CEO}$，晶体管将被击穿。

5. 集电极最大允许耗散功率 P_{CM}

晶体管工作时，集电极存在功率损耗，其值为 $P_C=I_C U_{CE}$。此功耗使集电结温度上升，若 $P_C>P_{CM}$，将导致晶体管过热损坏，如图 1-25 所示，使用中不允许超出安全工作区。

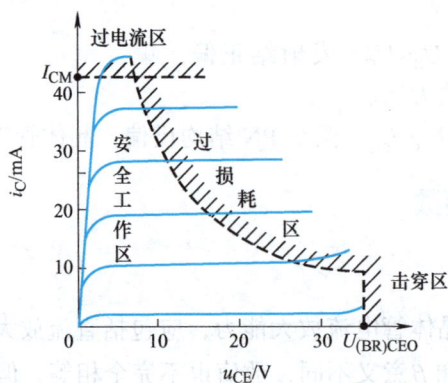

图 1-25   晶体管的安全工作区

1.4　场效应晶体管

晶体管是以很小输入电流控制输出电流的放大器件，在放大状态工作时要有一定的输入电流，称为电流控制器件。

场效应晶体管是以很小输入电压控制较大输出电流的放大器件，在放大状态工作时要有一定的输入电压，无输入电流，称为电压控制器件。它具有输入电阻高（可高达 $10^8\Omega$ 以上）、噪声低、热稳定性好、抗辐射能力强、耗电省、易集成等优点，因此得到广泛应用。

根据结构的不同，场效应晶体管可分两大类：结型场效应晶体管（简称 JFET）和绝缘栅场效应晶体管（简称 IGFET）。而结型场效应晶体管又分为 N 沟道和 P 沟道两种；绝缘栅场效应晶体管也有 N 沟道和 P 沟道两种类型，但每种类型的工作方式又都可分为增强型和耗尽型。它们都以半导体中的多数载流子导电，因此又称作单极型晶体管。

1.4.1　JFET 的结构及原理

1. 结构及符号

结型场效应晶体管（JFET）按其导电沟道分为 N 沟道和 P 沟道两种。图 1-26a 所示为 N 沟道结型场效应晶体管的结构与图形符号，它在一块 N 型半导体两侧制作两个高浓度 P 型区域，形成两个 PN 结，把两个 P 型区相连后引出一个电极，称为栅极，用字母 G 表示，在 N 型半导体两端分别引出两个电极，分别称为漏极和源极，分别用字母 D 和 S 表示。两个 PN 结中间的区域是电流流通的路径，称为导电沟道。

同理，若在 P 型半导体两侧各掺杂一个高浓度的 N 型区域，形成两个 PN 结。漏极和源极之间由 P 型半导体构成导电沟道，因此称为 P 沟道结型场效应晶体管，其图形符号如图 1-26b 所示。

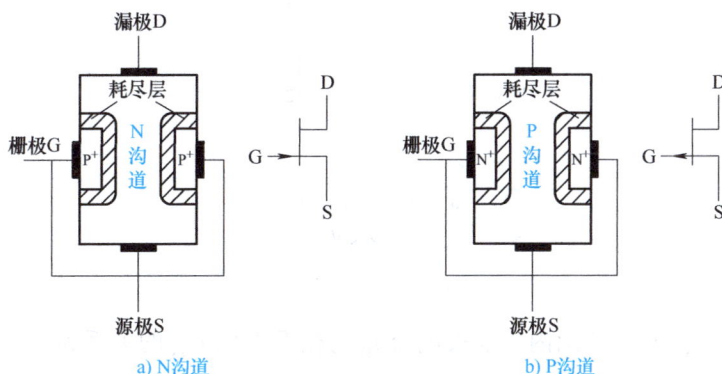

a) N沟道　　　　　　　　　　　b) P沟道

图 1-26　JFET 的结构示意图及其图形符号

2. 工作原理

图 1-27 所示的是 N 沟道结型场效应晶体管施加偏置电压后的电路图。由图可见，漏源之间加 U_{DD} 电压，栅源之间加反向电压 U_{GS}，沟道的上下两侧与栅极分别形成 PN 结，改变加在 PN 结两端的反向偏置电压 U_{GS}，就可以改变 PN 结的宽度，也就改变了漏源之间导电沟道的宽度，从而可控制导电沟道中的电流 i_D。当栅源电压 $U_{GS}=0V$ 时，导电

沟道最宽，漏极电流 i_D 最大；当栅源电压 U_{GS} 为某一值时，沟道完全被夹断，漏极电流 i_D=0A，并将这一电压称为夹断电压 $U_{GS(off)}$。因此场效应晶体管是一种电压控制器件，它利用电压 U_{GS} 来控制漏极电流 i_D。

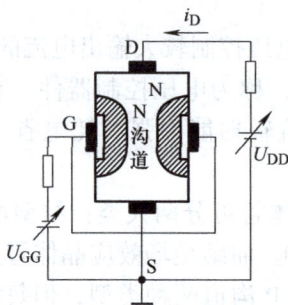

图 1-27　结型场效应晶体管的工作原理

1.4.2　JFET 的特性曲线

1. 转移特性曲线

当 u_{DS} 电压一定时，漏极电流 i_D 与栅源电压 u_{GS} 之间的关系称为转移特性，即

$$i_D=f(u_{GS})|_{u_{DS}=常数}$$

图 1-28 所示为 N 沟道结型场效应晶体管的转移特性曲线。当 u_{GS}=0 时，i_D 最大，称为饱和漏极电流，并用 I_{DSS} 表示。当 u_{GS} 变负时，沟道电阻变大，漏极电流 i_D 减小。当 u_{GS}=$U_{GS(off)}$ 时，沟道被夹断，此时 i_D=0。

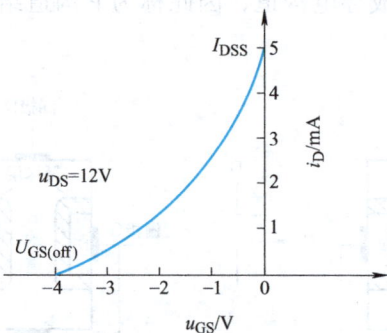

图 1-28　N 沟道结型场效应晶体管的转移特性曲线

在 $U_{GS(off)} \leqslant u_{GS} \leqslant 0$ 的范围内，漏极电流 i_D 与栅源电压 u_{GS} 的关系为

$$i_D=I_{DSS}\left(1-\frac{u_{GS}}{U_{GS(off)}}\right)^2$$

一般来说，不同的 u_{DS} 值，其转移特性曲线不同，但很接近，可以认为是一条曲线，使分析得到简化。

2. 输出特性曲线

输出特性是指栅源电压 u_{GS} 一定，漏极电流 i_D 与漏源电压 u_{DS} 之间的关系，即

$$i_D = f(u_{DS})\big|_{u_{GS}=\text{常数}}$$

图 1-29 所示是 N 沟道结型场效应晶体管的一簇输出特性曲线，它是将 u_{GS} 分别固定在不同值时，所测得的 i_D 与 u_{DS} 之间的关系曲线。输出特性曲线可分为四个区域：

（1）可变电阻区　对于每一条曲线，当 u_{DS} 很小时，导电沟道畅通，i_D 随 u_{DS} 的增大而线性增大，但当 u_{DS} 增大到一定程度，靠近漏极端的耗尽层最宽，当两耗尽层相遇时，即称为预夹断，将不同的预夹断点连接起来，就形成了一条预夹断轨迹，如图 1-29 所示。预夹断轨迹的左边区域称为可变电阻区。场效应晶体管工作在该区时，导电沟道畅通，场效应晶体管的漏源之间相当于一个电阻。当栅源电压 u_{GS} 一定时，沟道电阻也一定，i_D 随 u_{DS} 的增大而线性增大。当栅源电压 u_{GS} 变化时，输出特性曲线倾斜也变化，即漏源间的等效电阻在变化。因此，场效应晶体管可以看作是一个受栅源电压 u_{GS} 控制的可变电阻。

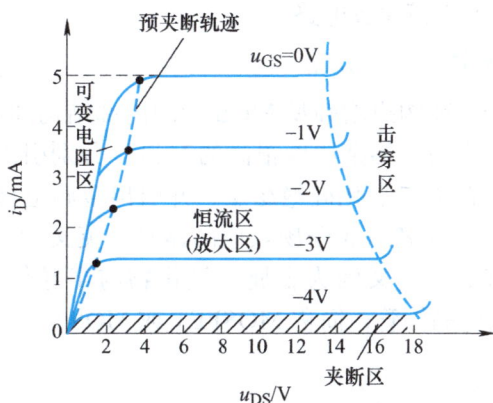

图 1-29　N 沟道结型场效应晶体管的输出特性曲线

（2）恒流区　预夹断轨迹的右边区域称为恒流区。此区域的特征是，i_D 与漏源电压 u_{DS} 基本无关，i_D 主要由栅源电压 u_{GS} 决定。恒流区也称放大区。

（3）夹断区　当栅源电压 u_{GS} 达到夹断电压 $U_{GS(off)}$ 值后，沟道被夹断，$i_D \approx 0$，场效应晶体管截止。

（4）击穿区　当 u_{DS} 增大到一定值时，漏源之间会发生击穿，漏极电流 i_D 急剧增大。若不加以限制，管子会损坏。

3. JFET 的主要参数

（1）夹断电压 $U_{GS(off)}$　夹断电压是指在 u_{DS} 为某一值时，栅源电压 u_{GS} 使管子截止所对应的电压。N 沟道结型管的 $U_{GS(off)}$ 为负值；P 沟道结型管的 $U_{GS(off)}$ 为正值。

（2）饱和漏极电流 I_{DSS}　饱和漏极电流是指在 u_{DS} 为恒流区内某一确定值的条件下，$u_{GS}=0$ 时的漏极电流。

（3）输入电阻 R_{GS}　输入电阻是从栅源两端看进去的等效电阻。因为正常工作时栅源之间加的电压是反向电压，栅源间 PN 结反偏，I_G 很小，故 R_{GS} 很大。结型场效应晶体管中，一般 $R_{GS}>10\text{M}\Omega$。

（4）低频跨导 g_m　在 u_{DS} 为某一值时，i_D 的微小变化量与 u_{GS} 的微小变化量之比叫低频跨导，即

$$g_m = \frac{\Delta i_D}{\Delta u_{GS}}\bigg|_{u_{DS}=常数}$$

式中，g_m 的单位为西门子（S）。g_m 的大小反映了场效应晶体管放大能力的大小，一般为 1～5mS，g_m 越大，放大能力越强。

1.4.3 MOSFET 的结构及原理

绝缘栅场效应晶体管（MOSFET）也是利用电压控制漏极电流的原理制成的，按其工作方式不同可分为增强型和耗尽型两种类型，每种又各有 N 沟道和 P 沟道的形式。所谓增强型，即在 u_{GS}=0 时不存在导电沟道，只有当栅极源电压大于开启电压后才有电流产生。与之相反，在 u_{GS}=0 时就存在导电沟道的为耗尽型。

绝缘场效应晶体管的栅极工作于绝缘状态，输入电阻很高，可达到 $10^{15}\Omega$，且易于集成化，因此它广泛应用于大规模集成电路。

1. 增强型 MOS 管的结构和工作原理

（1）结构与图形符号　N 沟道增强型 MOS 管的内部结构如图 1-30a 所示。用一块 P 型硅片作衬底，在上面生成两个掺杂浓度很高的 N 区，分别引出一个金属电极作为源极和漏极；再在 P 型硅片上覆盖二氧化硅绝缘层，并引出金属电极作为栅极。由于栅极与源极、漏极以及衬底绝缘，故名绝缘栅场效应晶体管，英文为 Insulated Gate Type Field Effect Transistor，简称 IGFET。又因为金属、氧化物与半导体材料分层分布，又名金属 – 氧化物 – 半导体场效应晶体管，简称 MOSFET 或 MOS 管。

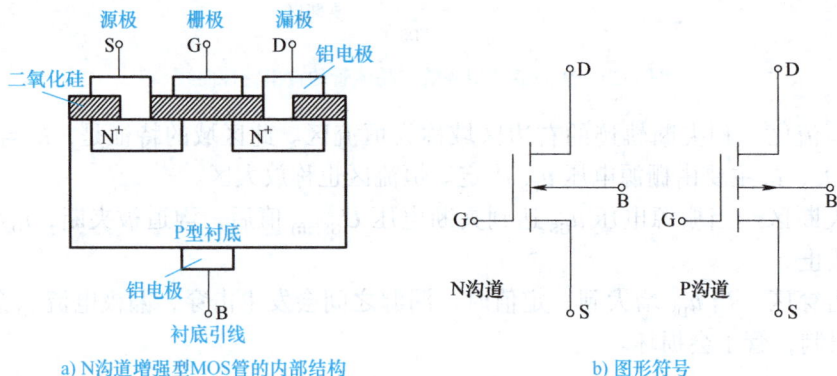

a) N沟道增强型MOS管的内部结构　　　　b) 图形符号

图 1-30　增强型 MOS 管的内部结构和图形符号

（2）工作原理　如图 1-31 所示，图中 U_{GG} 和 U_{DD} 分别为栅极与源极、源极与漏极的偏置电压，在它们的作用下，左、右侧两个 N^+ 区将被沟通，在源极和漏极之间形成导电沟道，使得左 N^+ 区的电子向右 N^+ 区运动，并形成漏极电流 i_D。实验证明，u_{GS} 越高，导电沟道越宽，沟道电阻越小，在 u_{DS} 作用下形成的漏极电流 i_D 越大。也就是说，改变栅源电压可控制漏极电流的大小，此即为场效应晶体管的电流放大作用。

以上电路中，将源极和漏极沟通的载流子为电子，形成的导电沟道为 N 型，称为 N 沟道 MOS 管，记为 NMOS 管。与此相反，若以 N 型硅片为衬底，制成的 MOS 管则为 P 型沟道。在 P 型沟道中，将源极和漏极沟通的载流子为空穴，记为 PMOS 管。增强型绝缘栅场效应晶体管 NMOS 和 PMOS 的图形符号如图 1-30b 所示。

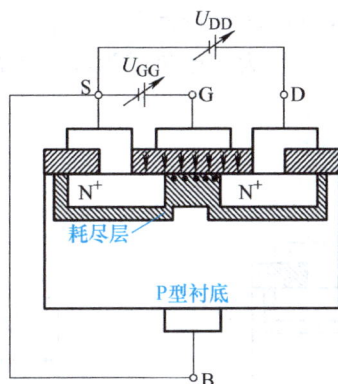

图 1-31　N 沟道增强型 MOS 管导电沟道的形成

下面介绍 N 沟道增强型 MOS 管，图 1-32a 为它的转移特性曲线。转移特性曲线表征了栅源电压对漏极电流的控制作用。

由特性曲线不难看出，在 $0 < u_{GS} < U_{GS(th)}$ 范围之内，$i_D = 0$，表明漏源极间的导电沟道尚未形成，MOS 管截止。当 $u_{GS} > U_{GS(th)}$ 后，i_D 开始随之增大，MOS 导通，因此称 $U_{GS(th)}$ 为开启电压，类似于晶体管的死区电压。

图 1-32b 为输出特性曲线，表征了在一定 u_{GS} 条件下，u_{DS} 对 i_D 的影响，此曲线与结型场效应晶体管的输出曲线形状相同，只是 u_{GS} 要加正电压，而且 u_{GS} 越大，漏极电流 i_D 越大。MOS 管的特性曲线也可分为可变电阻区、恒流区和夹断区。

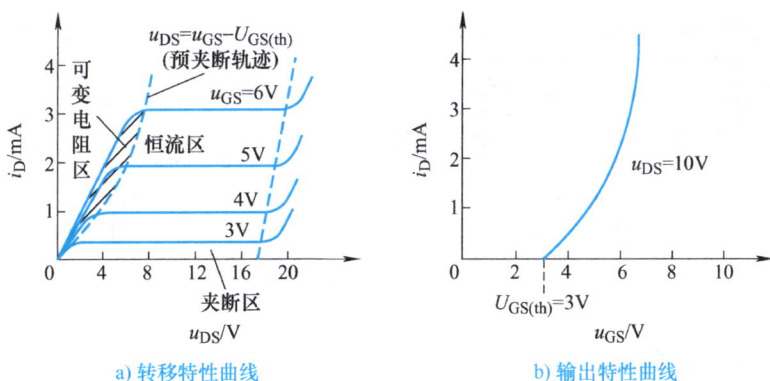

a) 转移特性曲线　　　　　　　　b) 输出特性曲线

图 1-32　N 沟道增强型 MOS 管的特性曲线

2. 耗尽型 MOS 管的结构和工作原理

（1）结构与图形符号　耗尽型 MOS 管与增强型 MOS 管的结构基本相同，主要区别是：在无栅源电压时，增强型管中不存在导电沟道，而耗尽型管中存在导电沟道。原因是制造过程中，在二氧化硅绝缘层中掺入了大量正离子，因此在 $u_{GS} = 0$ 时，掺入的正离子产生很强的静电场，在其作用下，漏源之间的衬底表面存在反型层，形成导电沟道，如图 1-33a 所示。

（2）工作原理　对于耗尽型场效应晶体管，因为本身存在导电沟道，故只要加上电压 u_{DS}，就有电流 i_D 产生。如果加上正 u_{GS}，则增强了绝缘层中的电场，使导电沟道变宽，电阻减小，在相同的 u_{DS} 下 i_D 增大。当 u_{GS} 为负时，则削弱绝缘层中的电场，使导电沟道变窄，i_D 减小。当 u_{GS} 负向增大到一定数值时，总电场的作用不足以产生导电沟道，此时管子截止，$i_D=0$。耗尽型 NMOS 管的转移特性曲线和输出特性曲线如图 1-34 所示，可见耗尽型 NMOS 管可以工作在栅源电压为正或负或为零的状态。

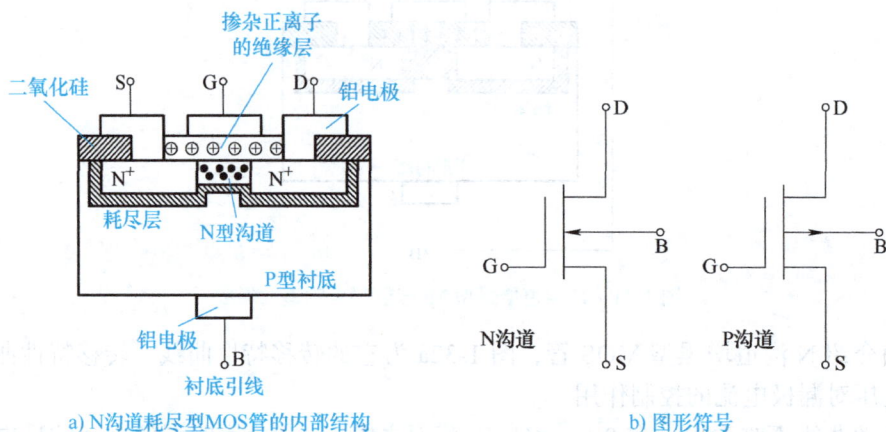

a) N沟道耗尽型MOS管的内部结构　　　　b) 图形符号

图 1-33　耗尽型 MOS 管的结构与图形符号

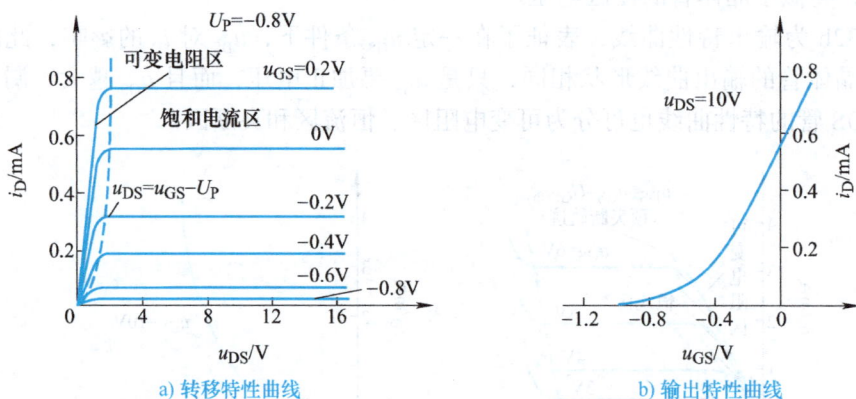

a) 转移特性曲线　　　　b) 输出特性曲线

图 1-34　N 沟道耗尽型管的特性曲线

3. MOS 管的主要参数

MOS 管的主要参数与结型场效应晶体管基本相同，只是 MOS 管有增强型和耗尽型的区别，增强型管的参数有开启电压 $U_{GS(th)}$，而耗尽型管的参数有夹断电压 $U_{GS(off)}$。

1.4.4　场效应晶体管的特点及使用说明

1. 特点

场效应晶体管与普通晶体管相比，具有以下特点：

1）场效应晶体管为压控器件，其输出电流取决于栅源极之间的电压，栅极几乎不取用信号源的电流，因此输入电阻很高。

2）除用于放大和开关稳压电路外，场效应晶体管工作在可变电阻区时，可作为压控电阻使用，因此在集成电路中应用极为广泛。

3）场效应晶体管制作方便，源极和漏极可以互换，而且热稳定性好，因此其灵活性优于晶体管。当然，有些场效应晶体管在制造时已将源极和衬底相连，则源极和漏极不能互换。

2. 使用注意事项

1）MOS 管的栅极不能开路，以免在栅极中产生感应电压而击穿 SiO_2 绝缘层。存放时应将三个电极短接。

2）不能用万用表检测 MOS 管管脚的极性，而应使用专用测试仪。测试时，应先接入测试仪再拆掉电极间的短接线，测试完毕应再次将三个管脚短接；焊接时，电烙铁应良好接地，以屏蔽交流电场，以免受外电场的作用而使管子损坏，断电后利用余热焊接，焊接过程中电极间应短路保护。

1.4.5 场效应晶体管与晶体管的性能比较

场效应晶体管与晶体管的性能比较见表 1-2。

表 1-2 场效应晶体管与晶体管的性能比较

	晶体管	场效应晶体管
导电结构	既利用多数载流子，又利用少数载流子，故称为双极型器件	只利用多数载流子工作，称为单极型器件
控制方式	电流控制	电压控制
放大系数	$\beta(20 \sim 200)$	$g_m(1 \sim 5mA/V)$
类型	PNP、NPN	N 沟道、P 沟道
受温度影响	大	小
噪声	较大	较小
抗辐射能力	差	强
制造工艺	较复杂	较简单，易于集成

电路仿真 1：二极管特性测试

图 1-35 所示是二极管限幅应用的仿真电路。由于二极管具有单向导通性，输出信号产生上限限幅的现象。图 1-36 中，实线为输入信号波形，虚线为输出信号波形。

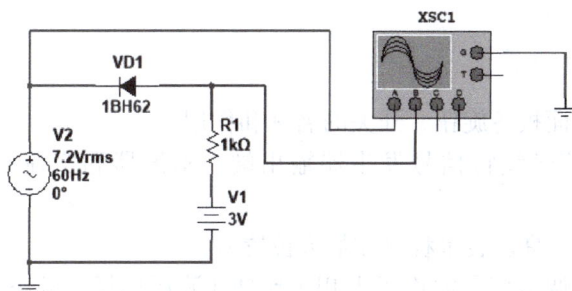

图 1-35 二极管限幅应用的仿真电路

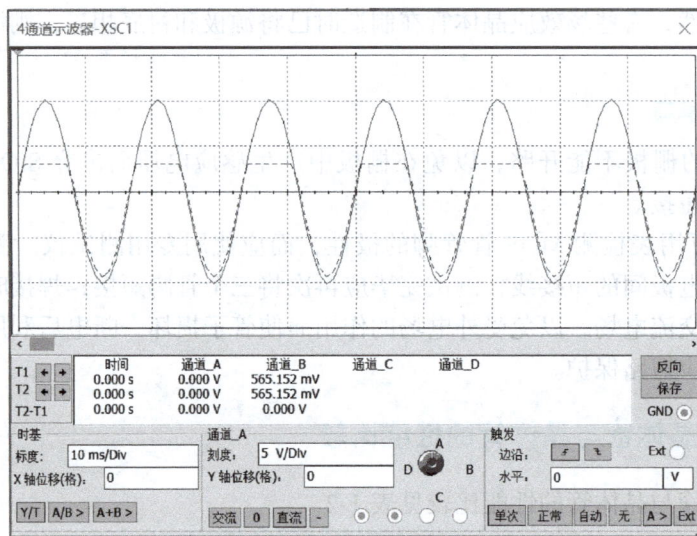

图 1-36 上限限幅器电路仿真波形输出

技能训练1：常用电子仪器的使用

一、实验目的

1.学习电子电路中常用电子仪器——示波器、函数信号发生器、交流毫伏表的主要技术指标、性能及正确使用方法。

2.应用示波器测量信号频率及有效值。

二、实验原理

本实验是对示波器、函数信号发生器、交流毫伏表进行综合使用练习，让函数信号发生器输出具有一定频率和幅度的交流电压信号，由交流毫伏表、示波器进行测量，接线图如图 1-37 所示。

图 1-37 电子仪器仪表连接线路图

三、实验内容与步骤

1）了解实验仪器面板各旋钮、开关的名称和作用。

2）用三根屏蔽信号线将信号发生器输出端、示波器和交流毫伏表的输入端连接起来。

3）开启仪器电源（毫伏表量程放在最大位置）。

4）按表 1-3 要求调节信号源面板上相关旋钮（波形选择，频率粗调、微调，幅度调节），输出一定频率、一定有效值的标准交流电压信号（有效值由毫伏表监测）。用示波器测出波形，读取相关数据，换算成电压有效值和频率，当仪器正确操作时，示波器测量出的电压有效值与毫伏表指示值基本一致，示波器测量出的频率与信号源频率指示值基本一致。否则说明在仪器使用中存在问题，要进行原因分析，及时纠正。

表 1-3 应用示波器测量信号频率及有效值记录表

信号发生器输出交流电压		示波器旋钮位置与读数					
频率	有效值	V/DIV	波形峰峰值所占格数	换算后电压有效值	T/DIV	波形周期占格数	换算频率
1000Hz	2V						
50kHz	20mV						
300kHz	0.6V						

四、注意点

1）不要将信号发生器的输出短路。

2）不要从交流毫伏表输出孔引出测量信号。尽量避免交流毫伏表指针满偏。

3）不要使示波器荧屏出现固定亮点（X–Y 键不要按下）。

本章小结

半导体材料具有热敏性、光敏性及可掺杂性。本征半导体是不含其他元素的、纯净的半导体，具有电子和空穴两种载流子，在受热、光照或撞击等外部作用时，本征半导体会激发产生电子 – 空穴对，本征半导体的导电能力很弱。杂质半导体是掺入少量其他元素，可分为 N 型及 P 型半导体。N 型半导体是掺入五价元素如磷，形成多数载流子是电子、少数载流子是空穴的半导体；P 型半导体是掺入三价元素如硼，形成多数载流子是空穴、少数载流子是电子的半导体。杂质半导体的导电能力比本征半导体的导电能力大大增强。PN 结是 P 型半导体与 N 型半导体通过多数载流子的扩散运动与少数载流子的漂移运动而形成的，在交界形成具有单向性的空间电荷区，又称耗尽层，是构成电子元器件的基础。

二极管具有单向导电性，是由 PN 结、封装及管脚构成。常用的有硅管及锗管、点接触型及面接触型，可用于开关、整流、钳位及稳压、发光等特殊用处。对于二极管应用要注意：二极管正偏导通，反偏截止，可应用于整流及开关稳压电路；二极管导通时正偏电压基本不变，对硅管来说，一般取 0.7V，锗管一般取 0.3V，可用于限幅作用；稳压二极管是特殊二极管，正常工作时处于反偏击穿状态，而且必须与限流电阻配合使用。

晶体管具有电流放大作用，是一种电流控制器件，可分为 NPN 型及 PNP 型两种，有三个区、两个 PN 结及三个管脚。常用的有硅管及锗管、低频及高频管、小功率及大功率晶体管等。对于晶体管应用要注意：晶体管的两种类型（即 NPN 型及 PNP 型），在结构上 P 区和 N 区的位置相反，因此在相同的工作状态，所加电压方向相反，电流方向也相反。晶体管具有三种工作状态，各有不同的条件和特点即放大区是发射结正偏、集电结反偏，$I_C = \beta I_B$，与 U_{CE} 几乎无关；饱和区是发射结正偏、集电结正偏，$I_C \neq \beta I_B$，U_{CE} 值较小；截止区发射结反偏、集电结反偏，$I_C \approx 0$。

场效应晶体管也具有电流控制放大作用，体现栅源电压 u_{GS} 对漏极电流 i_D 的控制。场效应晶体管可分为结型及绝缘栅型，每一种都有 N 沟道和 P 沟道之分，绝缘栅型又有增强型和耗尽型。不同种场效应晶体管在工作时，栅源电压 u_{GS} 在数值、极性上是不同的，也可根据这点区分不同类型场效应晶体管。此外，场效应晶体管在保存、焊接、使用时要注意正确方法，以防损坏管子。

习　题

1-1　如图 1-38 所示电路，二极管导通时压降为 0.7V，反偏时电阻为 ∞，求 U_{AO}。

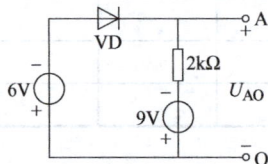

图 1-38　题 1-1 图

1-2　如图 1-39 所示电路，判断各二极管处于何种工作状态。设二极管导通正偏电压为 U_F=0.7V，反偏电流为零，求 U_{AO}。

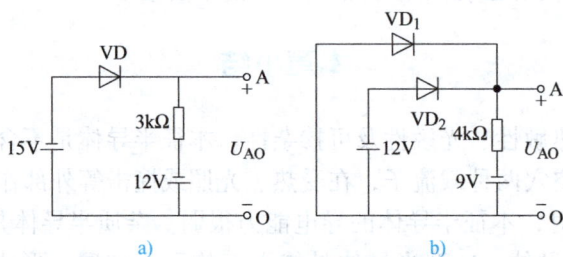

a)　　　　　　　　　　　　b)

图 1-39　题 1-2 图

1-3　如图 1-40 所示稳压电路，其中 U_{Z1}=6.5V，U_{Z2}=5V，两管正向导通电压均为 0.7V。该电路的输出电压为多大？为什么？

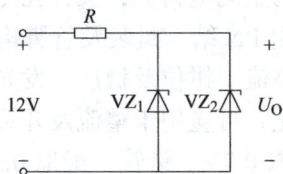

图 1-40　题 1-3 图

1-4　如图 1-41a、b 所示电路，设二极管为理想的，试根据如图 1-41c 所示输入电压 u_i 的波形，画出输出电压 u_o 的波形。

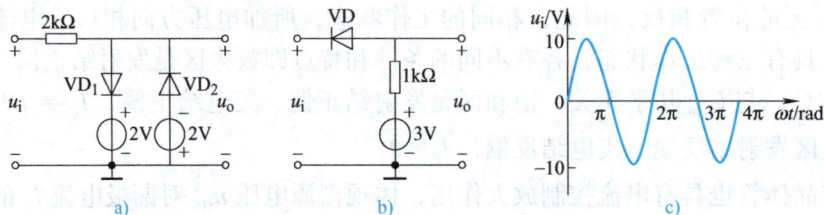

a)　　　　　　　　　　b)　　　　　　　　　c)

图 1-41　题 1-4 图

1-5　如图 1-42 所示电路，稳压二极管的稳定电压为 U_{Z1}=7V，U_{Z2}=5V，输入电压 u_i=10sinωt。请画出输出电压 u_o 的波形。设稳压二极管的导通电压为 0.7V。

1-6　在图 1-43 所示电路中，发光二极管导通电压为 1.5V，正向电流在 5～15mA 时才能正常工作。试问：

（1）开关 S 在什么位置时发光二极管才能发光？

（2）R 的取值范围是多少？

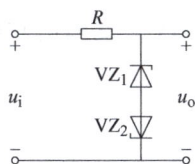

图 1-42　题 1-5 图

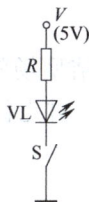

图 1-43　题 1-6 图

1-7　测得晶体管的电流大小、方向如图 1-44 所示，试在图中标出各管脚，并确定管子的类型。

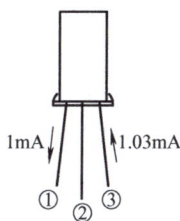

图 1-44　题 1-7 图

1-8　晶体管各电极实测数据如图 1-45 所示，试判断各个管子是 NPN 型还是 PNP 型？是硅管还是锗管？管子是否损坏？若不损坏，管子处于放大、饱和和截止中的哪个工作状态？

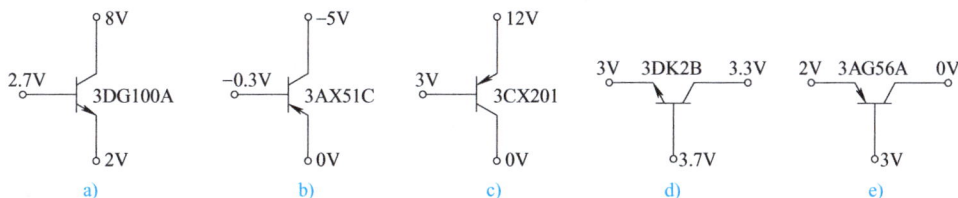

图 1-45　题 1-8 图

1-9　在电子放大电路中，测得某个晶体管的管脚电位分别为 8V、4.5V、3.8V，试判别管子的三个电极，并说明它的类型，是硅管还是锗管。

1-10　测得工作在放大电路中的两个电极电流分别如图 1-46 所示。

（1）求另一个电极电流，并在图中标出实际方向。

（2）判断管子类型，并标出 E、B、C 极。

（3）估算管子的电流放大系数 β 值。

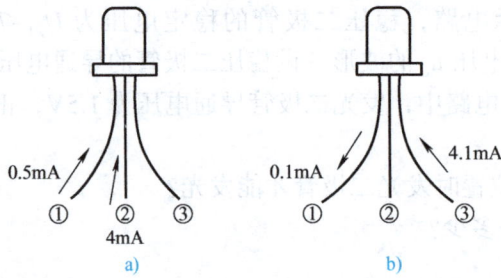

图 1-46　题 1-10 图

1-11　已知某结型场效应晶体管的 $I_{DSS}=2mA$，$U_{GS(off)}=-4V$，试画出它的转移特性曲线和输出特性曲线，并近似画出预夹断轨迹。

第2章

交流放大电路

> ### 学习目标

1. 掌握放大电路的组成、共射放大电路及共集放大电路的静态及动态分析方法。
2. 掌握分压式偏置共射放大电路稳定静态工作点原理，静态及动态分析。
3. 了解多级放大电路的耦合方式、特点，阻容耦合放大电路的动态分析。
4. 了解直接耦合放大电路存在的问题、差动放大电路组成及分析。
5. 了解场效应晶体管放大电路的组成及动态分析。
6. 掌握放大电路静态及动态指标测试。

> ### 素养目标

了解集成电路的制造工艺，鼓励学生发扬创新精神，为国家的科技进步做出贡献。培养学生的创新精神，鼓励学生勇于探索未知，不断推动技术革新。

> ### 实例引导

电子助听器是置于耳内或耳附近用以提高听觉障碍患者听力的小型设备，如图 2-1 所示。助听器的基本单元包括传声器、信号调理电路、接收器（也称为扬声器）以及电池。传声器将声信号转换成电信号，信号调理电路将音频信号按固定比例放大，扬声器将电信号转换成声信号，而电池则为电子元器件提供电源。

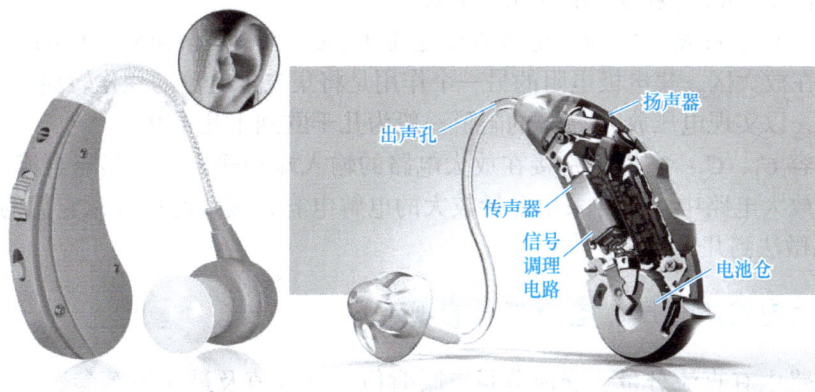

图 2-1　助听器示意图

本章介绍由晶体管组成的共发射极、共集电极低频放大电路，着重讨论这些基本放大电路的组成、工作原理、基本分析方法等，并且对多级放大电路的耦合方式、差动放大电路、负反馈放大电路及功率放大电路等进行分析。

放大电路是模拟电路部分最基本的内容，任何一个放大系统，都必须由放大电路组成。放大电路广泛用于音像设备、电子仪器、测量、控制系统等各个领域。

放大的目的是将微弱的变化信号放大成较大的信号，其实质是利用晶体管或场效应晶体管的电流或电压控制作用，将微弱的输入信号增强到所要求的输出信号并推动执行机构工作。

放大电路的种类很多。按用途可分为电流、电压及功率放大电路；按信号大小可分为小信号、大信号放大电路；按电路的结构又可分为共发射极、共集电极、共基极放大电路；按工作频率可分为低频、高频和直流放大电路等。

在工业电子技术中，常用交流放大电路的输入交流信号的频率，一般在 $20 \sim 20000Hz$ 范围内，这类放大电路通常称为低频放大电路。

2.1 共发射极基本放大电路

2.1.1 共发射极基本放大电路的组成

图 2-2 所示为共发射极基本放大电路，它由晶体管、电阻、电容和直流电源组成。电路工作时，输入信号 u_i 经电容 C_1 加到晶体管的基极与发射极之间，放大后的信号 u_o 通过电容 C_2 从晶体管的集电极与发射极之间取出。各元器件的作用如下。

晶体管 VT：它是放大电路的核心器件，起电流放大作用。

图 2-2 共发射极基本放大电路

集电极直流电源 V_{CC}：它是放大电路的总能源，同时兼作偏置电源。其作用是保证晶体管的发射结正偏、集电结反偏，使晶体管处于放大状态。V_{CC} 一般为几伏到几十伏。

基极偏置电阻 R_B：它提供适当的基极偏置电流 I_B，使晶体管发射结正偏，并具有合适的静态工作点。R_B 的阻值一般为几百千欧。

集电极负载电阻 R_C：它与集电极直流电源 V_{CC} 配合，使晶体管的集电结反偏，保证晶体管工作在放大区。集电极电阻的另一个作用是将集电极电流的变化转换为电压的变化送到输出端，以实现电压放大。R_C 的阻值一般为几千欧到十几千欧。

耦合电容 C_1、C_2：它们分别接在放大电路的输入端和输出端，起隔直流通交流的作用。在低频放大电路中，通常采用容量较大的电解电容，接线时应注意它们的极性。C_1、C_2 一般为几微法到几十微法。

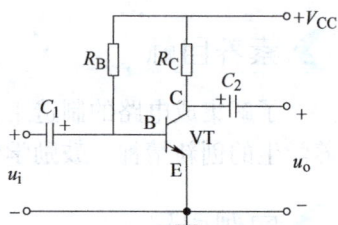

2.1.2 放大电路中电压、电流符号的规定

放大电路中有直流分量、交流分量、瞬时值、有效值及最大值等参数，各符号表示如下：

1）直流分量用大写字母和大写下标表示，如 I_B 表示基极的直流电流。

2）交流分量用小写字母和小写下标表示，如 i_b 表示基极的交流电流。

3）交直流分量表示直流分量和交流分量之和，即交流叠加在直流上，用小写字母和大写下标表示，如 i_B 表示基极电流总的瞬时值，其数值为 $i_B = I_B + i_b$。

4）交流有效值用大写字母和小写下标表示，如 I_b 表示基极的正弦交流电流的有效值。

5）交流最大值用交流有效值符号再增加小写 m 下标表示，如 I_{bm} 表示基极交流电流最大值。

2.2　放大电路的分析

2.2.1　放大电路的静态分析

放大电路的输入信号为零，即 $u_i=0$ 时，电路中各处的电压和电流均为直流量，称为直流工作状态或静止状态，简称静态。此时，晶体管的基极电流 I_B、基极与发射极之间的电压 U_{BE}、集电极电流 I_C 以及集射极之间的电压 U_{CE} 代表着输入、输出特性曲线上的一个点 Q，这称为放大电路的静态工作点，简称 Q 点。

放大电路的静态分析有估算法和图解法两种。

1. 估算法

估算法是用放大电路的直流通路计算静态值。直流通路是直流信号作用所形成的电流通道。画直流通路的原则是：耦合电容 C_1、C_2 对直流相当于开路。由此可得图 2-2 所示的共发射极基本放大电路的直流通路如图 2-3 所示。

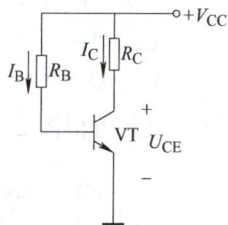

图 2-3　直流通路

由图 2-3 可得

$$I_B = \frac{V_{CC} - U_{BE}}{R_B} \approx \frac{V_{CC}}{R_B} \tag{2-1}$$

$$I_C = \beta I_B \tag{2-2}$$

$$U_{CE} = V_{CC} - I_C R_C \tag{2-3}$$

【例 2-1】估算图 2-2 所示共发射极基本放大电路的静态工作点。其中 R_B=300kΩ，R_C=3kΩ，V_{CC}=12V，β=50。

解：电容对直流相当于开路，因此其直流通路如图 2-3 所示。

$$I_B \approx \frac{V_{CC}}{R_B} = \frac{12V}{300k\Omega} = 0.04\,mA = 40\mu A$$

$$I_C = \beta I_B = 50 \times 0.04mA = 2mA$$

$$U_{CE} = V_{CC} - I_C R_C = 12V - 2 \times 3V = 6V$$

2. 图解法

根据晶体管的输入、输出特性曲线，用作图的方法来分析放大电路工作情况称为图解法。

用图解法确定放大电路的静态工作点的步骤如下：

1）用估算法求出基极电流 I_B，并在图 2-4 所示输出特性曲线中找到对应的曲线（如 $I_B = 40\mu A$）。

2）作直流负载线。根据集电极电流 I_C 与集射极之间的电压 U_{CE} 的关系式

$$U_{CE} = V_{CC} - I_C R_C$$

画出一条直线，该直线在纵轴上的截距为 $\dfrac{V_{CC}}{R_C}$，在横轴上的截距为 V_{CC}，其斜率为 $-\dfrac{1}{R_C}$，因它只与集电极负载电阻 R_C 有关，故称为直流负载线。

3）确定静态工作点 Q。晶体管的 I_C、U_{CE} 既要满足 $I_B = 40\mu A$ 的输出特性曲线又要满足直流负载线，因此晶体管必然工作在 I_B 与直流负载线的交点，该点就是静态工作点 Q。由 Q 点便可在输出特性上找出静态值 I_C、U_{CE}。

2.2.2　放大电路的动态分析

动态时，放大电路中有交流信号输入，电路中的电压、电流均要在静态的基础上随输入信号的变化而变化。动态分析是在静态值确定后分析信号的传输情况，主要是分析放大电路的动态性能指标：电压放大倍数、输入电阻、输出电阻等。

交流通路是交流信号作用所形成的电流通道。画交流通路的原则是：耦合电容 C_1、C_2 的容量足够大，容抗近似为零，可视作短路；直流电源 V_{CC} 的内阻很小，V_{CC} 可视作短路。由此可得图 2-2 所示放大电路的交流通路如图 2-5 所示。

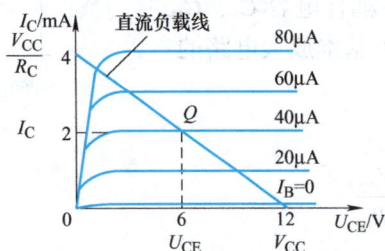

图 2-4　用图解法求放大电路静态值　　图 2-5　放大电路的交流通路

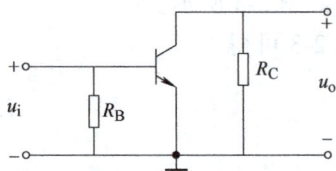

动态分析方法有图解法和微变等效电路法两种。

1. 图解法

图解法是利用晶体管的特性曲线通过作图的方法分析放大电路的动态工作情况。图解法可以形象直观地看出信号的传递过程、在输入信号 u_i 的作用下电压与电流的变化情况和放大电路的工作范围。

动态工作情况的图解法是在静态图解分析基础上进行的，具体分析步骤如下：

1）根据输入电压 u_i 的波形在晶体管输入特性曲线上作出 u_{BE}、i_B 的波形。

设输入信号 $u_i = U_{im}\sin\omega t$，u_{BE} 为

$$u_{BE} = U_{BE} + u_{be} = U_{BE} + u_i = U_{BE} + U_{im}\sin\omega t$$

其波形如图 2-6a 中的曲线①所示。由于 u_{BE} 是变化量，将引起基极电流 i_B 做相应变化，即

$$i_B=I_B+i_b=I_B+I_{bm}\sin\omega t$$

根据已求得的 I_B，在输入特性曲线上找到 Q 点，由 u_{BE} 的波形则可对应画出 i_B 的波形，如图 2-6a 中的曲线②所示。

2）作交流负载线。在图 2-2 所示放大电路的输出端接有负载电阻 R_L 时，直流负载线的斜率仍为 $-\dfrac{1}{R_C}$，与负载电阻 R_L 无关。但在 u_i 作用下，在画图 2-5 所示的交流通路时，负载电阻 R_L 则与 R_C 并联。由交流负载电阻 $R_L'=R_C//R_L$ 决定的负载线称为交流负载线。由于在 $u_i=0$ 时晶体管必定工作在静态工作点 Q，又因为 $R_L'<R_C$，因此交流负载线是一条通过静态工作点 Q、斜率为 $-\dfrac{1}{R_L'}$ 且比直流负载线更陡一些的直线，如图 2-6b 所示。

3）由输出特性曲线和交流负载线求 i_C 和 u_{CE}。在 i_B 的作用下，工作点 Q 随 i_B 的变化在交流负载线的 Q_1 和 Q_2 之间移动。由 i_B 的波形作出 i_C 的波形，如图 2-5b 中的曲线③所示。i_C 也是由直流分量 I_C 和交流分量 i_c 叠加而成的，即

$$i_C=I_C+i_c=I_C+I_{cm}\sin\omega t$$

i_C 的交流分量 i_c 与 i_B 的交流分量 i_b 同相。

根据 i_B 变化时负载线上工作点的变化情况可知，当 i_B 增大时，i_C 增大，但 u_{CE} 减小；当 i_B 减小时，u_{CE} 增大。由此可作出 u_{CE} 的波形，如图 2-5b 中的曲线④所示。

u_{CE} 也包含直流分量 U_{CE} 和交流分量 u_{ce}，即

$$u_{CE}=U_{CE}+u_{ce}=U_{CE}-U_{cem}\sin\omega t$$

由于电容 C_2 的隔直作用，u_{CE} 的直流分量 U_{CE} 不能达到输出端，只有交流分量 u_{ce} 能通过 C_2 构成输出电压 u_o，即

$$u_o=u_{ce}=-U_{cem}\sin\omega t=U_{cem}\sin(\omega t-180°)=U_{om}\sin(\omega t-180°)$$

可见输出电压 u_o 与输入电压 u_i 的相位相反。

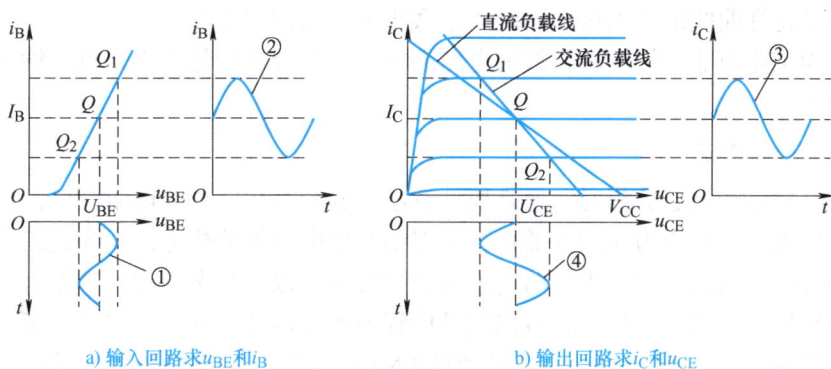

a) 输入回路求 u_{BE} 和 i_B　　　　b) 输出回路求 i_C 和 u_{CE}

图 2-6　放大电路动态分析图解法

由图解分析过程可得出以下结论：

1）放大电路中的各个量 u_{BE}、i_B、i_C 和 u_{CE} 都由直流分量和交流分量两部分组成。

2）放大电路的输出电压 u_o 与输入电压 u_i 相位相反。

3）负载电阻 R_L 越小，交流负载电阻 R_L' 也越小，交流负载线就越陡，使 U_{om} 减小，电压放大倍数下降。

对于放大电路来说，要求输出波形的失真尽量小。但是，如果放大电路的静态工作点选得不合适或者输入信号太大，则会使放大电路的工作范围超出了晶体管特性曲线上的线性区域，从而使输出的波形产生畸变，这种失真通常称为非线性失真。

在图 2-7 中，静态工作点 Q_1 的位置太低，放大电路进入截止区，i_{C1} 的负半周电流不随 i_{b1} 而变化，形成放大电路的截止失真。消除截止失真的方法是减小偏置电阻 R_B，将 I_B 增大，使静态工作点上移。

在图 2-7 中，静态工作点 Q_2 的位置太高，放大电路进入饱和区，i_{C2} 的正半周电流不随 i_{b2} 而变化，形成放大电路的饱和失真。消除饱和失真的方法是适当增大偏置电阻 R_B，将 I_B 减小，使静态工作点下移。

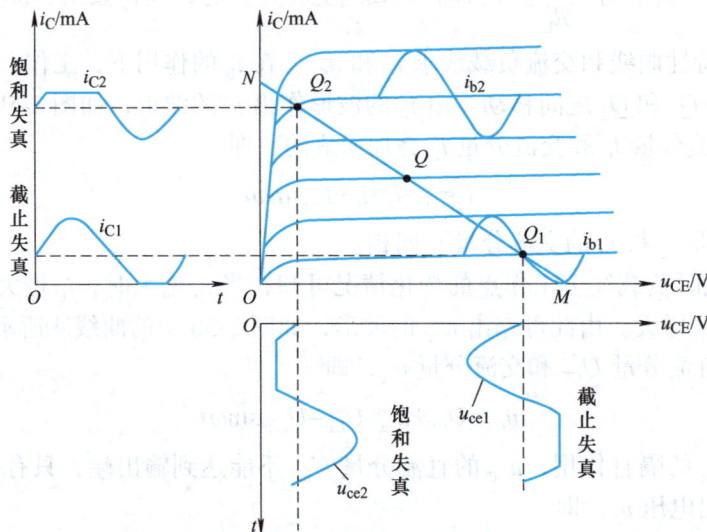

图 2-7 工作点选择不当引起的失真

此外，如果输入信号 u_i 的幅值太大，虽然静态工作点的位置合适，放大电路也会因工作范围超过特性曲线的放大区而同时产生截止失真和饱和失真。

因此，为了避免非线性失真，放大电路必须有一个合适的静态工作点，输入信号的幅值也不能过大。

2. 微变等效电路法

对放大电路进行动态分析时，通常要计算电压放大倍数、输入电阻和输出电阻等动态性能指标。但由于晶体管为非线性器件，不能用线性电路的分析方法。为此，常采用放大电路的微变等效电路法。当放大电路的输入信号较小，以及静态工作点选得合适时，晶体管处于接近线性放大状态。这时，可以把晶体管当作线性器件处理，方法如下：

从晶体管的输入端看，它是一个导通的 PN 结，可用一个电阻 r_{be} 来模拟，称之为晶体管的输入电阻。在常温下，对于小功率晶体管，可表示为

$$r_{be} = 300 + \frac{26(\beta + 1)}{I_E} \tag{2-4}$$

式中，I_E 的单位为 mA；r_{be} 的单位为 Ω。

显然，式（2-4）中 r_{be} 是一个变量，与 β、I_E 有关。对于小功率晶体管，当 $I_C=1 \sim 2\text{mA}$ 时，r_{be} 约为 1kΩ。

从输出特性曲线看，放大区中的 i_c 与 u_{ce} 基本无关，仅取决于 i_b 的变化，因此相当于一个受 i_b 控制的受控电流源，即 $i_c = \beta i_b$。

将输入、输出的公共点相连，即可得到晶体管的微变等效电路，如图 2-8 所示。

用晶体管的微变等效电路代替交流通路中的晶体管，可得图 2-9 所示的放大电路的微变等效电路。

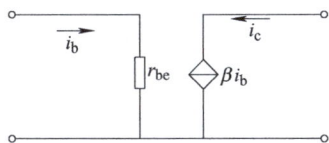

图 2-8　晶体管的微变等效电路

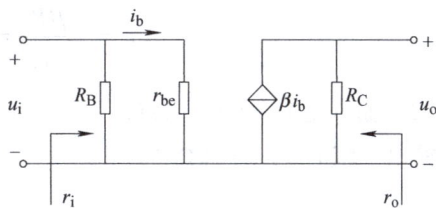

图 2-9　放大电路的微变等效电路

3. 动态性能指标

（1）电压放大倍数

$$A_u = \frac{u_o}{u_i} = \frac{-\beta i_b R_C}{i_b r_{be}} = -\frac{\beta R_C}{r_{be}} \tag{2-5}$$

式中，负号表示输出电压与输入电压的相位相反，称之为反相。当电路中接有负载电阻 R_L 时，电压放大倍数则为

$$A_u = -\frac{\beta (R_C // R_L)}{r_{be}} = -\frac{\beta R_L'}{r_{be}} \tag{2-6}$$

式中，$R_L' = R_C // R_L$。

（2）输入电阻　放大电路对于信号源来说，可等效为一个负载电阻，这个等效电阻称为放大电路的输入电阻。即输入电阻是从信号源两端向放大电路输入端看进去的等效电阻。

对于图 2-2 所示的共发射极放大电路，其输入电阻可以从它的微变等效电路（见图 2-8）中看出，即

$$r_i = R_B // r_{be} \tag{2-7}$$

一般，R_B 远大于 r_{be}，则 $r_i \approx r_{be}$。

（3）输出电阻　放大电路对于负载来说，相当于一个有内阻的信号源，该信号源的内阻定义为放大电路的输出电阻。可用求有源二端网络等效电阻的办法计算放大电路的输出电阻。

在图 2-8 中，输出电阻即从放大电路的输出端看进去的等效电阻，则

$$r_o = R_C \tag{2-8}$$

实际工作中，总希望输入电阻高一些，以减小信号源的负担。同时希望输出电阻低一些，以提高放大电路的带载能力。

【例 2-2】在例 2-1 中，若 $r_{be} = 1\text{k}\Omega$，试求：

（1）放大电路空载（$R_L = \infty$）时的电压放大倍数。

（2）放大电路带负载 $R_L = 1\text{k}\Omega$ 时的电压放大倍数。

（3）放大电路的输入电阻和输出电阻。

解：（1）$R_L = \infty$ 时，由式（2-5）得

$$A_u = -\frac{\beta R_C}{r_{be}} = -\frac{50 \times 3}{1} = -150$$

（2）$R_L = 1k\Omega$ 时，由式（2-6）得

$$A_u = -\frac{\beta R'_L}{r_{be}} = -\frac{50 \times (3//1)}{1} = -37.5$$

（3）输入电阻 $r_i \approx r_{be} = 1k\Omega$

输出电阻 $r_o = R_C = 3k\Omega$

2.3　静态工作点的稳定电路

2.3.1　温度对静态工作点的影响

前面介绍的共发射极基本放大电路的 $I_B \approx \dfrac{V_{CC}}{R_B}$，当 V_{CC} 和 R_B 固定时，I_B 基本不变，因此共发射极基本放大电路又称为固定偏置电路。一般，调整 R_B 可获得合适的静态工作点。

固定偏置电路虽然简单易调，但 Q 点易受外界条件的影响，例如温度变化、电源电压波动、晶体管老化等。尤其是温度的影响最为显著，当温度升高时，晶体管的电流放大系数 β 和穿透电流 I_{CEO} 随之增大，发射极正向压降 U_{BE} 减小等，所有这些影响都导致集电极电流 I_C 随温度升高而增大。但基极电流 I_B 基本不受温度影响。因此，温度升高，在晶体管的输出特性曲线上，Q 点将上移以至接近或进入饱和区；温度下降，Q 点将下移，向截止区移动，如图 2-10 所示。

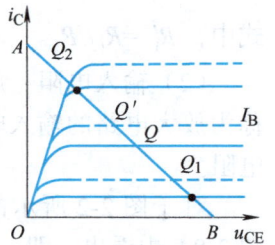

图 2-10　温度对静态工作点的影响

2.3.2　分压式偏置电路

1. 稳定工作点的原理

通常采用图 2-11a 所示的固定基极电位的分压式偏置电路，达到自动稳定 Q 点的目的。

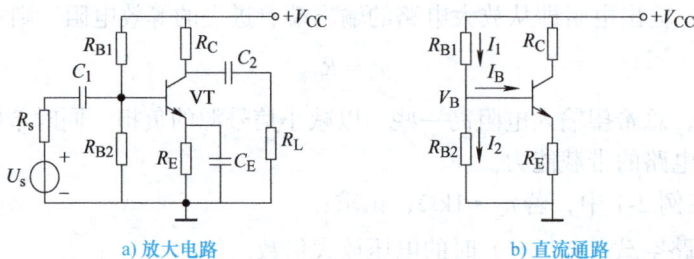

a) 放大电路　　　　　　　b) 直流通路

图 2-11　分压式偏置电路

该电路的工作特点：一是利用 R_{B1} 和 R_{B2} 的串联分压原理来固定基极电位，二是利用发射极电阻 R_E 上的电压调节 U_{BE} 的大小从而抑制 I_C 的变化。

图 2-11b 所示是分压式偏置电路的直流通路，若使 $I_2 \gg I_B$，则 R_{B1} 与 R_{B2} 近似为串联关系，基极电位为

$$V_B = \frac{R_{B2}}{R_{B1} + R_{B2}} V_{CC} \tag{2-9}$$

$$I_C \approx I_E = \frac{V_B - U_{BE}}{R_E} \tag{2-10}$$

由式（2-10）可见，当 $V_B \gg U_{BE}$ 时，I_C 与温度及晶体管的参数 β、I_{CEO} 无关。它只取决于 V_{CC} 和各电阻参数，即使更换晶体管，也不会改变已设置好的静态工作点。

稳定工作点的条件为：① $I_2 \gg I_B$，对于硅管一般取 $I_2=(5 \sim 10)I_B$，对锗管取 $I_2=(10 \sim 20)I_B$；② $V_B \gg U_{BE}$，对于硅管 V_B 为 3 ~ 5V，锗管取 V_B 为 1 ~ 3V。

静态工作点稳定的过程：

由于环境温度升高，有 $T \uparrow \to I_C \uparrow \to I_E \uparrow \to V_E \uparrow \to U_{BE} \downarrow \to I_B \downarrow \to I_C \downarrow$

当晶体管参数因外界因素的影响（例如温度的变化、更换晶体管）使 I_C 增加时，V_E 也随之增加，而 V_B 固定不变，则 U_{BE} 减小，驱使 I_B 减小，结果 I_C 也减小，达到稳定 I_C 的目的。显然，R_E 越大，I_C 的变化使 V_E 的变化也大，稳定静态工作点的效果也就越好。

但是接入 R_E 后，交流输入信号会因为 R_E 上的电压降而减小，电压放大倍数有所降低。为此，需在 R_E 两端并联一个容量较大的旁路电容 C_E，它对交流等效电路而言相当于短路。

2. 静态工作点的估算

$$V_B = \frac{R_{B2}}{R_{B1} + R_{B2}} V_{CC}$$

$$I_C \approx I_E = \frac{V_B - U_{BE}}{R_E}$$

$$U_{CE} = V_{CC} - I_C(R_C + R_E)$$

3. 动态分析

分压式偏置电路的微变等效电路如图 2-12 所示。

电压放大倍数为

$$A_u = \frac{\dot{U}_o}{\dot{U}_i} = -\beta \frac{R'_L}{r_{be}}$$

$$R'_L = R_C // R_L$$

输入电阻为

$$r_i = \frac{\dot{U}_i}{\dot{I}_i} = R_{B1} // R_{B2} // r_{be}$$

输出电阻为

$$r_o = R_C$$

当旁路电容 C_E 开路时，微变等效电路如图 2-13 所示，动态参数计算如下：

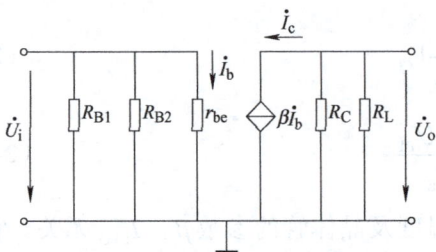

图 2-12   接 C_E 时的微变等效电路   图 2-13   不接 C_E 时的微变等效电路

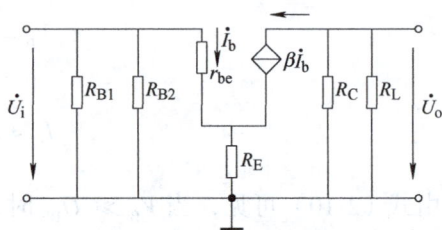

$$A_u = \frac{\dot{U}_o}{\dot{U}_i} = -\beta \frac{\dot{I}_C(R_C/\!/R_L)}{\dot{I}_b r_{be} + \dot{I}_e R_E} = \frac{-\beta \dot{I}_b(R_C/\!/R_L)}{\dot{I}_b r_{be} + (1+\beta)\dot{I}_b R_E} = -\beta \frac{R_C/\!/R_L}{r_{be} + (1+\beta)R_E} \quad (2\text{-}11)$$

$$r_i = \frac{\dot{U}_i}{\dot{I}_i} = R_{B1}/\!/R_{B2}/\!/[r_{be} + (1+\beta)R_E] \quad (2\text{-}12)$$

$$r_o = R_C$$

【例 2-3】电路如图 2-11a 所示，已知 $V_{CC}=12\text{V}$，$R_{B1}=10\text{k}\Omega$，$R_{B2}=20\text{k}\Omega$，$R_C=2\text{k}\Omega$，$R_L=2\text{k}\Omega$，$R_E=2\text{k}\Omega$，晶体管的 $\beta=50$，$U_{BE}=0.7\text{V}$。

（1）求静态工作点 I_{BQ}、I_{CQ} 和 U_{CEQ} 的值。

（2）求电路的电压放大倍数 A_u、输入电阻 r_i 和输出电阻 r_o 的值。

解：（1）

$$U_B = \frac{R_{B2}}{R_{B1}+R_{B2}}V_{CC} = \frac{20}{10+20}\times 12\text{V} = 4\text{V}$$

$$I_{EQ} = \frac{U_B - U_{BE}}{R_E} = \frac{4-0.7}{2}\text{mA} = 1.65\text{mA} \approx I_{CQ}$$

$$I_{BQ} = \frac{I_{EQ}}{1+\beta} = \frac{1.65\text{mA}}{1+50} = 0.032\text{mA}$$

$$U_{CEQ} \approx V_{CC} - I_{CQ}(R_E+R_C) = 12\text{V} - 1.65\times(2+2)\text{V} = 5.4\text{V}$$

（2）

$$r_{be} = 300 + (1+\beta)\frac{26}{I_E} = \left[300 + (1+50)\times\frac{26}{1.65}\right]\Omega = 1103.6\Omega \approx 1.1\text{k}\Omega$$

$$R_L' = \frac{R_L R_C}{R_L + R_C} = \frac{2\times 2}{2+2}\text{k}\Omega = 1\text{k}\Omega$$

$$A_u = -\beta\frac{R_L'}{r_{be}} = -50\times\frac{1}{1.1} = -45.5$$

$$r_i = r_{be}/\!/R_{B1}/\!/R_{B2} \approx r_{be} = 1.1\text{k}\Omega$$

$$r_o \approx R_C = 2\text{k}\Omega$$

2.4 共集电极放大电路和共基极放大电路

除共发射极放大电路外，单管放大电路还有共集电极和共基极等两种组态。

2.4.1 共集电极放大电路

1. 电路组成

因为共发射极放大电路输入电阻偏低，所以它从信号源索取的电流比较大；又因为其输出电阻偏高，所以它带负载能力比较差，即当负载变化时，输出电压变化较大。在实际电子产品接口电路中，特别需要输入电阻高、输出电阻低的电路。共集电极放大电路就具备上述特点。

图 2-14a 所示为共集电极放大电路。基极为输入端，发射极为输出端。在画图 2-14a 所示电路的交流通路时，由于 V_{CC} 不作用，相当于短路，集电极便成为输入、输出回路的公共端，共集电极放大电路的交流通路如图 2-14c 所示。对交流而言，由于集电极是输入、输出回路的公共端，故名共集电极放大电路，又称射极输出器。

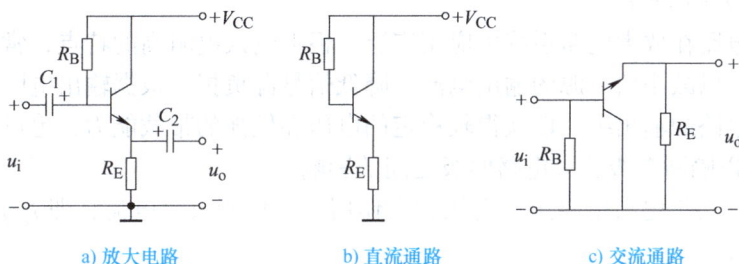

a) 放大电路   b) 直流通路   c) 交流通路

图 2-14 共集电极放大电路

2. 静态分析

与分压式偏置电路相似，共集电极电路的射极电阻 R_E 也具有稳定静态工作点的作用。例如，当温度升高 I_C 随之增大时，R_E 上的电压降也随之增大，U_{BE} 下降，从而抑制了 I_C 的变化。由图 2-14b 所示的直流通路可确定静态工作点。

$$V_{CC} = I_B R_B + U_{BE} + I_E R_E$$

则

$$I_B = \frac{V_{CC} - U_{BE}}{R_B + (1 + \beta)R_E} \tag{2-13}$$

$$I_C = \beta I_B \tag{2-14}$$

$$U_{CE} = V_{CC} - I_E R_E \tag{2-15}$$

3. 动态分析

（1）放大倍数近似为 1 用晶体管的微变等效电路代替交流通路中的晶体管，可得共集电极放大电路的微变等效电路，如图 2-15 所示。

$$U_i = I_b r_{be} + (\beta+1)I_b R_E$$

$$U_o = (\beta+1)I_b R_E$$

$$A_u = \frac{U_o}{U_i} = \frac{(\beta+1)I_b R_E}{I_b r_{be}+(\beta+1)I_b R_E} = \frac{(\beta+1)R_E}{r_{be}+(\beta+1)R_E} \qquad (2\text{-}16)$$

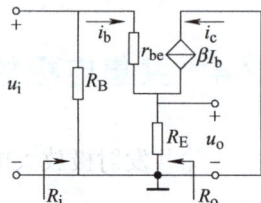

图 2-15　共集电极放大电路的微变等效电路

显而易见，共集电极电路的电压放大倍数恒小于 1。又由于 $r_{be} \ll (\beta+1)R_E$，$A_u \approx 1$，表明输出电压与输入电压大小近似相等、相位相同，因此共集电极电路又称为射极输出器。

（2）输入电阻高　射极跟随器的输入电阻高达几十千欧到几百千欧。

$$r_i = \frac{U_i}{I_i}//R_B = \frac{I_b r_{be}+(\beta+1)I_b R_E}{I_b}//R_B = [r_{be}+(\beta+1)R_E]//R_B \qquad (2\text{-}17)$$

（3）输出电阻低　射极输出器的输出电阻仅为几欧到几百欧。利用含受控源电路求等效电阻的方法可得其表达式为

$$r_o = R_E//\frac{r_{be}+R_B//R_s}{\beta+1} \qquad (2\text{-}18)$$

式中，R_s 为信号源内阻。

共集电极电路在放大电路系统中应用广泛。根据输入电阻高的特点，常用作多级放大电路的输入级，以减小信号源的输出电流，降低信号源负担。根据输出电阻低的特点，常用作多级放大电路的输出级，以获得较稳定的电压和较强的带载能力，也可用作中间隔离级（缓冲级），以隔断多级放大电路两级之间的影响。

另需指出，共集电极电路虽无电压放大作用，但仍能放大电流，即 $I_c = \beta I_b$，因此依然可用于功率放大。

【例 2-4】电路如图 2-16 所示，已知 R_B=200kΩ，R_E=3kΩ，β=80，r_{be}=1kΩ。

（1）求静态工作点。

（2）分别求 $R_L = \infty$ 和 R_L=3kΩ 时的 A_u、r_i 和 r_o。

解：（1）静态工作点

$$I_B = \frac{V_{CC}-U_{BE}}{R_B+(1+\beta)R_E} = 32\mu A$$

$$I_C = \beta I_B = 2.56\text{mA}$$

$$U_{CE} = V_{CC}-I_E R_E = 7.2\text{V}$$

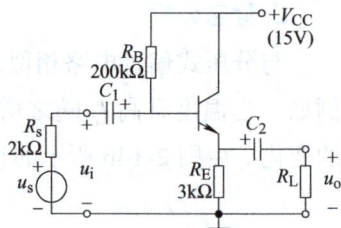

图 2-16　例 2-4 图

（2）动态性能指标

$R_L = \infty$ 时，可得

$$A_u' = \frac{(1+\beta)R_E}{r_{be}+(1+\beta)R_E} \approx 0.996$$

$$r_i = R_B//[r_{be}+(1+\beta)R_E] = 110\text{k}\Omega$$

$$r_o = R_E//\frac{r_{be}}{1+\beta} \approx 37\Omega$$

$R_L=3\text{k}\Omega$ 时，$R'_L = R_E /\!/ R_L = 1.5\text{k}\Omega$，可得

$$A'_u = \frac{(1+\beta)R'_L}{r_{be}+(1+\beta)R'_L} \approx 0.992$$

$$r_i = R_B /\!/ [r_{be}+(1+\beta)R'_L] = 76\text{k}\Omega$$

$$r_o = R_E /\!/ \frac{r_{be}}{1+\beta} \approx 37\Omega$$

可见，共集电极放大电路带负载和空载时，电压放大倍数变化很小。

2.4.2　共基极放大电路

利用了晶体管 $i_E = i_C / \alpha$ 的电流控制关系，将信号从晶体管的发射极输入，从集电极输出，即组成共基极放大电路。原理电路如图 2-17 所示，R_C 为集电极电阻，R_{B1} 和 R_{B2} 为基极偏置电阻，用来保证晶体管有合适的 Q 点。其静态值与分压式偏置电路相同。

图 2-18 是它的微变等效电路。由等效电路可见，输入电压 U_i 加在发射极与基极之间，而输出电压 U_o 从集电极和基极两端取出，基极是输入、输出电路的共同端点，故称为共基放大电路。

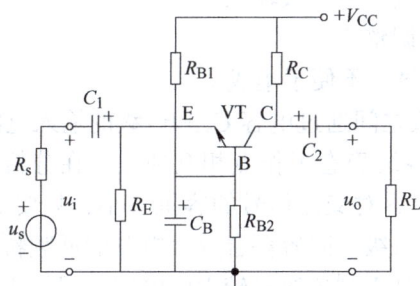

图 2-17　共基极放大电路　　　　图 2-18　共基极放大电路微变等效电路

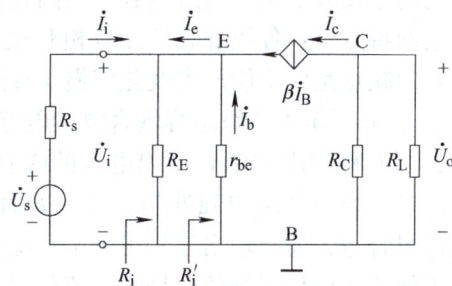

共基放大电路的动态指标分析如下：

（1）电压放大倍数

$$A_u = \frac{U_o}{U_i} = \frac{\beta R'_L}{r_{be}}，\quad U_o \text{ 与 } U_i \text{ 同相} \tag{2-19}$$

（2）输入电阻

$$r_i = \dot{U}_i / \dot{I}_i = \frac{r_{be}}{1+\beta} /\!/ R_E \approx \frac{r_{be}}{1+\beta} \tag{2-20}$$

（3）输出电阻

$$r_o \approx R_C$$

可见，共基极放大电路放大倍数较大，输入电阻小，输出电阻较大。共基极放大电路适用高频放大电路中，如高频振荡电路。

2.5 多级放大电路

在实际应用中，经常需要把一个微弱的信号放大成千上万倍，而单级共射放大电路的放大倍数一般只有几十到几百倍，难以满足以上要求。这就需要将若干个单级放大电路连接起来，构成多级放大电路。

一个典型的多级放大电路的框图如图 2-19 所示。

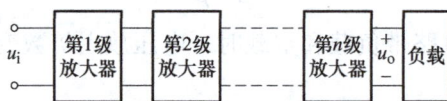

图 2-19 多级放大电路框图

2.5.1 多级放大电路的耦合方式

多级放大电路之间的连接称为耦合，在多级放大电路中，每一个基本放大电路称为一级，各级之间的相互连接方式称为耦合，它的方式由多种。实际中，人们常用的耦合方式有三种，即阻容耦合、直接耦合和变压器耦合。以下介绍它们的电路形式和主要性能。

1. 阻容耦合

它的连接方法是：通过电容和电阻把前级输出接至下一级输入。

它的特点是：各级静态工作点相对独立，便于调整。

它的缺点是：不能放大变化缓慢（直流）的信号；不便于集成。

图 2-20 所示为两级阻容耦合放大电路，前后级之间通过电容 C_2 和后级的输入电阻 r_{i2} 连接，因此称为阻容耦合。因电容的隔直作用，各级静态工作点相互独立，在分析、设计、调试中可按各级单独处理。另一方面，由于电容对交流信号的容抗很小，只要 C_2 的容量选得合适，前级输出信号可以不衰减地传递到后级。阻容耦合放大电路的低频特性较差，不能放大变化缓慢的信号和直流信号。又由于难于制造容量较大的电容，因此不利于集成，多用于由分立器件组成的放大电路中。

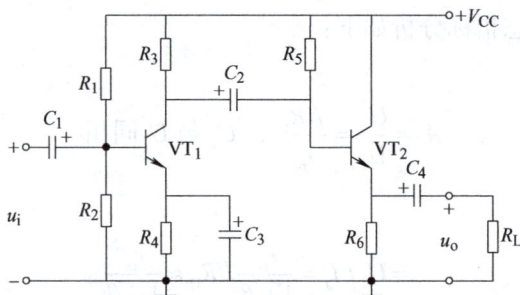

图 2-20 两级阻容耦合放大电路

2. 直接耦合

为了避免电容对缓慢变化信号的影响，人们直接把两级放大电路接在一起，这就是直接耦合法。

它的特点是：既能放大交流信号，也能放大直流信号，便于集成，存在零漂现象。

图 2-21 所示为直接耦合放大电路。该电路结构简单，能直接传输前后级信号，因此低频特性较好。又因为无耦合电容，便于集成。但由于前后级之间存在直流通路，例如前级的集电极电位恒等于后级的基极电位，前级的集电极电阻又是后级的偏置电阻，因此前后级静态工作点相互影响。实际工作中必须采取一定的措施，以保证各级都有合适的静态工作点。

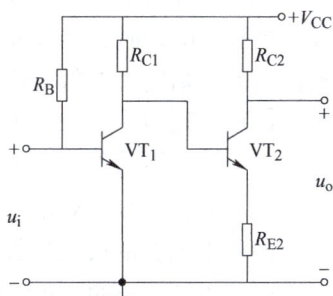

图 2-21 直接耦合放大电路

3. 变压器耦合

变压器耦合主要用于功率放大电路，它的优点是可变化电压和实现阻抗变换，工作点相对独立。缺点是体积大，不能实现集成化，频率特性差。

图 2-22 所示为变压器耦合放大电路。由于变压器的隔直作用，两级放大电路的静态工作点相互独立，其分析计算与单级电路相同。而对于交流信号，变压器则起传输作用。此外，变压器耦合电路可实现阻抗匹配，在功率放大电路中应用方便。但电路不能放大直流和低频信号，且因变压器自身体积和重量大，不利于电路的集成化。

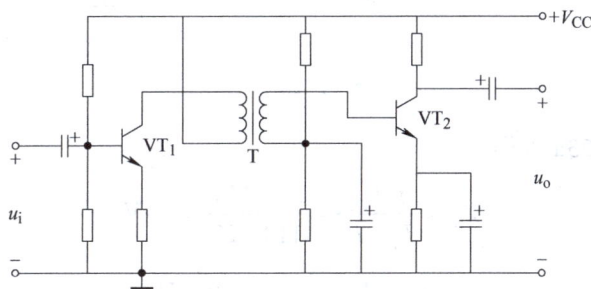

图 2-22 变压器耦合放大电路

2.5.2 多级放大电路的分析

1. 静态分析

因为耦合电容具有隔直作用，所以阻容耦合放大电路中各级的静态工作点相互独立，因此在静态分析时，计算的方法与单级放大电路相同，在这里不再介绍。

2. 动态分析

（1）电压放大倍数 A_u　多级放大电路的电压放大倍数等于各级放大电路电压放大倍数的乘积，即

$$A_u = A_{u1}A_{u2}\cdots A_{un} \tag{2-21}$$

式中，n 为多级放大电路的级数。

由于前后级串级连接，后级的输入电阻就是前级的负载，在计算每一级放大电路的电压放大倍数时，必须将后级的输入电阻作为前级的负载来处理。

（2）输入电阻　多级放大电路的输入电阻是从输入端看进去的电阻。当输入级为共发射极放大电路时，多级放大电路的输入电阻就为输入级的输入电阻。如果输入级是射极

输出器，则多级放大电路的输入电阻不仅与输入级有关，还与第二级的输入电阻有关。

（3）输出电阻　多级放大电路的输出电阻是从输出端看进去的电阻。当输出级为共发射极放大电路时，多级放大电路的输出电阻就等于输出级的输出电阻。如果输出级是射极输出器，则输出电阻不仅与末级有关，还与前一级有关。

【例2-5】 如图2-23所示，$V_{CC}=24V$，$\beta_1=\beta_2=50$。

（1）确定两管的静态电流 I_{C1}、I_{C2}。

（2）画出微变等效电路图。

（3）求电路的放大倍数 A_u。

（4）求输入电阻 r_i 和输出电阻 r_o。

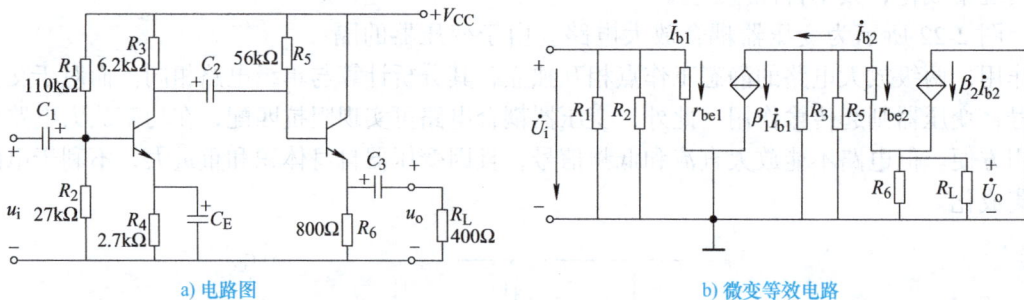

a) 电路图　　　　b) 微变等效电路

图 2-23　例 2-5 图

解：（1）由图2-23a可得

$$V_{B1} \approx \frac{R_2 V_{CC}}{R_1 + R_2} = \frac{27 \times 24V}{110 + 27} \approx 4.7V$$

$$I_{C1} \approx I_{E1} = \frac{V_{B1} - U_{BE1}}{R_4} = \frac{(4.7 - 0.7)V}{2.7k\Omega} \approx 1.5mA$$

$$I_{B2} = \frac{V_{CC} - U_{BE2}}{R_5 + (1 + \beta_2)R_6} = \frac{(24 - 0.7)V}{(56 + 51 \times 0.8)k\Omega} \approx 0.24mA$$

故　　　　　　　　　　$$I_{C2} \approx \beta_2 I_{B2} = 50 \times 0.24mA = 12mA$$

（2）微变等效电路图　如图2-23b所示。

（3）晶体管的输入电阻：

$$r_{be1} = 300 + (1 + \beta_1)\frac{26}{I_{E1}} = \left(300 + \frac{51 \times 26}{1.5}\right)\Omega \approx 1184\Omega = 1.2k\Omega$$

$$r_{be2} = 300 + (1 + \beta_2)\frac{26}{I_{E2}} = \left(300 + \frac{26}{0.24}\right)\Omega \approx 408\Omega = 0.408k\Omega$$

$$r_{i2} = R_5 // [r_{be2} + (1 + \beta_1)(R_6 // R_L)] = 56 // [0.408 + (1 + 50)(0.8 // 0.4)] \approx 11.2k\Omega$$

第一级电路的电压放大倍数为

$$A_{u1} = -\beta_1 \frac{R_C // r_{i2}}{r_{be1}} = -50 \times \frac{6.2 // 11.2}{1.2} \approx -166.3$$

第二级电路的电压放大倍数为

$$A_{u2} = \frac{(1+\beta_2)(R_6 // R_L)}{r_{be2} + (1+\beta_2)(R_6 // R_L)} = \frac{(1+50)(0.8//0.4)}{0.408 + (1+50)(0.8//0.4)} \approx 0.971$$

电压总的放大倍数为

$$A_u = A_{u1} A_{u2} = -166.3 \times 0.971 \approx -161.5$$

（4）　$r_i = r_{i1} = R_1 // R_2 // r_{be1} = (110//27//1.2)\text{k}\Omega \approx 1.14\text{k}\Omega$

$$r_o = R_6 // \frac{r_{be2} + R_5 // R_3}{1+\beta_2} = \left[0.8 // \frac{0.408 + (56//6.2)}{1+50} \right] \text{k}\Omega \approx 0.1\text{k}\Omega$$

2.5.3　直接耦合放大电路存在的问题

直接耦合放大电路是指放大器与信号源、负载以及放大器之间采用导线或电阻直接连接。它的特点是低频响应好，可以放大频率等于零的直流信号或变化缓慢的交流信号。

在直接耦合的多级放大电路中，由于无隔直电容，因此存在两个突出问题：一是各级静态工作点相互影响；二是存在零点漂移。

1. 各级静态工作点相互影响

两级直接耦合放大电路如图 2-24 所示。

由于 $V_{C1} = V_{BE2}$，而 V_{BE2} 很小，使 VT_1 的工作点接近于饱和区，限制了输出的动态范围。因此，要想使直接耦合放大器能正常工作，必须解决前后级直流电位的配合问题。

2. 零点漂移问题

零点漂移是指当输入信号为零时（即输入端短路时），在放大器输出端会出现一个变化不定的输出信号，使输出电压偏离起始值而上下波动。这个现象称为零点漂移，简称零漂。产生漂移的原因有温度变化、电源电压波动、元器件参数变化等，其中以温度变化所引起的影响最大，所以零漂也称温漂，如图 2-25 所示。

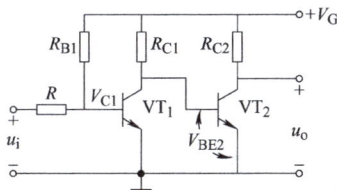

图 2-24　简单的直接耦合电路　　　　图 2-25　零点漂移现象

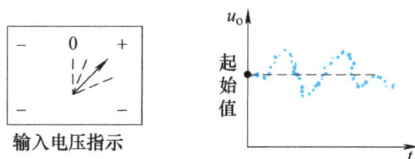

零漂的危害：在直接耦合多级放大器中，第一级因某种原因产生的零漂会被逐级放大，使末级输出端产生较大的漂移电压，无法区分信号电压和漂移电压，严重时漂移电压甚至把信号电压淹没了。因此，抑制零漂是直接耦合放大器的突出问题。

2.5.4　差动放大电路

1. 差动放大电路的基本形式

基本差动放大电路如图 2-26 所示。

基本形式对电路的要求是：两个电路的参数完全对称，两个管子的温度特性也完全对称。

它的工作原理是：当输入信号 $U_i=0$ 时，则两管的电流相等，两管的集电极电位也相等，所以输出电压 $U_o=U_{C1}-U_{C2}=0$。温度上升时，两管电流均增加，则集电极电位均下降，由于它们处于同一温度环境，因此两管的电流和电压变化量均相等，其输出电压仍然为零。

它的输入信号有两种类型：共模信号和差模信号。

（1）共模信号及共模电压的放大倍数 A_{uc}　共模信号是在差动放大管 VT_1 和 VT_2 的基极接入幅度相等、极性相同的信号，共模等效电路如图 2-27 所示。

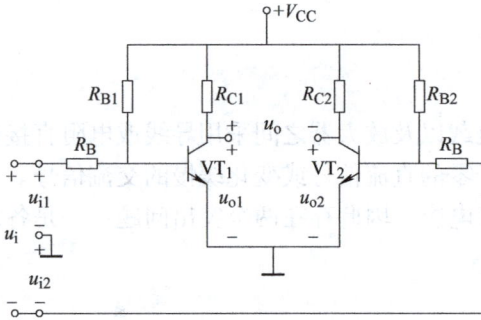

图 2-26　基本差动放大电路

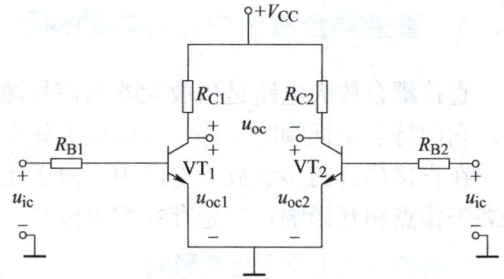

图 2-27　共模等效电路

共模信号的作用，对两管的作用是同向的，将引起两管电流同量增加，集电极电位也同量减小，因此两管集电极输出共模电压 U_{oc} 为零。

$$A_{uc} = \frac{U_{oc}}{U_{ic}} = 0$$

差动电路对共模信号的抑制能力强。

（2）差模信号及差模电压放大倍数 A_{ud}　差模信号是在差动放大管 VT_1 和 VT_2 的基极分别接入幅度相等而极性相反的信号，差模等效电路如图 2-28 所示。

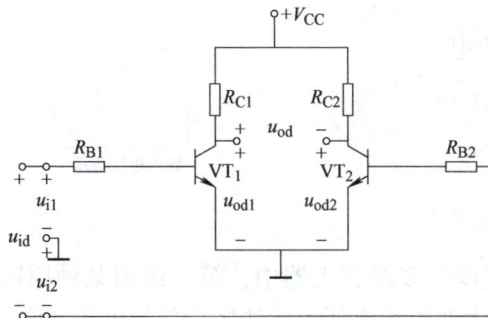

图 2-28　差模等效电路

差模信号的作用，由于信号的极性相反，因此 VT_1 管集电极电压下降，VT_2 管的集电极电压上升，且二者的变化量的绝对值相等，因此 $U_{od} = U_{C1} - U_{C2} = 2U_{C1}$（或 $2U_{C2}$）

此时的两管基极的信号为 $U_{id}=U_{id1} - U_{id2}=2U_{id1}$

$$A_{ud} = \frac{U_{od}}{U_{id}} = \frac{2U_{C1}}{2U_{id1}} = \frac{U_{C1}}{U_{id1}} = A_{u1} \approx -\frac{\beta R_L'}{R_B + r_{be}} \tag{2-22}$$

由式（2-22）可见，差动电路的差模电压放大倍数等于单管电压的放大倍数。

输入端信号之差为 0 时, 输出为 0; 输入端信号之差不为 0 时, 就有输出。这被称为差动放大电路, 又称作差分放大电路。

基本差动电路存在如下问题: 电路难于绝对对称, 因此输出仍然存在零漂; 管子没有采取消除零漂的措施, 有时会使电路失去放大能力; 它要对地输出, 此时的零漂与单管放大电路一样。

为此介绍另一种差动放大电路——长尾式差动放大电路。

2. 长尾式差动放大电路

它又被称为射极耦合差动放大电路, 如图 2-29 所示, 图中的两个管子通过射极电阻 R_E 和 U_{EE} 耦合。

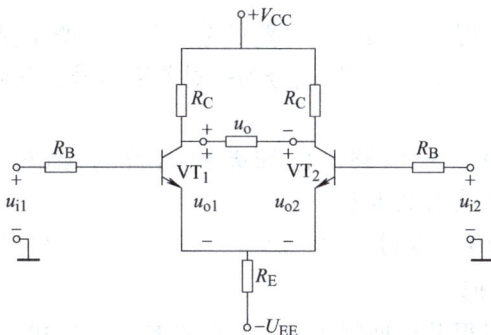

图 2-29　长尾式双电源供电差动放大电路

（1）静态工作点　静态时, 输入短路, 由于流过电阻 R_E 的电流为 I_{E1} 和 I_{E2} 之和, 且电路对称, $I_{E1}=I_{E2}$, 因此

$$I_{E1} = I_{E2} = \frac{U_{EE} - U_{BE}}{\frac{R_B}{1+\beta} + 2R_E} \approx \frac{U_{EE}}{2R_E}$$

（2）对共模信号的抑制作用　R_E 对共模信号的抑制作用是长尾电路的一个优点。由于是同向变化的, 因此流过 R_E 的共模信号电流是 $I_{E1}+I_{E2}=2I_E$, 对每一管来说, 可视为在射极接入电阻为 $2R_E$。它的共模放大倍数为

$$A_{uc} = \frac{-\beta R'_L}{R_B + r_{be} + 2(1+\beta)R_E} \tag{2-23}$$

由式（2-23）可以看出, R_E 的接入使每管的共模放大倍数下降了很多（对零漂具有很强的抑制作用）。

（3）对差模信号的放大作用　差模信号引起两管电流的反向变化（一管电流上升, 一管电流下降）, 流过射极电阻 R_E 的差模电流为 I_{E1}、I_{E2} 之和, 由于电路对称, 所以流过的差模电流为零, R_E 上的差模信号电压也为零, 因此发射极可视为零电位, 此处"地"称为"虚地"。因此对差模信号, R_E 不产生影响。

由于 R_E 对差模信号不产生影响, 故双端输出的差模放大倍数仍为单管放大倍数:

$$A_{ud} = \frac{U_{od}}{U_{id}} = \frac{2U_{C1}}{2U_{id1}} = \frac{U_{C1}}{U_{id1}} = A_{u1} \approx -\frac{\beta R'_L}{R_B + r_{be}}$$

（4）共模抑制比 K_{CMR}

$$K_{CMR} = \left| \frac{A_{ud}}{A_{uc}} \right| \tag{2-24}$$

式（2-24）表示差动放大电路性能的优劣。它的值越大，表明电路对共模信号的抑制能力越好。

有时还用对数的形式表示共模抑制比，即

$$K_{CMR} = 20\lg \left| \frac{A_{ud}}{A_{uc}} \right| \tag{2-25}$$

式中，K_{CMR} 的单位为分贝（dB）。

（5）一般输入信号情况　如果差动电路的输入信号，既不是共模信号也不是差模信号时，可以将输入信号分解为一对共模信号和一对差模信号，它们共同作用在差动电路的输入端。

【例 2-6】如图 2-29 所示电路，已知差模增益为 48dB，共模抑制比为 67dB，U_{i1}=5V，U_{i2}=5.01V，试求输出电压 U_o。

解： 由 $20\lg|A_{ud}|$ =48dB 可求得 $A_{ud} \approx -251$。

由共模抑制比的对数形式，

根据 K_{CMR} =67dB，可得共模抑制比的一般形式 $K_{CMR} \approx 2239$

因此可得 $A_{uc}=A_{ud}/K_{CMR} \approx 0.11$

则输出电压为

$$U_o = A_{ud}U_{id} + A_{uc}U_{ic} = -251 \times (5-5.01)\text{V} + 0.11 \times \left(\frac{5+5.01}{2} \right)\text{V} = 2.51\text{V} + 0.55\text{V} = 3.06\text{V}$$

3. 恒流源差动放大电路

在长尾式差动电路中，发射极电阻 R_E 提高了共模信号的抑制能力，且 R_E 越大，抑制能力越强，但 R_E 增大，使得 R_E 上的直流电压降增大，要使管子能正常工作，必须提高 U_{EE} 的值，这样做将带来成本的上升。因此采用恒流源代替 R_E，它的电路如图 2-30a 所示，图 2-30b 为具有恒流源差动放大电路的简易画法。

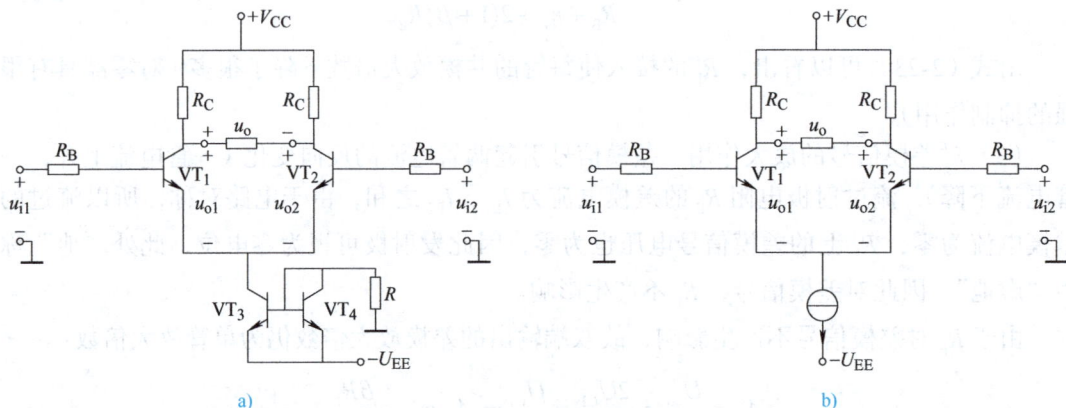

图 2-30　恒流源差动放大电路

恒流源差动放大电路的指标运算，与长尾式完全一样。

4. 差动放大电路的四种接法

差动放大电路有两个输入端和两个输出端，因此信号的输入、输出方式有四种情况。

（1）双端输入、双端输出　电路的接法如图 2-31 所示。

差模电压的放大倍数为

$$A_{ud} = \frac{U_o}{U_i} = -\frac{\beta R'_L}{R_B + r_{be}}$$

共模电压的放大倍数为

$$A_{uc} = \frac{U_{oc}}{U_{ic}} = 0$$

共模抑制比为

$$K_{CMR} \to \infty$$

（2）双端输入、单端输出　电路接法如图 2-32 所示。

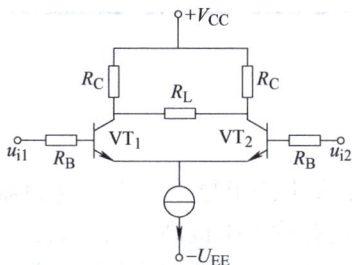

图 2-31　双端输入、双端输出差动放大电路　　　图 2-32　双端输入、单端输出差动放大电路

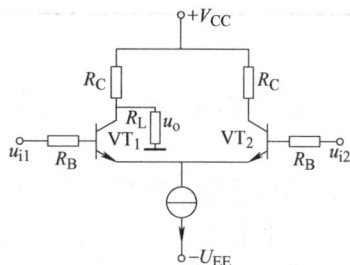

差模电压的放大倍数为

$$A_{ud} = -\frac{1}{2}\frac{\beta R'_L}{R_B + r_{be}}$$

共模电压的放大倍数为

$$A_{uc} = -\frac{\beta R'_L}{r_{be} + R_B + (1+\beta)2R_E}$$

共模抑制比为

$$K_{CMR} = \left|\frac{A_{ud}}{A_{uc}}\right| \approx \frac{\beta R_E}{R_E + r_{be}}$$

（3）单端输入、双端输出　电路接法如图 2-33 所示。这种放大电路忽略共模信号的放大作用时，就等效为双端输入的情况。双端输入的结论均适用单端输入、双端输出。

（4）单端输入、单端输出　电路的接法如图 2-34 所示。它等效于双端输入、单端输出。

这种接法的特点是：它比单管基本放大电路抑制零漂的能力强，还可根据不同的输出端，得到同相或反相关系。

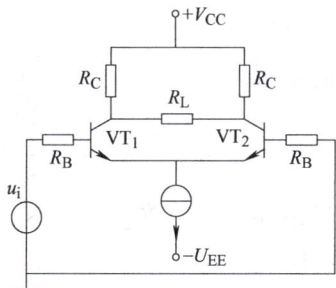

图 2-33　单端输入、双端输出差动放大电路　　　图 2-34　单端输入、单端输出差动放大电路

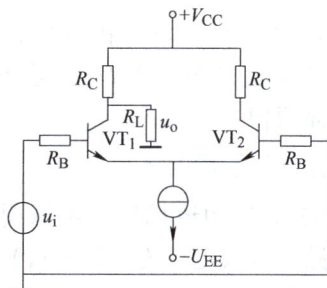

由以上分析可以看出，差动放大电路电压放大倍数仅与输出形式有关，如果是双端输出，它的差模电压放大倍数与单管基本放大电路相同；如果是单端输出，它的差模电压放大倍数是单管基本放大电路电压放大倍数的一半，输入电阻都相同。表 2-1 为差动放大电路四种接法比较。

表 2-1   差动放大电路四种接法比较

输入方式	双端		单端	
输出方式	双端	单端	双端	单端
差模放大倍数 A_d	$-\dfrac{\beta R_C}{R_B + r_{be}}$	$\pm\dfrac{\beta R_C}{2(R_B + r_{be})}$	$-\dfrac{\beta R_C}{R_B + r_{be}}$	$\pm\dfrac{\beta R_C}{2(R_B + r_{be})}$
差模输入电阻 r_i	$2(R_B + r_{be})$		$2(R_B + r_{be})$	
差模输出电阻 r_o	$2R_C$	R_C	$2R_C$	R_C

2.6 场效应晶体管放大电路

场效应晶体管是一种利用电场效应来控制其电流大小的半导体器件。这种器件不仅兼有体积小、重量轻、耗电省、寿命长等特点，而且还有输入阻抗高、噪声低、热稳定性好、抗辐射能力强和制造工艺简单等优点，因此大大地扩展了它的应用范围，常用于多级放大电路的输入级以及要求噪声低的放大电路，特别是在大规模和超大规模集成电路中得到了广泛的应用。

场效应晶体管的共源极放大电路和源极输出器与双极型晶体管的共发射极放大电路和射极输出器在结构上也相类似。

场效应晶体管放大电路的分析与双极型晶体管放大电路一样，包括静态分析和动态分析。

由于场效应晶体管具有高输入电阻的特点，它适用于作为多级放大电路的输入级，尤其对高内阻信号源，采用场效应晶体管才能有效地放大。

和双极型晶体管比较，场效应晶体管的源极、漏极、栅极相当于它的发射极、集电极、基极。两者的放大电路也类似，场效应晶体管有共源极放大电路和源极输出器等。在双极型晶体管放大电路中必须设置合适的静态工作点，否则将造成输入信号的失真。同理，场效应晶体管放大电路也必须设置合适的工作点。

2.6.1 场效应晶体管的偏置电路

场效应晶体管是电压控制器件，当 U_{DD} 和 R_D 选定后，静态工作点是由栅源电压 U_{GS}（偏压）确定的。常用的偏置电路有下面两种。

1. 自给偏压偏置电路

图 2-35 是 N 沟道耗尽型绝缘栅场效应晶体管的自给偏压偏置电路。源极电流 I_S（等于 I_D）流经源极电阻 R_S，在 R_S 上产生电压降 $R_S I_S$，显然 $U_{GS} = -R_S I_S = -R_S I_D$，它是自给偏压。

电路中各元器件的作用如下：

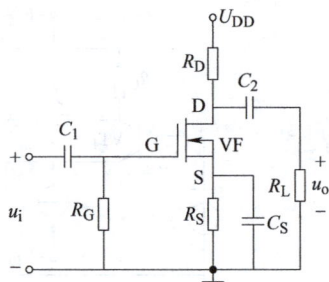

图 2-35 N 沟道耗尽型绝缘栅场效应晶体管的自给偏压偏置电路

R_S 为源极电阻，静态工作点受它控制，其阻值为几千欧。

C_S 为源极电阻上的交流旁路电容，其容量为几十微法。

R_G 为栅极电阻，用以构成栅、源极间的直流通路，R_G 不能太小，否则影响放大电路的输入电阻，其阻值为 200kΩ ~ 10MΩ。

R_D 为漏极电阻，它使放大电路具有电压放大功能，其阻值为几十千欧。

C_1、C_2 分别为输入电路和输出电路的耦合电容，其容量为 0.01 ~ 0.047μF。

应该指出，由 N 沟道增强型绝缘栅场效应晶体管组成的放大电路，工作时 U_{GS} 为正，所以无法采用自给式偏压偏置电路。

2. 分压式偏置电路

图 2-36 所示为分压式偏置电路，R_{G1} 和 R_{G2} 为分压电阻，这样栅源电压为（电阻 R_G 中并无电流通过）

$$U_{GS} = \frac{R_{G2}}{R_{G1} + R_{G2}} U_{DD} - R_S I_D = V_G - R_S I_D$$

式中，V_G 为栅极电位。对 N 沟道耗尽型管，U_{GS} 为负值，所以 $R_S I_D > V_G$；对 N 沟道增强型管，U_{GS} 为正值，所以 $R_S I_D < V_G$。

3. 交流指标

场效应晶体管是一种非线性器件，在交流小信号下，可以由线性等效电路——交流小信号模型代替。图 2-37 是场效应晶体管微变等效电路。

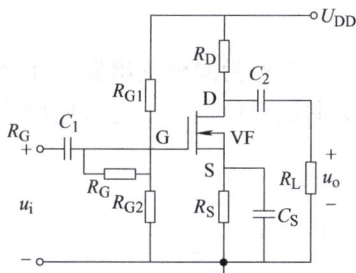

图 2-36　分压式偏置电路

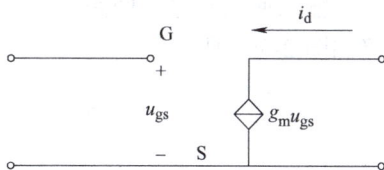

图 2-37　场效应晶体管微变等效电路

当有信号输入时，放大电路进行动态分析主要是分析它的电压放大倍数、输入电阻与输出电阻。图 2-38 是图 2-36 所示分压偏置放大电路的微变等效电路图。设输入信号为正弦量。

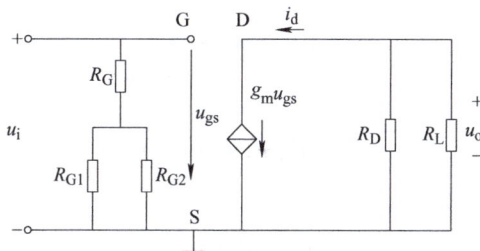

图 2-38　共源极放大电路的交流通路

在图 2-38 所示分压式偏置电路中，放大电路的输入电阻为

$$r_i = R_G + (R_{G1} // R_{G2}) \tag{2-26}$$

R_G 的接入增大了输入电阻，对电压放大倍数并无影响；在静态时，R_G 中无电流通过，因此也不影响静态工作点。

由于场效应晶体管的输出特性具有恒流特性（从输出特性曲线可见），即

$$r_{ds} = \frac{\Delta U_{DS}}{\Delta I_D}\bigg|_{U_{GS}}$$

故其输出电阻是很高的。在共源极放大电路中，漏极电阻 R_D 和管子的输出电阻 r_{ds} 并联，所以当 $r_{ds} \gg R_D$ 时，放大电路的输出电阻为

$$r_o \approx R_D \tag{2-27}$$

这点和晶体管共发射极放大电路是类似的。

输出电压为

$$\dot{U}_o \approx -R_D \dot{I}_d = -g_m R_D \dot{U}_{gs}$$

电压放大倍数为

$$A_u = \frac{\dot{U}_o}{\dot{U}_i} = \frac{\dot{U}_o}{\dot{U}_{gs}} = -g_m R_D \tag{2-28}$$

式（2-28）中的负号表示输出电压和输入电压反相。

2.6.2　场效应晶体管的动态分析

如图 2-39a 所示，因为电路是从源极取出信号的，所以称为源极输出器，在交流电路中，漏极是输入回路与输出回路的公共端，因此也称为共漏极放大器。源极输出器的微变等效电路如图 2-39b 所示。

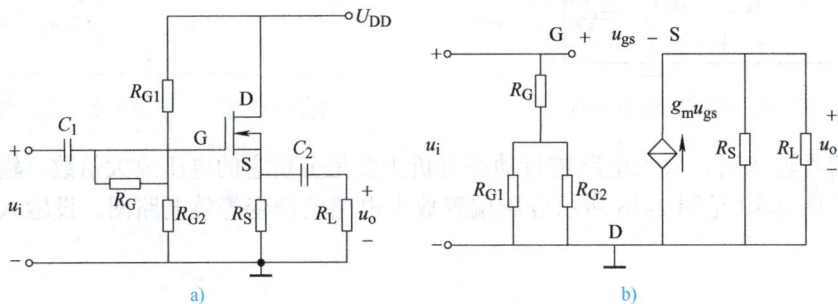

图 2-39　源极输出器

（1）输入电阻

$$r_i = R_G + (R_{G1} // R_{G2})$$

（2）电压放大倍数

$$u_o = R'_L g_m u_{gs}$$

$$u_i = u_{gs} + u_o = u_{gs}(1 + g_m R'_L)$$

$$A_u = \frac{u_o}{u_i} = \frac{g_m R'_L}{1 + g_m R'_L} \leqslant 1 \qquad (2\text{-}29)$$

由式（2-29）可见，源极输出器的输出电压与输入电压同相，且放大倍数小于或等于 1。

（3）输出电阻　分析源极输出器的输出电阻，采用求含受控源电路的等效电阻的方法计算，如图 2-40 所示。

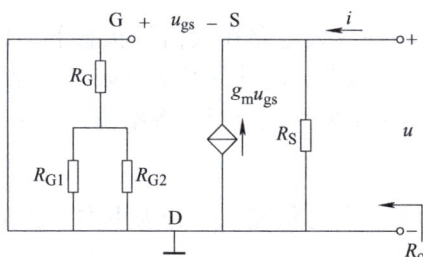

图 2-40　源极输出器输出电阻计算

$$R_o = \frac{u}{i}$$

$$u = -u_{gs}$$

$$i = \frac{u}{R_S} - g_m u_{gs} = u\left(g_m + \frac{1}{R_S}\right)$$

$$R_o = \frac{u}{i} = R_S // \frac{1}{g_m} \qquad (2\text{-}30)$$

2.7　功率放大电路

在多级放大电路中，输出级的任务是推动负载工作，例如扬声器发声、继电器动作、电动机旋转等，因此要求有较大的输出功率。即输出级不仅电压要高，电流也要大。这种以供给负载足够大信号功率为目的的输出级称为功率放大电路。

2.7.1　功率放大电路的特点及分类

1. 功率放大电路的特点

就放大信号而言，功率放大电路与电压放大电路并无本质区别，只是任务各有侧重。对电压放大电路的要求是使负载得到尽可能大的不失真的输出电压，研究的主要指标是电压放大倍数、输入电阻、输出电阻等。而对功率放大电路的要求是使负载得到尽可能大的、不失真的输出功率。研究的主要指标是输出功率、效率、晶体管的管耗等。

因为功率放大电路工作在大信号状态下，所以不能用微变等效电路进行分析计算，而要用图解分析法。

对功率放大电路的要求如下：

（1）输出功率足够大　在输出不失真的条件下，为获得足够大的输出功率，晶体管的输出电压和电流的幅度要足够大，晶体管往往工作在极限状态。因此在选择功率管时，必须考虑使它的工作状态不超过它的极限参数 I_{CM}、P_{CM}、$U_{(BR)CEO}$。

（2）效率要高　功率放大电路的输出功率是通过晶体管将直流电源供给的能量转换为随输入信号变化的交流能量而得到的。功率放大电路的信号输出功率较大，相应的直流电源消耗的功率也大。所谓效率是指放大电路的交流输出功率与电源提供的直流功率的比值，用 η 表示回比值越大，效率越高。

（3）非线性失真要小　功率放大电路在大信号状态下工作，输出电压和电流的幅值都很大，容易产生非线性失真。因此，将非线性失真限制在允许的范围内，就成为功率放大电路的一个重要问题。在实用中要采取负反馈等措施减小失真，使之满足负载的要求。

2. 功率放大电路的分类

功率放大电路根据静态工作点的状况，可分为甲类、乙类和甲乙类三种，如图 2-41 所示。

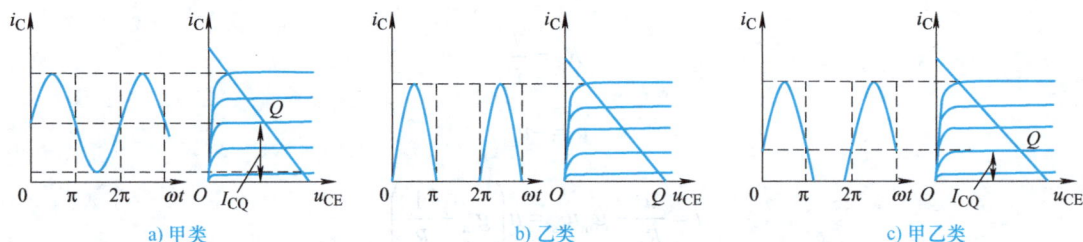

图 2-41　功率放大电路的三种工作状态

甲类功率放大电路是功率管在一个周期内都处于正偏的导通状态，其优点是在输入信号的整个周期内，为全波放大，因此输出信号失真较小，缺点是静态电流 I_C 较大，没有输入信号时，电源提供的功率全部消耗在集电结和电阻上，所以电路的效率不高，理想情况下仅为 50%，如图 2-41a 所示。

乙类功率放大电路的功率管只在信号的半个周期处于导通状态，电路的工作点设置在截止区，此时 $I_C = 0$，所以效率最高，可达 78.5%。但晶体管只在半个周期内导通，因此非线性失真大，如图 2-41b 所示。

甲乙类功率放大电路的工作点设置在放大区，但接近截止区，I_C 稍大于零。静态时，晶体管处于微导通状态，其效率比乙类稍低，远高于甲类，如图 2-41c 所示。

2.7.2　互补对称功率放大电路

为了使功率放大电路既有尽可能高的效率，又有尽可能小的失真，常采用工作于甲乙类或乙类状态的互补对称功率放大电路。

1. OCL 互补对称功率放大电路

由双电源供电的互补对称功率放大电路又称为无输出电容（OCL）的功率放大电路，其原理电路如图 2-42a 所示。它由 VT_1、VT_2 两个特性对称，即导电类型相反且性能参数相同的功放管组成。VT_1、VT_2 分别是 NPN 型和 PNP 型晶体管，两管的基极和发射极分别连在一起，输入电压 u_i 加在两管的基极，输出电压 u_o 由两管的发射极取出，R_L 为负载。

静态时，即 $u_i = 0$，VT_1、VT_2 均因无偏流而截止，负载上无电流通过，输出电压 $u_o = 0$。

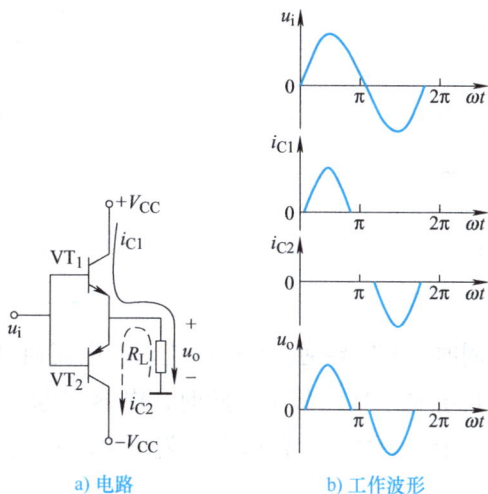

a) 电路　　b) 工作波形

图 2-42　乙类 OCL 电路及工作波形

动态时，当输入端所加正弦信号 u_i 为正半周时，两管的基极电位为正，故 VT_1 导通、VT_2 截止，VT_1 的集电极电流由 V_{CC} 经 VT_1、R_L 到地，在 R_L 上形成正半周电压；当 u_i 为负半周时，两管的基极电位为负，故 VT_2 导通、VT_1 截止，VT_2 的集电极电流由地经 R_L、VT_2 到 $-V_{CC}$，在 R_L 上形成负半周电压。这样在整个周期两管轮流导通，负载上得到完整的正弦波，故名乙类互补对称功率放大电路。工作波形如图 2-42b 所示。

从图 2-42b 所示的工作波形可以看到，由于没有基极偏流，当输入信号小于死区电压时，VT_1、VT_2 依然截止，输出电压为零。这样在输入信号正、负半周的交变处，也无输出信号，使波形失真，这种失真称为交越失真。

为消除交越失真，可给 VT_1、VT_2 加适当的基极偏置电压，偏置电压只要大于晶体管的死区电压，使两管在静态时处于微导通状态，即构成甲乙类互补对称双管推挽电路，如图 2-43 所示。图中，二极管 VD_1、VD_2 用来为 VT_1、VT_2 发射结提供偏置电压。静态时晶体管 VT_1、VT_2 虽然都已基本导通，但因它们对称，U_E 为零，负载上无电流通过。为了克服交越失真，互补对称电路工作在甲乙类放大状态，但为了提高放大电路的效率，在设置偏置时，应使其尽可能接近乙类状态。

2. OTL 互补对称功率放大电路

在 OCL 电路中采用的是双电源供电，如要采用单电源供电，只需在两管发射极与负载间接一个大容量电容 C 即可。这种电路通常又称无输出变压器（OTL）电路，如图 2-44 所示。

静态时，调节晶体管的发射极电位，使 $U_E = \dfrac{V_{CC}}{2}$，于是电容 C 上的电压也等于 $\dfrac{V_{CC}}{2}$，这就达到了与双电源供电相同的效果，电容 C 在这里实际上起着电源的作用。加上交流

信号 u_i 时，因 C 值很大，可视为交流短路，而且 $R_L C$ 乘积远大于工作信号的周期，因此电容 C 上的电压总能维持不变。

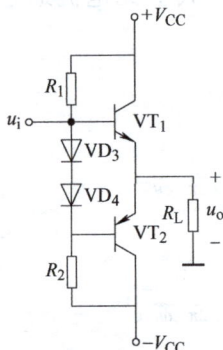

图 2-43　甲乙类 OCL 电路

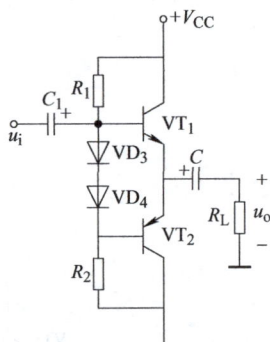

图 2-44　甲乙类 OTL 电路

当输入信号 u_i 为正半周时，VT_1 导通、VT_2 截止，有电流通过负载 R_L，并同时向电容充电；u_i 为负半周时，VT_2 导通、VT_1 截止。此时，电容 C 起负电源的作用，通过 R_L 放电，负载上得到一完整的波形。只要 $R_L C$ 足够大，就可保证 C 上的直流电压降变化不大。

2.7.3　集成功率放大器

集成电路是 20 世纪 60 年代初发展起来的一种新型电子器件。它把整个电路中的各个元器件以及器件之间的连线，采用半导体集成工艺同时制作在一块半导体芯片上，再将芯片封装并引出相应引脚，做成具有特定功能的集成电子线路。

集成功率放大器与分立器件晶体管低频放大器比较，不仅体积小、重量轻、成本低、外接元器件少、调试简单、使用方便，且在性能上也十分优越。例如集成功率放大器功耗低、电源利用率高、失真小。在集成功率放大器的电路中设计有许多保护措施，如过电流保护、过电压保护以及消噪电路等，因此可靠性大大提高。

集成功率放大器品种比较多，有单片集成功率组件，输出功率为 1W 左右，以及由集成功率放大器驱动外接大功率晶体管组成的混合功率放大电路，输出功率可达几十瓦。本节仅介绍音频功率放大器的主要指标及典型应用电路。

1. LM386 集成功率放大器的主要指标

（1）LM386 外形、引脚排列及内部电路　LM386 是一种低电压通用型音频集成功率放大器，广泛应用于收音机、对讲机和信号发生器中。它的主要特点是频带宽，典型值可达 300kHz；低功耗，额定输出功率为 660mW；电源电压适用范围为 5～18V。LM386 的外形与引脚排列如图 2-45 所示，它采用 8 脚双列直插式塑料封装。

LM386 有两个信号输入端，2 脚为反相输入端，3 脚为同相输入端，每个输入端的输入阻抗为 50kΩ，而且输入端对地的直流电位接近于零，即使输入端对地短路，输出端直流电平也不会产生大的偏差。8 脚和 1 脚为增益设定端。当 8 脚和 1 脚断开时，电路增益为 20；若在 8 脚和 1 脚之间接旁路电容，则增益为 200。

（2）LM386 主要性能指标　LM386 的电源电压范围为 5～18V。当电源电压为 6V 时，静态工作电流为 4mA。LM386 在 6V 电源电压下驱动 4Ω 负载；9V 电源可驱动 8Ω 负载；

16V 电源可驱动 16Ω 负载。8 脚和 1 脚开路时，频带宽为 300kHz，总谐波失真为 0.2%，输入阻抗为 50kΩ。若在 8 脚和 1 脚接入电阻 R、电容 C 串联电路，其增益可在 20～200 之间任意调整。

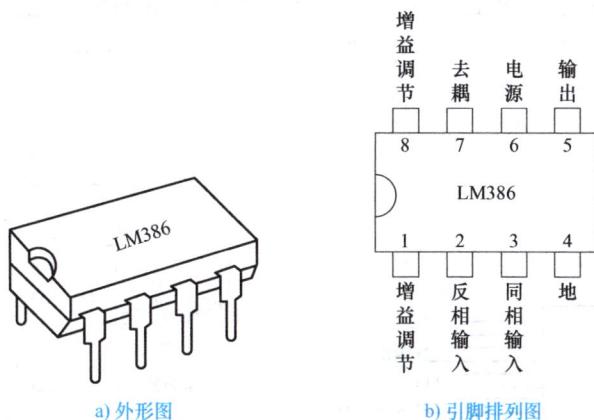

a) 外形图　　　　　　　　　b) 引脚排列图

图 2-45　LM386 外形与引脚排列

2. LM386 应用电路

用 LM386 组成的 OTL 功率放大电路如图 2-46 所示，信号从 3 脚同相输入端输入，从 5 脚经耦合电容输出。

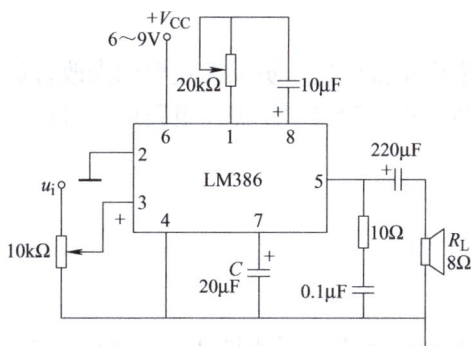

图 2-46　LM386 应用电路

如图 2-46 所示电路中，7 脚所接 20μF 电容为去耦滤波电容。8 脚和 1 脚所接电容、电阻用于电路的闭环电压增益，电容取值为 10μF，电阻在 0～20kΩ 范围内取值。改变电阻值可使集成功率放大器的电压放大倍数在 20～200 之间变化。R 值越小，电压增益越大。当需要高增益时，可取 R =0，只将一只 10μF 电容接在 8 脚和 1 脚之间即可。输出端 5 脚所接 10Ω 电阻和 0.1μF 电容组成阻抗校正网络，抵消负载中的感抗分量，防止电路自激，有时也省去不用。

3. TDA2030 专用集成功率放大器

（1）TDA2030 性能指标和引脚排列　TDA2030 是当前音质较好的一种音频集成块，它的引脚数少，引脚排列如图 2-47 所示，外部元器件很少。该集成块的电气性能稳定、可靠，能适应长时间连续工作，集成块内具有过载保护和过热切断保护。该集成块适用于各音响装置如收录机、高保真立体声扩音机等装置中作音频功率放大器。

TDA2030 的性能参数如下：电源电压为 $\pm 6 \sim \pm 18\,\text{V}$；输出峰值电流为 3.5A；功率频带宽为 10Hz $\sim$ 140kHz；静态电流 I_C 不超过 60mA；当电源电压为 $\pm 14\,\text{V}$，$R_L = 4\Omega$ 时的输出功率为 14W。

（2）TDA2030 组成的 OCL 功率放大电路　如图 2-48 所示，电路中 R_1、R_2 为电压串联负反馈电阻，C_4、C_5 为电源高频退耦电容，R_4、C_3 为消振电路，二极管 VD$_1$、VD$_2$ 为输出电压限幅保护用。

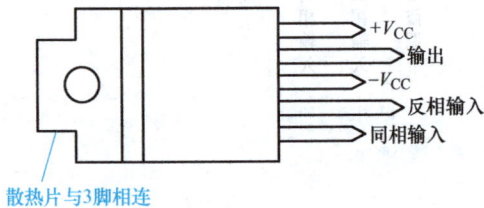

图 2-47　TDA2030 的引脚排列

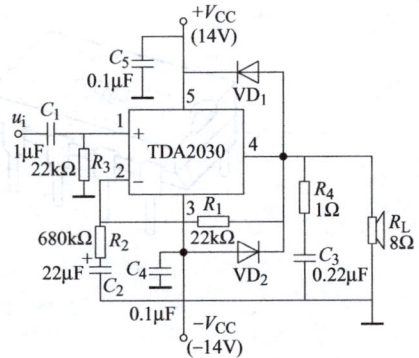

图 2-48　TDA2030 组成的 OCL 功率放大电路

2.8　负反馈放大电路

反馈在电子技术领域中应用很广泛。负反馈主要用来改善放大器的性能，几乎所有实用的放大器中都设置负反馈。正反馈多用于振荡电路中，可产生各种波形，将在第 4 章中介绍。

2.8.1　反馈的基本概念

1. 反馈的概念

将放大电路输出信号的一部分或全部通过某一电路或元器件反送到输入回路的过程，称为反馈。实现将输出信号反送到输入回路的支路称为反馈支路，连接输出与输入的元件为反馈元件。

反馈放大电路由无反馈的基本放大电路和反馈电路组成，图 2-49 为反馈放大电路框图。

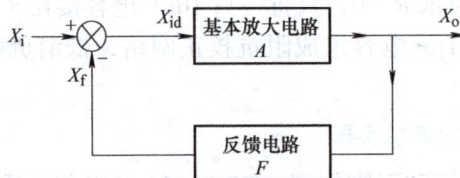

图 2-49　反馈放大电路框图

基本放大电路可以是单级也可以是多级或集成放大器；反馈电路可以是电阻、电感、电容、二极管等单个元器件及其组合或较为复杂的电路。

无反馈的基本放大电路称为开环放大电路。由基本放大电路和反馈电路共同组成的放大电路称为闭环放大电路。

在图 2-49 中，X_i、X_f、X_{id} 和 X_o 分别表示电路的输入量、反馈量、净输入量和输出量，它们可以是电压，也可以是电流。符号 ⊗ 代表比较环节。X 若为正弦量，也可以用相量表示。

2. 反馈的极性

反馈的极性分为正反馈和负反馈。如果反馈量起增强输入量的作用，使净输入量加大，则称为正反馈，正反馈主要用于振荡电路；反之，若反馈量起削弱输入量的作用，使净输入量减小，则称为负反馈，负反馈一般用于放大电路。

通常采用瞬时极性法来判断反馈的极性。具体方法是：先假定输入信号在某一瞬时对地极性为正，用 ⊕ 标示，然后顺着信号的传输方向，逐级推出电路各点的瞬时极性，得出输出信号和反馈信号的瞬时极性，并用 ⊕ 或 ⊖ 标示，最后判断反馈信号是增强还是削弱输入量，如果是增强则为正反馈，反之则为负反馈。

两级放大电路间的反馈称为级间反馈，可改善放大电路总的性能指标；每级放大电路的反馈为本级反馈，只调整本级的性能指标。一般在有级间反馈时，只讨论级间反馈。

在图 2-50 中，电阻 R_F 是级间反馈元件。用瞬时极性法判断 R_F 的反馈极性。

首先假设放大电路的输入端输入信号的瞬时极性为正，如图 2-50 中 ⊕ 号标示，因为共发射极放大电路的输出与输入是反相关系，所以输出端的输出信号也为正，使反馈信号由输出端流向输入端，在 R_{E1} 上产生反馈电压 u_f，显然，反馈电压 u_f 在输入回路与输入电压 u_i 的共同作用下，使净输入电压 $u_{id}=u_i-u_f$ 比无反馈时减小了，所以是负反馈。

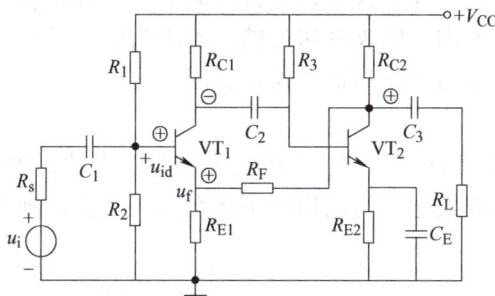

图 2-50　用瞬时极性法判断反馈的极性

3. 交流反馈和直流反馈

反馈还有交流和直流之分。若反馈信号是交流量，则称为交流反馈，它影响电路的交流性能（如电压放大倍数、输入电阻和输出电阻等）；若反馈信号是直流量，则称为直流反馈，它影响电路的直流性能（如静态工作点）；若反馈信号中既有交流量，又有直流量，则反馈对电路的交、直流性能都有影响。判断是交流还是直流反馈，可根据反馈元件所出现的电流通路进行分析。若出现在交流通路中，则该元件起交流反馈作用；若出现在直流通路中，则起直流反馈作用。

在图 2-51a 中，由于反馈支路中串有电容 C_4，只有交流信号通过，因此为交流反馈；在图 2-51b 中，由于在反馈信号 u_f 两端并联电容 C_4，交流信号被旁路，因此为直流反馈；图 2-50 在反馈支路中无电容，因此为交、直流反馈。

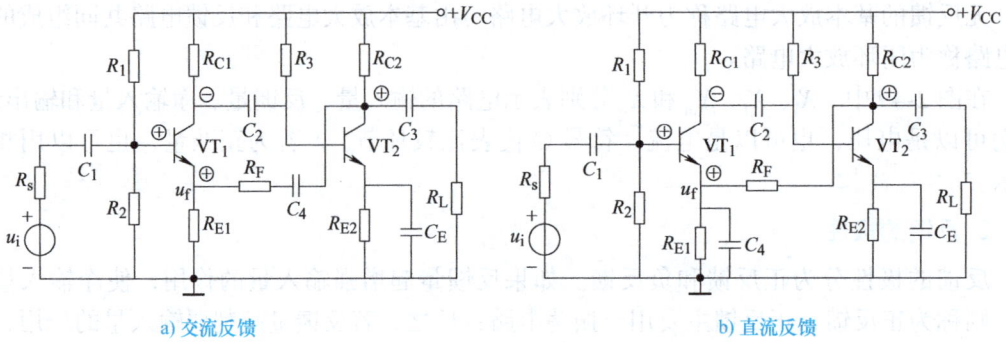

a) 交流反馈　　　　　　　　　　　　b) 直流反馈

图 2-51　交流反馈和直流反馈

2.8.2　反馈电路的类型

反馈除了可分为正反馈、负反馈，交流及直流反馈外，根据反馈信号在输出端的取样和在输入端的连接方式，交流负反馈放大电路可以组成四种不同的类型，也即交流负反馈放大电路有四种基本组态：电压串联负反馈、电压并联负反馈、电流串联负反馈和电流并联负反馈。

1. 电压反馈和电流反馈

电压反馈还是电流反馈是按照反馈信号在放大器输出端的取样方式来分的。若反馈信号取自输出电压，即反馈信号与输出电压成比例，称为电压反馈；若反馈信号取自输出电流，即反馈信号与输出电流成比例，称为电流反馈。

判断电压反馈还是电流反馈，常采用负载电阻 R_L 短路法进行判断。若 R_L 短路使输出电压为零，此时若反馈量为零，则为电压反馈，否则为电流反馈。也可根据反馈支路与输出端的接法加以判断，若反馈支路与输出端接在同一节点，则为电压反馈，不接在同一节点则为电流反馈。

如图 2-52 所示，反馈支路 R_{F2}、C_2 接在放大电路输出端，为电压反馈；反馈支路 R_{F1} 接在晶体管的发射极，与放大电路的输出端不接在同一节点，则为电流反馈。

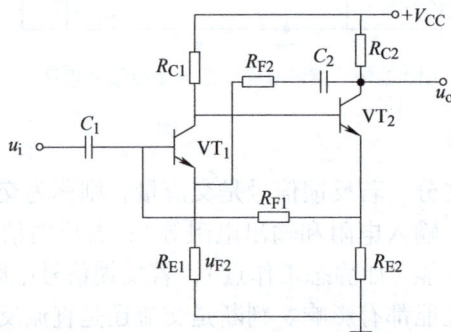

图 2-52　反馈电路的类型

2. 串联反馈和并联反馈

串联反馈还是并联反馈是按照反馈信号在放大电路输入端的连接方式来分的。若反馈信号在放大电路输入端以电压形式出现，即与输入信号串联，则为串联反馈；若反馈信号在放大电路输入端以电流形式出现，即与输入信号并联，则为并联反馈。

判断串联反馈还是并联反馈的方法是：如果反馈信号与输入信号是在输入端的同一个节点引入，反馈信号与输入信号为电流相加减，为并联反馈；如果它们不在同一个节点引入，则为串联反馈。

如图 2-52 所示，反馈支路 R_{F2}、C_2 接在放大电路输入回路晶体管 VT_1 的发射极，而输入信号接在 VT_1 的基极，两信号接在不同端，为串联反馈；在图 2-52 中，反馈支路 R_{F1} 接在放大电路输入回路晶体管 VT_1 的基极，与输入信号接在同一节点，则为并联反馈。

【例 2-7】 电路如图 2-53 所示，判断反馈的类型。

解： 假定输入信号对地瞬时极性为 ⊕，经两级共射放大电路反相后，u_o 为 ⊕，反馈电压 u_f 为 ⊕。因净输入量 $u_{id}=u_{be}=u_i-u_f$ 减少，电路为负反馈。

在输入端，输入信号与反馈信号分别加在晶体管的基极、发射极两端，故为串联反馈。在输出端，若将负载电阻处（即该电路的输出端）短路，则输出信号接地，反馈信号随之消失，故为电压反馈。

综上所述，该电路为电压串联负反馈。

【例 2-8】 电路如图 2-54 所示，判断反馈的类型。

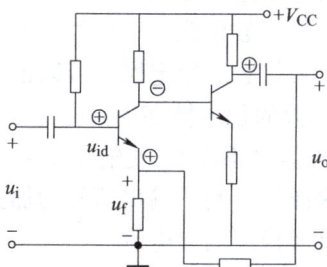

图 2-53　例 2-7 图

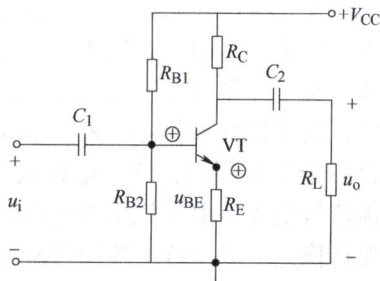

图 2-54　例 2-8 图

解： 假定输入信号对地瞬时极性为 ⊕，电阻 R_E 上的电压也为 ⊕，净输入信号 u_{BE} 减小，因此电路为负反馈。

由于反馈信号取自发射极电阻 R_E 的电压，并没有接在输出端，或将输出端接的 R_L 短接，反馈信号依然存在，因此为电流反馈；在输入端由于输入信号与反馈信号分别接在不同节点，即基极、发射极两端，故为串联反馈。综上所述，该电路为电流串联负反馈。

2.8.3　负反馈对放大器性能的影响

1. 负反馈放大电路中的物理量及基本关系

图 2-55 所示负反馈放大电路的框图，按图中各物理量极性和传输方向，可得放大电路的开环电压放大倍数、反馈系数和净输入量。

$$A = \frac{x_o}{x_{id}}$$

$$F = \frac{x_f}{x_o}$$

$$x_{id} = x_i - x_f$$

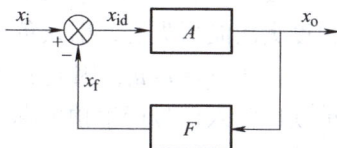

图 2-55　负反馈放大电路的框图

由此可得放大电路闭环电压放大倍数为

$$A_f = \frac{x_o}{x_i} = \frac{x_o}{x_{id} + x_f} = \frac{\dfrac{x_o}{x_{id}}}{1 + \dfrac{x_f}{x_o}\dfrac{x_o}{x_{id}}} = \frac{A}{1 + AF} \tag{2-31}$$

式（2-31）表明，放大电路引入负反馈后，闭环放大倍数 A_f 减小到开环放大倍数 A 的 $\dfrac{1}{1+AF}$，式中 $1+AF$ 称为反馈深度，其值越大，则反馈深度越深。工程中，通常把 $1+AF \gg 1$ 时的反馈称为深度负反馈，此时

$$A_f = \frac{A}{1 + AF} \approx \frac{A}{AF} = \frac{1}{F} \tag{2-32}$$

2. 负反馈对放大器性能的影响

放大器引入负反馈后，放大倍数有所下降，但其他性能却得到改善。

1）提高电路放大倍数的稳定性。直流负反馈稳定直流量，能起到稳定静态工作点的作用；交流负反馈能改善动态性能指标。无反馈时，由于负载和环境温度的变化、电源电压的波动以及元器件老化等原因，放大电路的放大倍数也将随之变化。

引入负反馈后，由式（2-31）可见，电路的闭环放大倍数仅取决于反馈系数 F，也即电路参数，而与外界因素的变化无关，因此可以提高放大倍数的稳定性。可以证明，引入负反馈后，放大倍数下降为原来的 $1/(1+AF)$，但放大倍数的稳定性却提高为 $1+AF$ 倍。

假设由于某种原因，放大电路放大倍数变大（输入信号不变），使输出信号变大，从而使反馈信号变大。由于负反馈使净输入信号变小，这样就抑制了输出信号的加大，使放大倍数保持稳定。电压负反馈稳定输出电压，电流负反馈稳定输出电流。

2）减小非线性失真。由于晶体管的非线性，会造成输出信号的非线性失真，引入负反馈后可以减小这种非线性失真，其原理如图 2-56 所示。

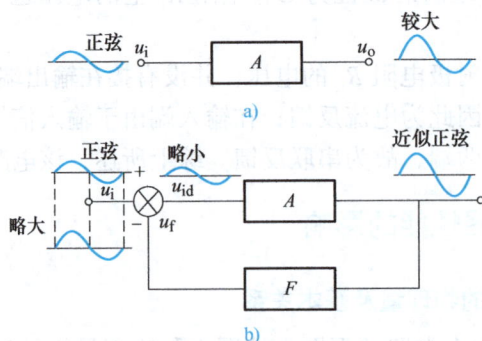

图 2-56 负反馈减少非线性失真

设输入信号为正弦波，无反馈时，放大电路的输出信号产生了正半周幅度比负半周幅度大的波形失真，引入负反馈后，反馈信号也为正半周幅度略大于负半周幅度的失真波形。由于 $u_{id}=u_i-u_f$，因此 u_{id} 波形变为正半周幅度略小于负半周幅度的波形。即通过负反馈使净输入信号产生预失真，这种预失真正好补偿放大电路的非线性失真，使输出波形得到改善。

必须指出，负反馈只能减小放大电路内部引起的非线性失真，对于信号本身固有的失真则无能为力。此外，负反馈只能减小而不能完全消除非线性失真。

3）改变输入电阻和输出电阻。根据不同的反馈类型，负反馈对放大器的输入电阻、输出电阻有不同的影响。

负反馈对输入电阻的影响取决于反馈信号在输入端的连接形式。在串联负反馈电路中，反馈信号与输入信号串联，反馈信号电压抵消了输入信号电压，信号源提供的电流则减少，即输入电阻增大，且是无负反馈时的输入电阻的 $1+AF$ 倍。

而在并联负反馈电路中，反馈信号电流对输入信号电流进行分流，信号源提供的电流则增大，即输入电阻减小，且是无反馈时输入电阻的 $\dfrac{1}{1+AF}$。

负反馈对输出电阻的影响取决于反馈信号在输出端的取样方式。因电压负反馈可稳定输出电压，提高了输出端带负载的能力，即电压负反馈使输出电阻降低，且是无负反馈时输出电阻的 $\dfrac{1}{1+AF}$。

因电流负反馈可稳定输出电流，具有恒流特性，电流负反馈使输出电阻变大，且是无反馈时输出电阻的 $1+AF$ 倍。

综上所述，可归纳出各种反馈类型、定义、判别方法和对放大电路的影响，见表 2-2。

表 2-2　放大电路中的反馈类型、定义、判别方法和对放大电路的影响

	反馈类型	定义	判别方法	对放大电路的影响
1	正反馈	反馈信号使净输入信号加强	反馈信号与输入信号作用于同一个节点时，瞬时极性相同；作用于不同节点时，瞬时极性相反	使放大倍数增大，电路工作不稳定
	负反馈	反馈信号使净输入信号削弱	反馈信号与输入信号作用于同一个节点时，瞬时极性相反；作用于不同节点时，瞬时极性相同	使放大倍数减小，且改善放大电路的性能
2	直流负反馈	反馈信号为直流信号	反馈信号两端并联电容	能稳定静态工作点
	交流负反馈	反馈信号为交流信号	反馈支路串联电容	能改善放大电路的性能
3	电压负反馈	反馈信号从输出电压取样，即与输出电压成正比	反馈信号通过元器件连线从输出电压端取出，或使负载短路，反馈信号消失	能稳定输出电压，减小输出电阻
	电流负反馈	反馈信号从输出电流取样，即与输出电流成正比	反馈信号与输出电压无关，或使负载短路，反馈信号依然存在	能稳定输出电流，增大输出电阻
4	串联负反馈	反馈信号与输入信号在输入端以串联形式出现	输入信号与反馈信号在不同节点引入	增大输入电阻
	并联负反馈	反馈信号与输入信号在输入端以并联形式出现	输入信号与反馈信号在同一个节点引入	减小输入电阻

电路仿真 2：共发射极晶体管放大电路设计

图 2-57 所示是共发射极晶体管放大电路的仿真电路，断开开关 S1 为空载，闭合开关 S1 接入 5.1kΩ 的负载，可以看到接入负载后输出电压将下降，如图 2-58、图 2-59 所示。

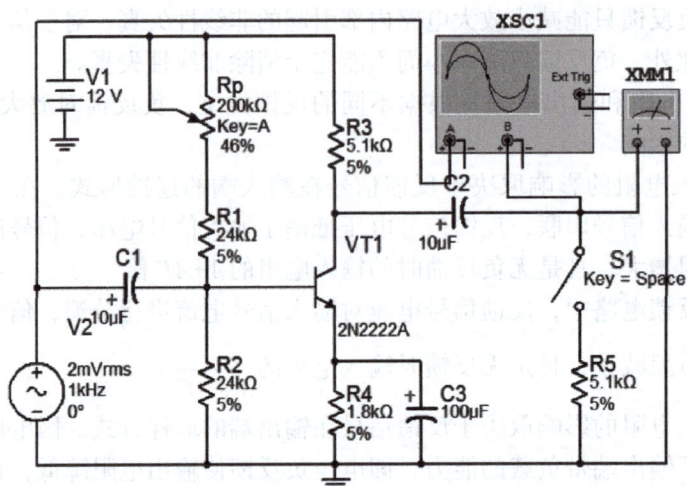

图 2-57 共发射极晶体管放大电路的仿真电路

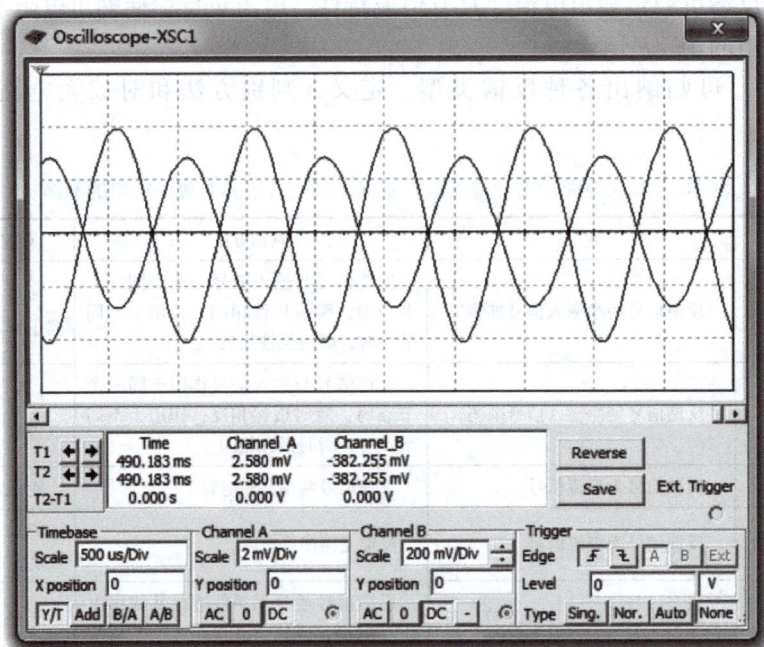

图 2-58 共发射极放大电路输出波形

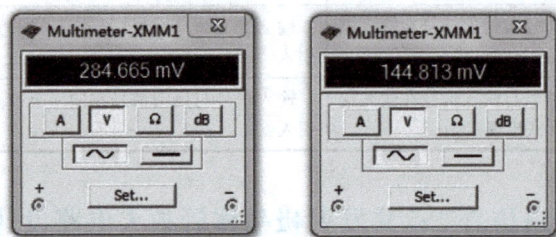

图 2-59 共发射极放大电路空载、有载电压输出情况

技能训练 2：共发射极单管放大器特性应用

一、实验目的

1. 学会放大器静态工作点的调试方法，分析静态工作点对放大器性能的影响。
2. 掌握放大器电压放大倍数、输入电阻、输出电阻及最大不失真输出电压的测试方法。
3. 熟悉常用电子仪器及模拟电路实验设备的使用。

二、实验原理

图 2-60 为电阻分压式工作点稳定共发射极单管放大器实验电路图。它的偏置电路采用 R_{B1} 和 R_{B2} 组成的分压电路，并在发射极中接有电阻 R_E，以稳定放大器的静态工作点。当在放大器的输入端加入输入信号 u_i 后，在放大器的输出端便可得到一个与 u_i 相位相反、幅值被放大了的输出信号 u_o，从而实现了电压放大。

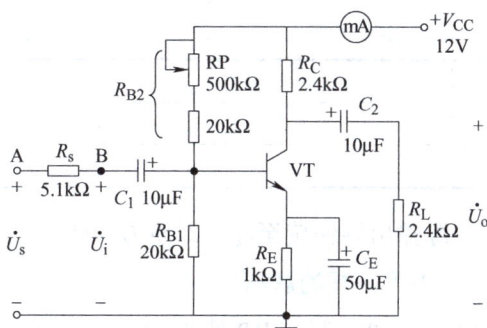

图 2-60 共发射极单管放大器实验电路

三、实验内容

实验电路如图 2-60 所示。各电子仪器按规定连接，为防止干扰，各仪器的公共端必须连在一起，同时信号源、交流毫伏表和示波器的引线应采用专用电缆线或屏蔽线，如使用屏蔽线，则屏蔽线的外包金属网应接在公共接地端上。

1. 调试静态工作点

接通直流电源前，先将 RP 调至最大，函数信号发生器输出旋钮旋至零。接通 12V 电源，调节 RP，使 I_C=2.0mA（即 U_E=2.0V），用直流电压表测量 U_B、U_E、U_C 及用万用表测量 R_{B2} 值，记入表 2-3。

表 2-3 调试静态工作点记录表

测量值				计算值		
U_B/V	U_E/V	U_C/V	R_{B2}/kΩ	U_{BE}/V	U_{CE}/V	I_C/mA

2. 测量电压放大倍数

在放大器输入端加入频率为 1kHz 的正弦信号 u_S，调节函数信号发生器的输出旋钮使

放大器输入电压 $U_i \approx 10mV$，同时用示波器观察放大器输出电压 u_o 波形，在波形不失真的条件下用交流毫伏表测量下述三种情况下的 U_o 值，并用双踪示波器观察 u_o 和 u_i 的相位关系，记入表 2-4。

表 2-4　测量电压放大倍数记录表

$R_C/k\Omega$	$R_L/k\Omega$	U_o/V	A_u	观察记录一组 u_o 和 u_i 波形
2.4	∞			
1.2	∞			
2.4	2.4			

3. 观察静态工作点对电压放大倍数的影响

置 $R_C=2.4k\Omega$，$R_L=\infty$，U_i 适量，调节 RP，用示波器监视输出电压波形，在 u_o 不失真的条件下，测量数组 I_C 和 U_o 值，记入表 2-5。

表 2-5　静态工作点对电压放大倍数影响记录表　　　　　（U_i=mV）

I_C/mA				
U_o/V				
A_u				

测量 I_C 时，要先将信号源输出旋钮旋至零（即使 $U_i=0$）。

4. 观察静态工作点对输出波形失真的影响

置 $R_C=2.4k\Omega$，$R_L=2.4k\Omega$，$u_i=0$，调节 RP 使 $I_C=2.0mA$，测出 U_{CE} 值，再逐步加大输入信号，使输出电压 u_o 足够大但不失真。然后保持输入信号不变，分别增大和减小 RP，使波形出现失真，绘出 u_o 的波形，并测出失真情况下的 I_C 和 U_{CE} 值，记入表 2-6。每次测 I_C 和 U_{CE} 值时都要将信号源的输出旋钮旋至零。

表 2-6　静态工作点对输出波形失真影响记录表

I_C/mA	U_{CE}/V	u_o 波形	失真情况	晶体管工作状态
2.0				

5. 测量最大不失真输出电压

置 $R_C=2.4k\Omega$，$R_L=2.4k\Omega$，按照实验原理中所述方法，同时调节输入信号的幅度和电位器 RP，用示波器和交流毫伏表测量 U_{OPP} 及 U_o 值，记入表 2-7。

表 2-7 测量最大不失真输出电压记录表

I_C/mA	U_{im}/mV	U_{om}/V	U_{OPP}/V

四、实验总结

1. 列表整理测量结果，并把实测的静态工作点、电压放大倍数、输入电阻、输出电阻之值与理论计算值比较（取一组数据进行比较），分析产生误差原因。

2. 总结 R_C、R_L 及静态工作点对放大器电压放大倍数、输入电阻、输出电阻的影响。

3. 讨论静态工作点变化对放大器输出波形的影响。

4. 分析讨论在调试过程中出现的问题。

本章小结

1. 对放大电路的基本要求是对信号进行不失真放大，因此，必须给放大电路设置合适的静态工作点以使晶体管工作于放大状态。

2. 电路的分析包括静态和动态两方面。静态分析可以采用估算法和图解法，用来确定放大电路的静态工作点。动态分析可以采用微变等效电路法和图解法。微变等效电路法是在小信号条件下，将非线性的晶体管用线性电路进行等效，从而用线性电路的分析方法来分析。微变等效电路法用来分析计算放大电路的电压放大倍数、输入电阻、输出电阻等动态性能指标。图解法可以形象、直观地看出电路参数对静态工作点的影响以及非线性失真与静态工作点的关系，确定放大电路的动态范围和最佳静态工作点。

3. 在低频电路中，放大电路常采用共发射极和共集电极两种形式。共发射极电路的电压放大倍数大，但其输入电阻偏低，输出电阻偏高。共集电极电路虽没有电压放大能力，但其输入电阻高，输出电阻低。在实际电路中，常将这两种电路组合，以发挥它们各自的优势。

4. 多级放大电路的级间耦合方式有阻容耦合、直接耦合、变压器耦合。变压器耦合方式已很少采用。直接耦合方式各级静态工作点互相有影响，存在零点漂移现象。阻容耦合方式各级静态工作点是独立的。多级放大电路总的电压放大倍数是各级电压放大倍数之积，计算时要将后级的输入电阻作为前级的负载来考虑。

5. 功率放大电路根据功率放大管静态工作点的不同可分为甲类、乙类、甲乙类。为提高效率，避免产生交越失真，功率放大电路常采用甲乙类互补对称双管推挽电路。功率放大电路在电源确定的情况下，应在非线性失真允许的范围内，高效率地获得尽可能大的输出功率，因此功率放大管常工作于极限应用状态。同时要考虑功率放大管工作的安全性，故必须满足 $P_{om} < P_{CM}$、$U_{cem} < U_{(BR)CEO}$、$I_{cm} < I_{CM}$ 等条件。功率放大电路的主要性能指标是最大不失真输出功率 P_{om}、效率 η 和非线性失真程度。

6. 反馈可分为正反馈和负反馈。正反馈可使放大倍数增大，但不能改善放大电路其他性能，还可能引起不稳定，故放大电路一般不引入正反馈。负反馈使放大倍数减小，但可以改善放大电路性能，如稳定放大倍数、展宽通频带、减小非线性失真、改变输入和输出电阻等。放大电路一般引入负反馈。

习 题

2-1 试判断图 2-61 中所示各电路是否具有放大作用？为什么？

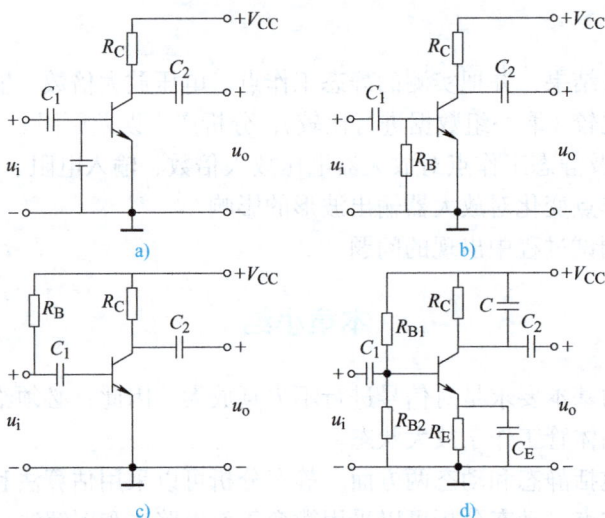

图 2-61 题 2-1 图

2-2 如图 2-62 所示，已知 $V_{CC}=15V$，$R_C=4k\Omega$，$R_B=300k\Omega$，$\beta=40$，试估算静态工作点 I_{BQ}、I_{CQ}、U_{CEQ}。

2-3 在图 2-62 中，若已知 $V_{CC}=12V$，$R_B=300k\Omega$，$R_C=5k\Omega$，$\beta=40$。

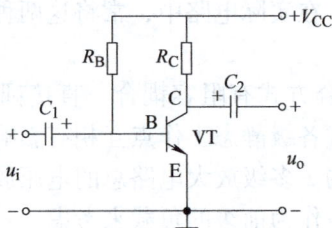

图 2-62 题 2-2 图

（1）估算静态工作点 I_{BQ}、I_{CQ}、U_{CEQ}。

（2）画出放大电路的微变等效电路。

（3）求放大电路空载时的电压放大倍数。

（4）求接负载电阻 $R_L=2k\Omega$ 后的电压放大倍数。

2-4 如图 2-63 所示，已知 $V_{CC}=10V$，$R_{B1}=22k\Omega$，$R_{B2}=10k\Omega$，$R_E=1k\Omega$，$R_C=2.5k\Omega$，$\beta=50$，$r_{be}=1.3k\Omega$，求：

（1）静态工作点。

（2）画出放大电路的微变等效电路。

（3）空载时电压放大倍数。

（4）带 4kΩ 负载时电压放大倍数。

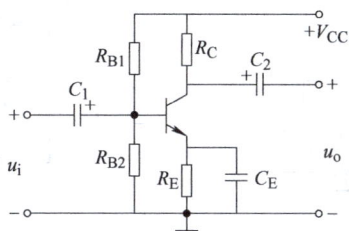

图 2-63　题 2-4 图

2-5　共集极放大电路如图 2-64 所示，已知 $V_{CC} = 15V$ ，$R_B = 150k\Omega$ ，$R_E = 2k\Omega$ ，$R_L = 1.6k\Omega$ ，$\beta = 80$ ，信号源内阻 $R_s = 500\Omega$ ，求：

（1）放大电路的静态工作点。

（2）电压放大倍数 A_u 、输入电阻 r_i 、输出电阻 r_o 。

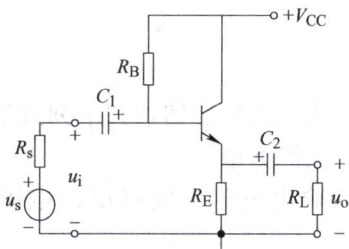

图 2-64　题 2-5 图

2-6　两级直接耦合电路如图 2-65 所示，若 $\beta_1 = \beta_2 = 40$ 。

（1）画出电路的微变等效电路图。

（2）求输入电阻 r_i 和输出电阻 r_o 。

（3）求电压放大倍数 A_u 。

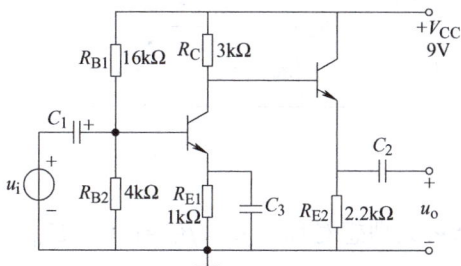

图 2-65　题 2-6 图

2-7　如图 2-66 所示电路中，试判断引入反馈的极性，并判断是直流还是交流反馈。

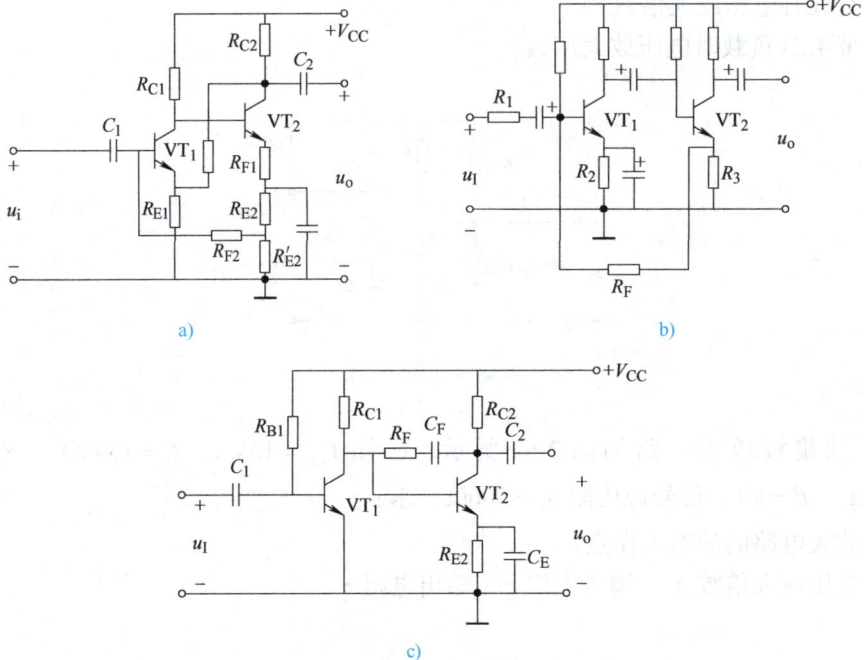

图 2-66 题 2-7 图

2-8 如图 2-67 所示电路，欲引入负反馈达到下列效果，试说明反馈电阻 R_F 应接在电路中的哪两点之间，相应反馈是何类型。

（1）为了减小放大电路的输出电阻，应将反馈电阻 R_F 自接到_____，相应为_____反馈电路。

（2）欲提高输入电阻，应将反馈电阻 R_F 自接到_____，相应为_____反馈电路。

（3）欲希望负载变化时输出电压 u_o 基本不变，应将反馈电阻 R_F 自接到_____，相应为_____反馈电路。

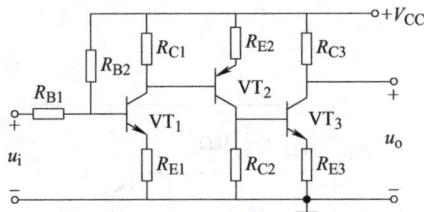

图 2-67 题 2-8 图

2-9 图 2-68 所示电路参数理想对称，$\beta_1 = \beta_2 = 150$，$U_{BE1} = U_{BE2} = 0.7V$，求：

（1）静态时两个晶体管的静态值。

（2）差模电压放大倍数和共模电压放大倍数。

（3）当 $u_{ID} = 10mV$ 时，求输出电压 u_o 的值。

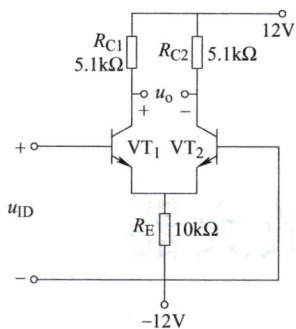

图 2-68　题 2-9 图

2-10　改正图 2-69 所示各电路中的错误，使它们有可能放大正弦波电压。要求保留电路的共漏接法。

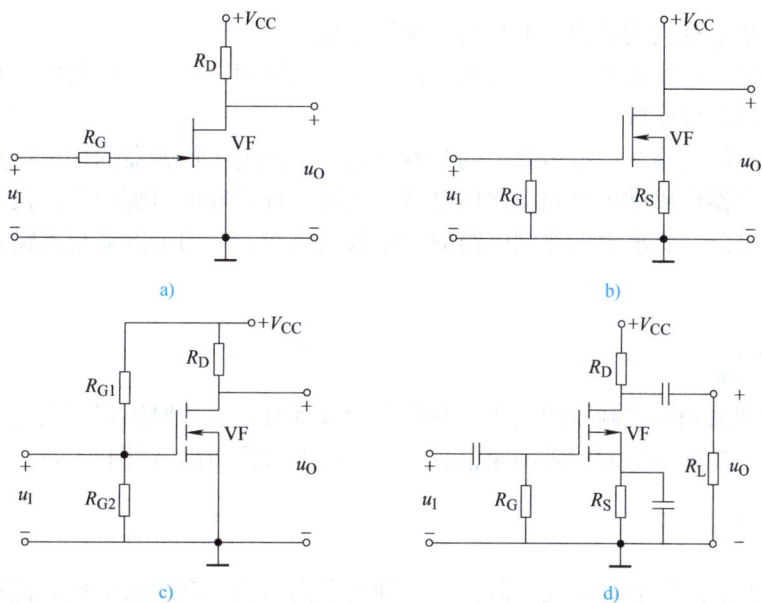

图 2-69　题 2-10 图

第 3 章

集成运算放大器

学习目标

1. 了解集成运算放大器的基本结构、主要参数。

2. 掌握理想运算放大器虚短及虚断的概念，学会利用虚短和虚断的概念对含有理想运算放大器的电路进行分析。

3. 掌握运算放大器在信号运算中的基本应用，掌握电压比较器的构成特点及应用。

4. 运算放大器构成反相及同相比例电路。正确掌握运放地引脚功能，接成反相比例电路、同相比例电路，要求测试比例电路的电压放大倍数，并用示波器观察输入输出波形数值及相位关系。

素养目标

学习微处理器和微控制器的应用，同时强调技术自主可控对国家安全的重要性。培养国家安全意识，鼓励学生为保障国家信息安全和产业安全贡献智慧和力量。

实例引导

如图 3-1 所示的集成运算放大器，是一种具有高增益、高输入阻抗和低输出阻抗的直接耦合多级放大电路。通过在其外部连接不同的反馈网络，可以构建多种基本应用电路。集成运算放大器以其小巧的体积和灵活的使用特性，成为应用范围最广的集成电路之一。从日常使用的手机、计算机，到高端的医疗设备、通信卫星甚至航天飞机，运算放大器都被广泛用于信号放大处理。

本章主要介绍集成运算放大器的结构与主要参数、理想运算放大器的条件，讲解了利用集成运算放大器组成的比例、加减、微分、积分运算等电路的工作原理与计算方法，同时还阐述了使用集成运算放大器构成电压比较器、非正弦波形发生电路的工作原理，以及使用集成运算放大器的注意点。

在模拟集成电路中，应用最为广泛的就是集成运算放大器，简称集成运放，或运放。集成运放实际上是一种电压放大倍数高、输入电阻高、输出电阻低的直接耦合多级放大电路。

在集成电路内部很难制作大容量的电容，更不能制作电感线圈，运放的内部只能由晶体管和电阻来构成直接耦合放大电路。

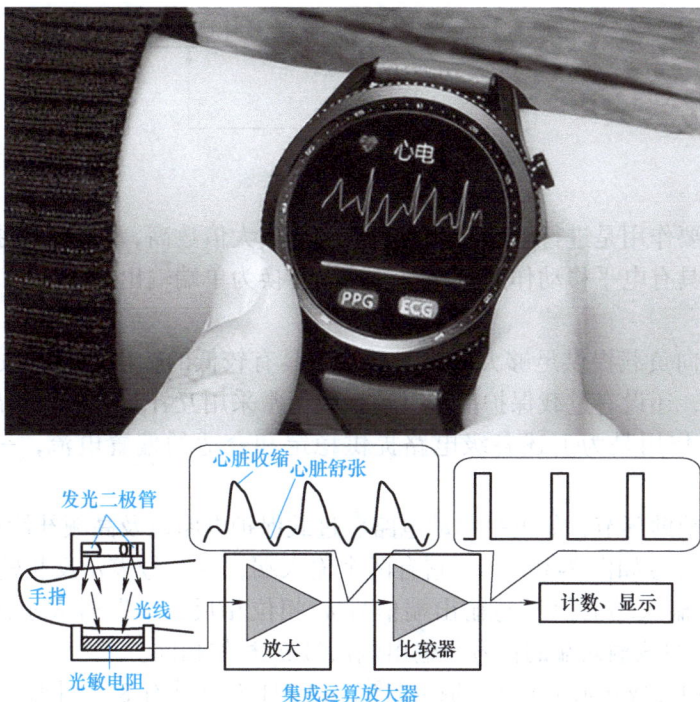

图 3-1　集成运算放大器与心率计

3.1　集成运算放大器简介

集成运放是一种多功能的通用放大器件。集成运放具有可靠性高、使用方便、放大性能好等特点。由于最初用在对模拟量进行各种函数运算的电子模拟计算机中而得此名。集成运放作为基本运算单元，可以完成加法、减法、乘法、除法、积分、微分等数学运算。随着性能的不断完善，集成运放在自动控制、测量、无线电通信、信号变换等方面获得了广泛的应用。

3.1.1　集成电路的分类与封装

集成电路可分为模拟集成电路和数字集成电路两大类。模拟集成电路是对连续变化的模拟信号进行变换处理的集成电路，按现有的集成电路工艺水平，几乎包含了除逻辑集成电路以外的所有集成电路。模拟集成电路的种类较多，按照功能分类，常用的有集成运算放大器、集成功率放大器、模拟乘法器、集成稳压器等。

3.1.2　集成运算放大器的组成

集成运放的类型和品种相当丰富，从 20 世纪 60 年代发展至今已经历了四代产品，但在结构上基本一致。集成运放的结构一般包括输入级、中间级、输出级和偏置电路四个部分，如图 3-2 所示。

输入级是提高集成运放质量的关键部分，其主要作用是提高放大电路的输入电阻，减小零漂，有效地抑制干扰信号。输入级一般采用具有恒流源的差动放大电路。

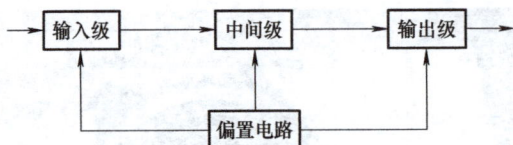

图 3-2 集成运放的结构

中间级的主要作用是进行电压放大，它的电压放大倍数高，为输出级提供所需的较大的推动电压，还具有电平移动作用，将双端输出转换为单端输出的作用等，一般由共射电路组成。

输出级主要向负载提供足够大的输出功率，具有较低的输出电阻和较强的带载能力。为防止过载危害，还设有过载保护措施。输出级通常采用互补对称射极输出电路。

偏置电路的作用是为上述各级电路提供稳定和合适的偏置电流，一般由恒流电路组成。

另还有一些辅助环节，如电平移动电路、过载保护电路以及高频补偿环节等。

集成运放的符号如图 3-3 所示，它有两个输入端，"−"号表示反相输入端，用"u_-"表示，它表明该输入端的信号与输出端信号 u_o 相位相反；"+"号表示同相输入端，用"u_+"表示，它表明该输入端的信号与输出端信号 u_o 相位相同。

图 3-4 是通用集成运放 μA741 的接线图，μA741 对外共有 8 个引脚，2 脚为反相输入端，3 脚为同相输入端，6 脚为输出端，7 脚接正电源，4 脚接负电源，1 脚与 5 脚之间接调零电位器，8 脚为空脚。

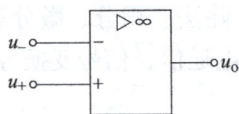

图 3-3 集成运放的符号

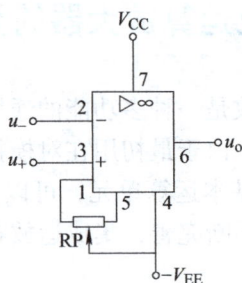

图 3-4 集成运放 μA741 的接线图

集成运放的外形有双列直插式、扁平式、圆壳式，如图 3-5 所示。

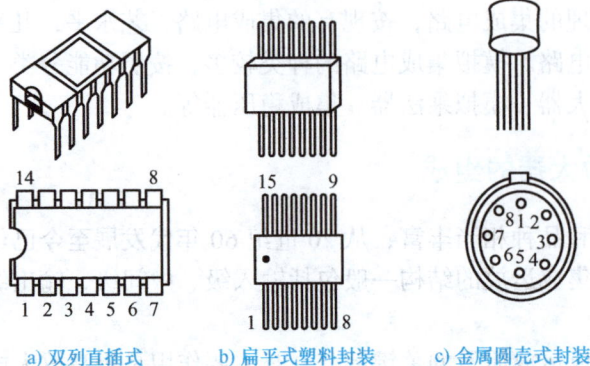

a) 双列直插式　　　b) 扁平式塑料封装　　　c) 金属圆壳式封装

图 3-5 集成运放的外形图

3.1.3　集成运算放大器的主要参数

为了正确使用集成运放，必须了解其主要参数的意义。

1. 开环电压放大倍数 A_{uo}

开环电压放大倍数是指集成运放的输出端与输入端之间无外接回路时的差模电压放大倍数，也称开环电压增益，通常用分贝（dB）表示，即

$$A_{uo} = 20\lg \frac{u_o}{u_i}$$

A_{uo} 越大越好，常用的集成运放，A_{uo} 一般为 $80 \sim 140\text{dB}$，理想运放的 A_{uo} 为 ∞。

2. 共模抑制比 K_{CMR}

共模抑制比主要取决于差动电路的共模抑制比，K_{CMR} 越大，表示集成运放对共模信号的抑制能力越强。常用运放的 K_{CMR} 在 $80 \sim 110\text{dB}$ 之间，理想运放的 K_{CMR} 为 ∞。

3. 差模输入电阻 r_{id} 和输出电阻 r_{od}

差模输入电阻 r_{id} 是指集成运放对差模信号所呈现的电阻，即运放两输入端之间的电阻，一般在几十千欧到几十兆欧范围内，理想运放的 r_{id} 为 ∞。

输出电阻 r_{od} 是指集成运放开环时，从输出端看进去的等效电阻，一般在几十欧到几百欧之间，理想运放的 r_{od} 为 0。

4. 输入偏置电流 I_{IB}

输入偏置电流是指集成运放在静态时，流过两个输入端的偏置电流的平均值，即 $I_{IB}=(I_{B1}+I_{B2})/2$。其值越小越好，通用型集成运放的 I_{IB} 为几微安。

5. 最大输出电压 U_{om}

最大输出电压是指电源电压一定时，集成运放的最大不失真输出电压。通用型集成运放的双电源电压一般为 $\pm 15\text{V}$，其最大输出电压 U_{om} 为 $\pm 12 \sim \pm 13\text{V}$。

集成运放还有其他参数，使用时可以查阅有关手册。

3.1.4　集成运算放大器的电压传输特性

电压传输特性是表示输出电压与输入电压之间关系的曲线。图 3-6 所示为集成运放的电压传输特性。该传输特性分为线性区和非线性区。

在分析计算集成运放的应用电路时，为了使分析问题简化，往往将实际的集成运放看作理想器件。理想运放的条件是：开环电压放大倍数 $A_{uo} = \infty$；差模输入电阻 $r_{id} = \infty$；差模输出电阻 $r_{od} = 0$；共模抑制比 $K_{CMR} = \infty$。

图 3-6　集成运放的电压传输特性

1. 线性区

当集成运放工作在线性区时，其输出信号随输入信号做线性变化，即

$$u_o = A_{uo}u_i = A_{uo}(u_+ - u_-)$$

对于理想运放，由于 $A_{uo} = \infty$，而 u_o 为有限值，最大为 U_{om}，可得

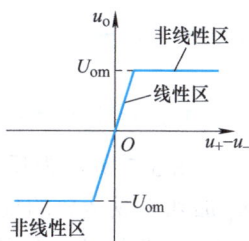

$$u_i = u_+ - u_- = \frac{u_o}{A_{uo}} \approx 0$$

即

$$u_+ \approx u_- \tag{3-1}$$

式（3-1）表明，集成运放同相输入端和反相输入端的电位近似相等，即两输入端为近似短路状态，称之为"虚短"。

如果信号从反相输入端输入，而同相输入端接地，即 $u_+ = 0$，这时 $u_- \approx 0$，则反相输入端称为"虚地"。"虚地"是"虚短"的特例。

其次，又因为 $r_{id} \to \infty$，两输入端几乎不取用电流，即两输入端都接近于开路状态，称之为"虚断"，记为

$$i_+ = i_- \approx 0 \tag{3-2}$$

虚短、虚断是分析集成运放线性应用时的两个重要依据。应用这两个依据，将大大简化集成运放应用电路的分析。

2. 非线性区

由上述分析可见，只有输入信号 u_i 极小时，输出电压与输入电压才存在线性关系。由于 A_{uo} 很大，只要有微小的输入信号，电路立即进入非线性区工作。依据净输入状况，将有两种输出状态：

$$\begin{cases} u_+ > u_- \text{时}, \ u_o = +U_{om} \\ u_+ < u_- \text{时}, \ u_o = -U_{om} \end{cases} \tag{3-3}$$

3.2 集成运算放大器的应用

集成运放外接线性元件组成深度负反馈电路，可实现特定的模拟运算，此时集成运放工作于线性状态。

集成运放接成负反馈电路时，有反相输入和同相输入两种方式。因此，就有反相比例和同相比例两种基本运算电路，它们是组成各种应用电路的基础。

3.2.1 基本运算电路

1. 反相比例运算电路

图 3-7 所示为反相比例运算电路。输入信号 u_i 通过电阻 R_1 加到集成运放的反相输入端，反馈电阻 R_F 接在输出端和反相输入端之间，构成电压并联负反馈。$R_2 = R_1 // R_F$ 为直流平衡电阻，其作用是保证当 u_i 为零时，u_o 也为零，从而消除输入偏置电流以及温漂对放大电路的影响。

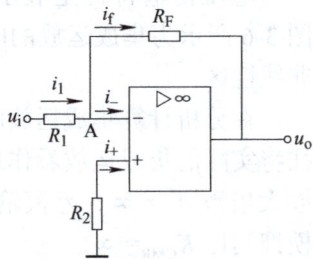

图 3-7 反相比例运算电路

因 $i_+ = i_- \approx 0$，$u_+ \approx u_-$，可得 A 点的电位为 $u_A \approx u_+ = 0$，并称 A 点为"虚地"，它是反相比例运算电路的重要特征。

根据"虚断"的概念，可得 $i_1 \approx i_f$，又因为 $i_1 = \dfrac{u_i - u_-}{R_1} = \dfrac{u_i}{R_1}$，$i_f = \dfrac{u_- - u_o}{R_F} = -\dfrac{u_o}{R_F}$，所以

$$\frac{u_\mathrm{i}}{R_1} = -\frac{u_\mathrm{o}}{R_\mathrm{F}}, \quad 即$$

$$u_\mathrm{o} = -\frac{R_\mathrm{F}}{R_1} u_\mathrm{i} \tag{3-4}$$

$$A_{uf} = -\frac{R_\mathrm{F}}{R_1} \tag{3-5}$$

式（3-5）表明，输出电压与输入电压成比例关系，式中负号表示二者相位相反。且 u_o 与 u_i 的关系仅取决于外部元件 R_1 和 R_F 阻值，而与集成运放本身参数无关。这样，只要 R_1 和 R_F 的精度和稳定性达到要求，就可以保证比例运算的精度和稳定性。

当 $R_1 = R_\mathrm{F} = R$ 时，$u_\mathrm{o} = -\dfrac{R_\mathrm{F}}{R_1} u_\mathrm{i} = -u_\mathrm{i}$，即输出电压与输入电压大小相等、相位相反，对应的电路则称为反相器或变号器。

反相比例运算放大器的输入、输出电阻分别为 $r_\mathrm{if} = \dfrac{u_\mathrm{i}}{i_1} = R_1$、$r_\mathrm{of} = 0$。

2. 同相比例运算电路

图 3-8 所示为同相比例运算电路，输入信号 u_i 通过电阻 R_2 加到集成运放的同相输入端，反馈电阻 R_F 接在输出端和反相输入端之间，构成电压串联负反馈。R_2 为直流平衡电阻，满足 $R_2 = R_1 // R_\mathrm{F}$ 的关系。

根据 $i_+ = i_- \approx 0$，由图 3-8 可得

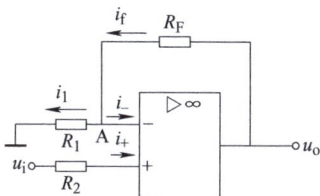

图 3-8　同相比例运算电路

$$i_1 \approx i_\mathrm{f}$$

$$i_1 = \frac{u_- - 0}{R_1} = \frac{u_-}{R_1}$$

$$i_\mathrm{f} = \frac{u_\mathrm{o} - u_-}{R_\mathrm{F}}$$

所以

$$\frac{u_-}{R_1} = \frac{u_\mathrm{o} - u_-}{R_\mathrm{F}}$$

因为

$$u_\mathrm{i} \approx u_+ \approx u_-$$

可得

$$\frac{u_\mathrm{i}}{R_1} = \frac{u_\mathrm{o} - u_\mathrm{i}}{R_\mathrm{F}}$$

于是

$$u_\mathrm{o} = \left(1 + \frac{R_\mathrm{F}}{R_1}\right) u_\mathrm{i} \tag{3-6}$$

$$A_{uf} = 1 + \frac{R_\mathrm{F}}{R_1} \tag{3-7}$$

式（3-7）表示输出电压与输入电压成比例关系，且相位相同。

如取 $R_\mathrm{F} = 0$、$R_1 = \infty$ 或 $R_\mathrm{F} = 0$ 且 $R_1 = \infty$，由式（3-6）可得

$$u_o = \left(1 + \frac{R_F}{R_1}\right)u_i = u_i$$

这时电路称为电压跟随器，如图 3-9 所示。

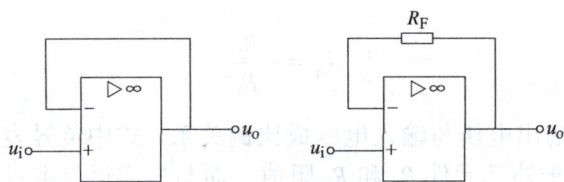

图 3-9　电压跟随器

由于同相比例运算电路引入了深度电压串联负反馈，所以输入、输出电阻分别为

$$r_{if} \approx \infty \text{、} r_{of} \approx 0$$

【例 3-1】如图 3-10 所示电路中，已知 $R_1=100\text{k}\Omega$，$R_F=200\text{k}\Omega$，$u_i=1\text{V}$，求输出电压 u_o，并说明输入级的作用。

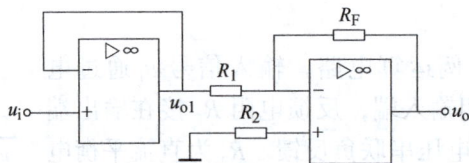

图 3-10　例 3-1 图

解：输入级为电压跟随器，由于是电压串联负反馈，因此具有极高的输入电阻，起到减轻信号源负担的作用。且 $u_{o1}=u_i=1\text{V}$，作为第二级的输入。

第二级为反相比例运算电路，因此其输出电压为

$$u_o = -\frac{R_F}{R_1}u_{o1} = -\frac{200}{100} \times 1\text{V} = -2\text{V}$$

3.2.2　集成运算放大器的线性应用

1. 比例运算电路

比例运算电路如 3.2.1 节所述。

2. 加法运算电路

图 3-11 所示为 3 个输入信号的加法运算电路，输入信号采用反相输入方式。直流平衡电阻 $R_4=R_1//R_2//R_3//R_F$。

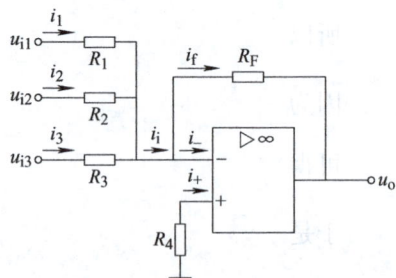

图 3-11　加法运算电路

根据"虚断"的概念，由图 3-11 可得

$$i_i \approx i_f$$

其中，$i_i=i_1+i_2+i_3$。

再根据"虚地"的概念，可得

$$i_1 = \frac{u_{i1}}{R_1}, \quad i_2 = \frac{u_{i2}}{R_2}, \quad i_3 = \frac{u_{i3}}{R_3}$$

则

$$u_o = -R_F i_f = -R_F \left(\frac{u_{i1}}{R_1} + \frac{u_{i2}}{R_2} + \frac{u_{i3}}{R_3} \right) \qquad (3\text{-}8)$$

当 $R_1=R_2=R_3=R_F=R$ 时，$u_o=-(u_{i1}+u_{i2}+u_{i3})$。

电路实现了各输入信号的反相求和运算。

【例 3-2】 求图 3-12 所示电路中 u_o 与 u_{i1}、u_{i2} 的关系。

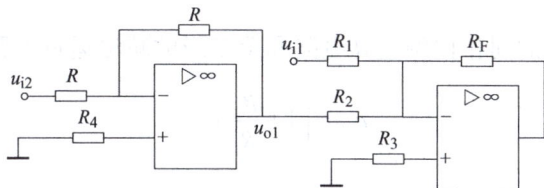

图 3-12　例 3-2 图

解： 电路由第一级的反相器和第二级的加法运算电路级联而成。

$$u_{o1} = -u_{i2}$$

$$u_o = -\left(\frac{R_F}{R_1} u_{i1} + \frac{R_F}{R_2} u_{o1} \right) = \frac{R_F}{R_2} u_{i2} - \frac{R_F}{R_1} u_{i1}$$

3. 减法运算电路

图 3-13 所示为减法运算电路，它是反相端和同相端都有信号输入的放大器，也称差动输入放大器。其中，u_{i1} 通过 R_1 加到反相端，而 u_{i2} 通过 R_2、R_3 分压后加到同相端。

因为 $u_+ \approx u_-$，由图 3-13 可知

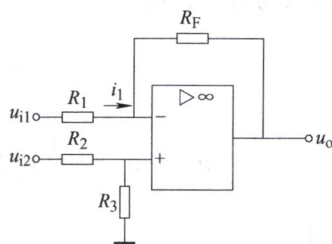

图 3-13　减法运算电路

$$u_- = u_{i1} - i_1 R_1 = u_{i1} - \frac{u_{i1} - u_o}{R_1 + R_F} R_1$$

$$u_+ = \frac{R_3}{R_2 + R_3} u_{i2}$$

所以

$$u_{i1} - \frac{u_{i1} - u_o}{R_1 + R_F} R_1 = \frac{R_3}{R_2 + R_3} u_{i2}$$

整理可得

$$u_o = \frac{R_1 + R_F}{R_1} \left(\frac{R_3}{R_2 + R_3} u_{i2} \right) - \frac{R_F}{R_1} u_{i1} \qquad (3\text{-}9)$$

当 $R_1=R_2$，$R_3=R_F$ 时，有

$$u_o = \frac{R_F}{R_1} (u_{i2} - u_{i1}) \qquad (3\text{-}10)$$

即电路的输出电压与差动输入电压成比例。

式（3-10）中，若再设 $R_1=R_F$，则

$$u_o = u_{i2} - u_{i1} \qquad (3\text{-}11)$$

【例 3-3】 求图 3-14 所示电路中 u_o 与 u_{i1}、u_{i2} 的关系。

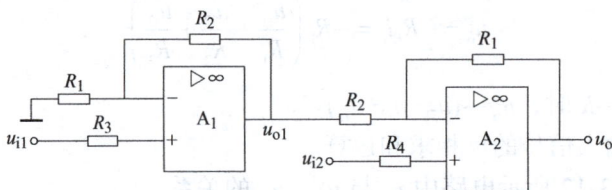

图 3-14　例 3-3 图

解： 电路由第一级的同相比例运算电路和第二级的减法运算电路级联而成。

$$u_{o1} = \left(1 + \frac{R_2}{R_1}\right)u_{i1}$$

$$u_o = -\frac{R_1}{R_2}u_{o1} + \left(1 + \frac{R_1}{R_2}\right)u_{i2} = -\frac{R_1}{R_2}\left(1 + \frac{R_2}{R_1}\right)u_{i1} + \left(1 + \frac{R_1}{R_2}\right)u_{i2} = \left(1 + \frac{R_1}{R_2}\right)(u_{i2} - u_{i1})$$

4. 积分运算电路

图 3-15 所示为积分运算电路，它和反相比例运算电路的差别仅是用电容 C 代替反馈电阻 R_F。图中直流平衡电阻 $R_2 = R_1$。

根据集成运放反相端的"虚地"概念和图示电压、电流的参考方向，可得

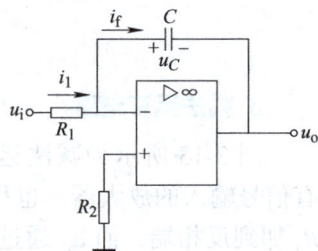

$$i_1 \approx \frac{u_i}{R_1} \approx i_f$$

$$u_o = -u_C = -\frac{1}{C}\int i_f dt = -\frac{1}{C}\int i_1 dt = -\frac{1}{C}\int \frac{u_i}{R_1}dt$$

图 3-15　积分运算电路

即

$$u_o = -\frac{1}{R_1 C}\int u_i dt \tag{3-12}$$

可见，输出电压与输入电压的积分成比例关系，实现了积分运算。式中，负号表示输出电压与输入电压反相，$R_1 C$ 为积分时间常数。

若 $u_i = U_i$ 为常数，则

$$u_o = -\frac{U_i}{R_1 C}t \tag{3-13}$$

5. 微分运算电路

微分与积分互为逆运算。将图 3-15 中的 C 与 R_1 互换位置，即成为微分运算电路，如图 3-16 所示。

由图 3-16 所示电压、电流的参考方向以及"虚地"概念可得

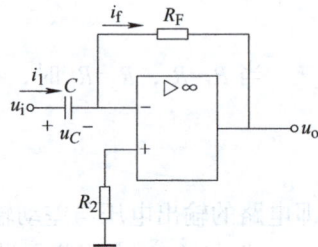

$$i_1 = C\frac{du_C}{dt} = C\frac{du_i}{dt} \approx i_f$$

图 3-16　微分运算电路

$$u_{\mathrm{o}} = -R_{\mathrm{F}}i_{\mathrm{f}} = -R_{\mathrm{F}}C\frac{\mathrm{d}u_{\mathrm{i}}}{\mathrm{d}t} \tag{3-14}$$

可见，输出电压与输入电压的微分成比例，实现了微分运算。$R_{\mathrm{F}}C$ 为电路的时间常数。

积分和微分电路除了进行积分和微分运算外，还可用作自动控制中的调节器、波形变换等。积分电路可将方波变换为三角波，微分电路可将方波变换为尖脉冲。图 3-17a、b 分别为积分电路、微分电路的输入、输出波形的一种类型，读者可自行分析其原理。

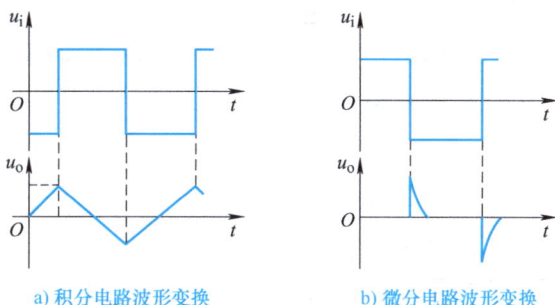

a) 积分电路波形变换　　b) 微分电路波形变换

图 3-17　微积分运算电路用于波形变换

3.2.3　集成运算放大器的非线性应用

集成运算放大器的非线性应用一般都处于开环或正反馈工作方式。由于集成运放的开环电压放大倍数非常高，即使输入信号很小，其输出电压不是处于正饱和状态，就是处于负饱和状态。

集成运算放大器的非线性应用领域很广，包括测量技术、自动控制、无线电通信、数字技术等方面。下面介绍几种非线性应用电路。

1. 电压比较器

电压比较器的作用是用来比较两个电压的大小。电压比较器有两个输入电压：一个是基准电压用 U_{R} 表示，另一个是被比较的输入信号电压 u_{i}。输出电压 u_{o} 表示 u_{i} 与 U_{R} 比较的结果。

电压比较器按门限电压来分，可分为单门限电压比较器和滞回比较器。

（1）单门限电压比较器　单门限电压比较器如图 3-18a 所示。其中集成运放处于开环状态，被比较的输入信号电压 u_{i} 由反相端输入。基准电压 U_{R} 加在同相输入端，它可以是正值、负值或零，设图 3-18a 中给出的是正值。由理想运放的特点可知：

当 $u_{\mathrm{i}} > U_{\mathrm{R}}$ 时，$u_{\mathrm{o}} = -U_{\mathrm{om}}$，即输出为低电平；

当 $u_{\mathrm{i}} < U_{\mathrm{R}}$ 时，$u_{\mathrm{o}} = +U_{\mathrm{om}}$，即输出为高电平；

当 $u_{\mathrm{i}} = U_{\mathrm{R}}$ 时，电路电压发生跳变。

当电压比较器的输出电压从一个电平跳变到另一个电平时，所对应的输入电压 u_{i} 的值称为门限电压，也叫阈值电压或门槛电压，用 U_{T} 表示。

由此可作出电压比较器的输入与输出电压关系曲线，也叫电压传输特性，如图 3-18b 所示。

当基准电压 $U_R=0$ 时，则电路成为过零比较器，它也是一种单门限比较器，其电路及电压传输特性如图 3-19 所示。

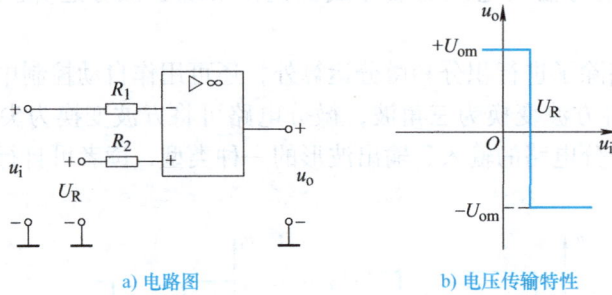

a) 电路图   b) 电压传输特性

图 3-18 单门限电压比较器

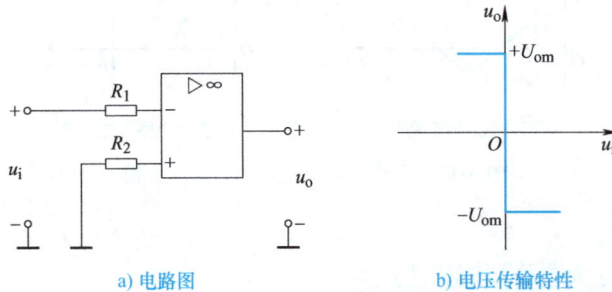

a) 电路图   b) 电压传输特性

图 3-19 过零比较器

利用这种特性，可以进行波形变换，例如将输入的正弦波转换成矩形波，如图 3-20 所示。在上述电路中，因为门限电压只有一个，所以以上电路都称为单门限电压比较器。

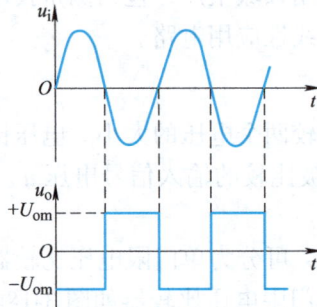

图 3-20 过零比较器的波形变换

若输入信号加在同相输入端，基准信号加在反相输入端，则电压传输特性刚好与图 3-18b 相反。

（2）滞回比较器 在单门限电压比较器中，当输入电压在门限电压附近有微小波动时，都会引起输出电压的跳变，因此，单值电压比较器抗干扰能力较差。为提高电路的抗干扰能力，可采用滞回比较器。

滞回比较器如图 3-21a 所示。电路中 $u_-=u_i$，当 $u_->u_+$ 时，输出为 $-U_{om}$；当 $u_-<u_+$ 时，输出为 U_{om}。因此，同相输入端的电压 u_+ 就是门限电压 U_T。

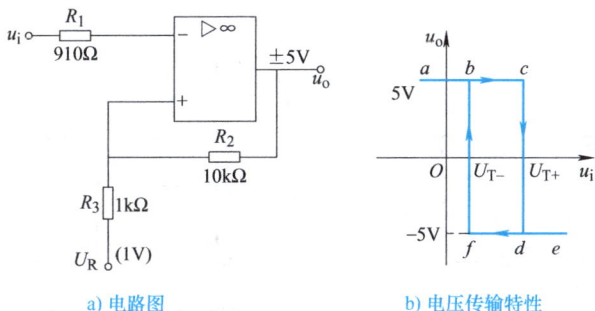

a) 电路图　　　　　　b) 电压传输特性

图 3-21　滞回比较器

由图 3-21a 可得

$$U_T = u_+ = (u_o - U_R)\frac{R_3}{R_2 + R_3} + U_R = \frac{u_o R_3 + U_R R_2}{R_2 + R_3} \tag{3-15}$$

因输出电压 $u_o = \pm U_{om}$，设 $u_o = \pm 5V$，将 u_o 和电路元件图中所示各参数代入式（3-15），得到门限电压：当 $u_o = +U_{om} = 5V$ 时，$U_{T+} = 1.36V$，称为上限门限电压；当 $u_o = -U_{om} = -5V$ 时，$U_{T-} = 0.45V$，称为下限门限电压。

电路的电压传输特性可用图 3-21b 来表示。

设此时的比较信号 u_i 处于上升状态，在 u_i 小于 $u_+ = U_{T-}$ 时，输出为 $u_o = +U_{om}$，那么只有 u_i 达到上限门限电压时，电路才能翻转，输出 $u_o = -U_{om}$，u_i 再增大，u_o 也不变，电压传输特性为 $abcde$；若此时 u_i 再逐渐下降，因此时的 $u_o = -U_{om}$，故只有 u_i 达到下限门限电压时，电路才能翻转，输出电压 $u_o = +U_{om}$，电压传输特性为 $edfba$。从图中可见，电压传输特性具有滞后回环特性，故称为滞回比较器或施密特触发器。$U_{T+} - U_{T-} = U_H$ 为回差电压，改变 R_2 或 R_3 的值可改变门限电压和回差电压的大小。

从以上分析可知，只要干扰信号的变化幅度小于回差电压值，就能有效抑制干扰。

如图 3-22 所示，虽然有干扰信号存在，但对电路的输出信号并无影响。

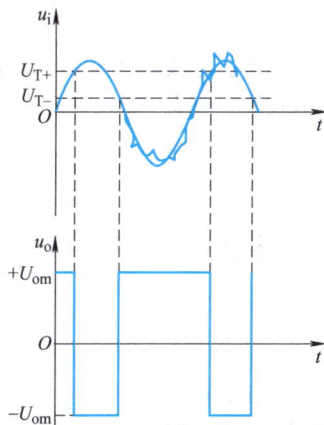

图 3-22　滞回比较器的抗干扰作用

2. 矩形波发生器

图 3-23 所示为一典型的矩形波发生器，因为矩形波的谐波分量非常丰富，故又称为多谐振荡器。由图可见，它是在滞回比较器的基础上，增加了一条 RC 充、放电负反馈支路构成的。图 3-23 中的 R_3 及双向稳压管 VZ 构成硅稳压管稳压电路，用来限制输出电压的幅度。

在图 3-23a 中，电容 C 上的电压加在集成运放的反相端，集成运放工作在非线性区，输出电压只有两个值，$+U_Z$ 或 $-U_Z$。

在接通电源的瞬间，输出电压是 $+U_Z$ 还是 $-U_Z$ 是随机的。假设此时的输出电压为 $+U_Z$，则同相端的电压为

$$u_{T+} = +\frac{R_2}{R_1 + R_2} U_Z$$

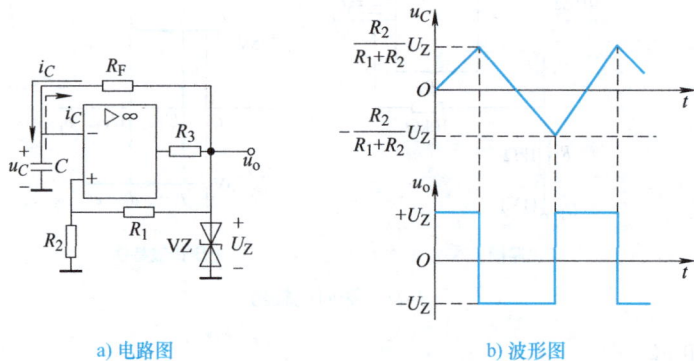

a) 电路图　　　　　　　　　　b) 波形图

图 3-23　矩形波发生器

设电容的初始电压为零，电容 C 在输出电压 $+U_Z$ 的作用下开始充电，充电电流 i_C 经过电阻 R_F，如图 3-23a 的实线所示。

当充电电压升至

$$u_C = +\frac{R_2}{R_1 + R_2} U_Z$$

由于运放输入电压 $u_- > u_+$，于是电路发生跳变，输出电压的由 $+U_Z$ 值跳变至 $-U_Z$，同相端电压变为

$$u_{T+} = -\frac{R_2}{R_1 + R_2} U_Z$$

电容开始放电，u_C 开始下降，放电电流 i_C 如图 3-23a 的虚线所示。当电容电压降至

$$u_C = -\frac{R_2}{R_1 + R_2} U_Z$$

由于 $u_- < u_+$，于是输出电压又跳变至 $u_o = +U_Z$ 值。如此周而复始，在集成运放的输出端得到如图 3-23b 所示的电压波形。

3.2.4　集成运算放大器在使用中的注意点

集成运放在使用前除应正确选型，了解各引脚排列位置、外接电路外，在调试、使用时还应注意添加保护电路。因为在使用中，由于电源极性接反、输入信号电压过高、输出端负载过大等原因，都会造成集成运放的损坏。

图 3-24a 所示为输入端保护电路。在输入端接入两个反向并联的二极管，可将输入电压限制在二极管导通电压之内。

图 3-24b 所示为输出端保护电路。正常工作时，输出电压小于双向稳压管的稳压值，双向稳压管相当于开路，保护支路不起作用。当输出电压大于稳压管稳压值时，稳压管击穿，使运放负反馈加深，将输出电压限制在稳压管的稳压值范围内。

图 3-24c 为电源保护电路。它是利用二极管的单向导电性来防止电源极性接错造成运放损坏的。

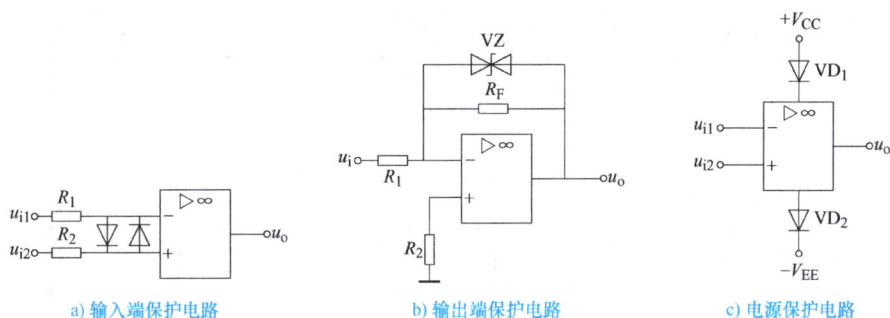

a) 输入端保护电路　　　　b) 输出端保护电路　　　　c) 电源保护电路

图 3-24　集成运放的保护电路

电路仿真 3：信号产生电路的设计

　　下面分别介绍集成运放的线性应用及非线性应用。集成运放加入负反馈时工作在线性区，可用于线性计算，仿真电路和计算结果如图 3-25 所示；加入正反馈或不加反馈时工作在非线性区，可应用于非正弦波产生电路，仿真电路如图 3-26 所示，输出波形如图 3-27 所示。

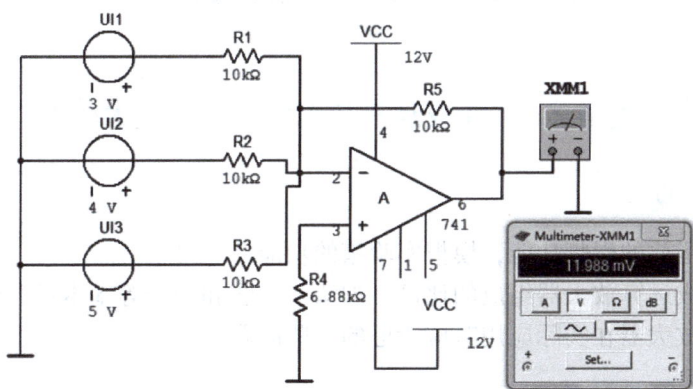

图 3-25　集成运放线性应用——加法计算的仿真电路和计算结果

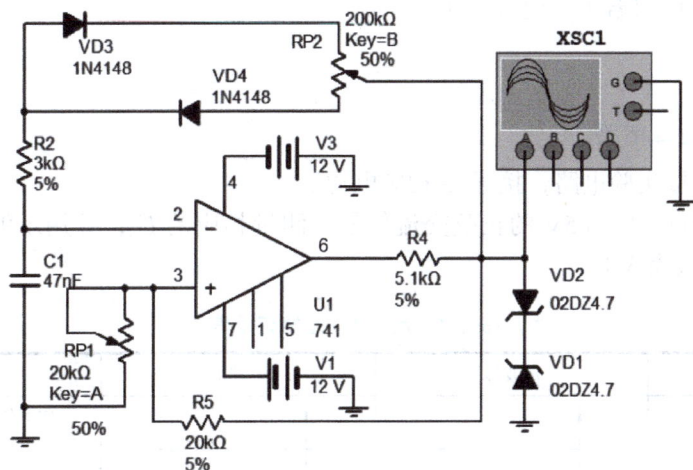

图 3-26　集成运放非线性应用——方波发生器的仿真电路

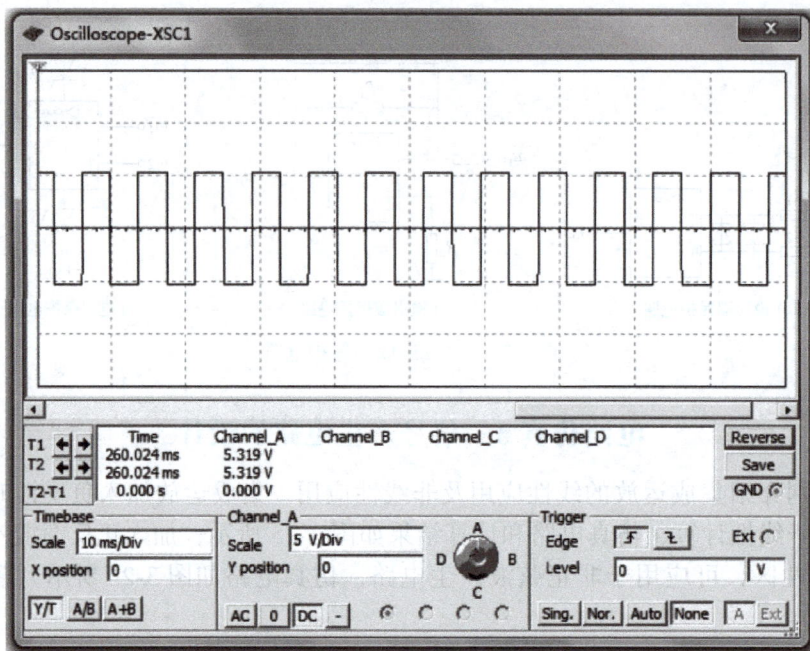

图 3-27　方波发生器输出波形

技能训练 3：集成运算放大器的线性基本应用

一、实验目的

1. 熟悉集成运放的引脚功能，模拟实验箱的功能。
2. 研究由集成运算放大器组成的比例、加法、减法和积分等基本运算电路的功能。
3. 了解运算放大器在实际应用时应考虑的一些问题。

二、实验设备与器件

±12V 直流电源、函数信号发生器、交流毫伏表、双踪示波器、万用表、集成运算放大器 μA741×1、电阻若干、电容若干。

三、实验内容

1. 反相比例运算电路

按图 3-28 连接实验电路，接通 ±12V 电源。

输入 $f=100Hz$、$U_i=0.5V$ 的正弦交流信号，测量相应的 U_o，并用示波器观察 u_o 和 u_i 的相位关系，记入表 3-1。

表 3-1　反相比例运算记录表

U_i/V	U_o/V	u_i 波形	u_o 波形	A_u	
				实测值	计算值

2.同相比例运算电路

按图 3-29 连接实验电路。实验步骤同内容 1，将结果记入表 3-2。

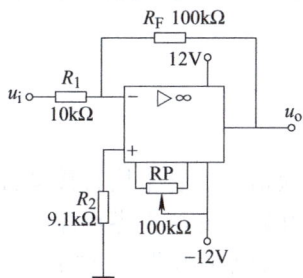

图 3-28　反相比例运算电路

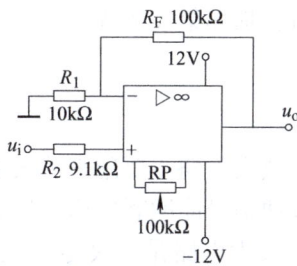

图 3-29　同相比例运算电路

表 3-2　同相比例运算记录表

U_i/V	U_o/V	u_i 波形	u_o 波形	A_u	
				实测值	计算值

3.减法运算电路

1）按图 3-30 所示连接实验电路。

2）输入信号采用直流信号，图 3-31 所示电路为简易直流信号源，由实验者自行完成。实验时要注意选择合适的直流信号幅度以确保集成运放工作在线性区。用直流电压表测量输入电压 U_{i1}、U_{i2} 及输出电压 U_o，记入表 3-3。

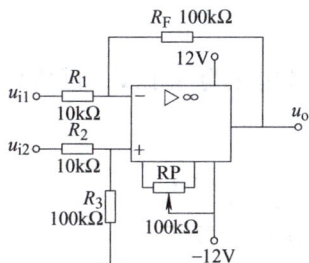

图 3-30　减法运算电路图

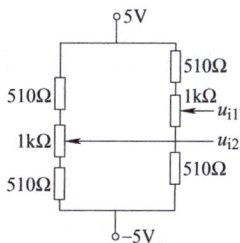

图 3-31　简易可调直流信号源

表 3-3　减法运算记录表

序号	1	2	3	4	5
U_{i1}/V					
U_{i2}/V					
U_o/V					

四、实验总结

1.整理实验数据，画出波形图（注意波形间的相位关系）。

2. 将理论计算结果和实测数据相比较，分析产生误差的原因。

3. 分析讨论实验中出现的现象和问题。

4. 实验前要看清集成运放组件各引脚的位置；切忌正、负电源极性接反和输出端短路，否则将会损坏集成运放。

本章小结

1. 直流放大电路主要用来放大变化缓慢的信号或直流信号，它采用直接耦合的级间连接方式，以便信号能顺利传递，但各级静态工作点将相互影响并产生零点漂移现象。

2. 差动放大电路是解决零漂最有效的方法。差动放大电路由两个结构完全相同的单管放大电路组成，依靠电路的对称性来抑制零漂。典型的差动放大电路为双端输入、双端输出方式。为了和一端接地的信号源连接，也可采用单端输入方式。为了和一端接地的负载连接，也可采用单端输出方式。其中双端输入、单端输出方式通常用作集成运放的输入级。

3. 集成运放实际上是一种电压放大倍数高、输入电阻高、输出电阻低的直接耦合多级放大电路，其内部主要由差动输入级、中间放大级、互补对称输出级及偏置电路组成。

4. 实际运放的特性与理想运放的特性十分接近，在分析运放应用电路时，一般将实际运放视作理想运放，集成运放应用分为线性应用和非线性应用。线性应用时，需外加深度负反馈，此时运放的放大倍数与放大电路内部参数无关。通过改变集成运放外围电路的连接可构成比例、加法、减法、积分、微分等多种运算电路。虚短和虚断是分析运放线性应用时的重要概念和基本依据。非线性应用时，运放工作于开环或正反馈状态，其输出电压只有正、负饱和电压两种状态。比较器就是非线性应用的例子。

习　题

3-1　电路如图 3-32 所示，设运放为理想运放，电源电压为 ±12V，试估算出输出电压 u_o 的值。

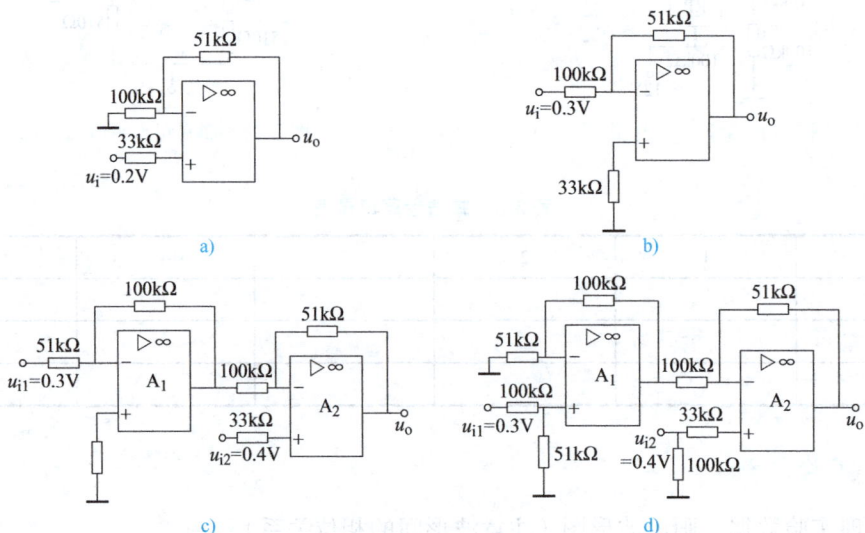

图 3-32　题 3-1 图

3-2　电路如图 3-33 所示，求输出电压 u_o 与输入电压 u_{i1}、u_{i2} 的关系式。

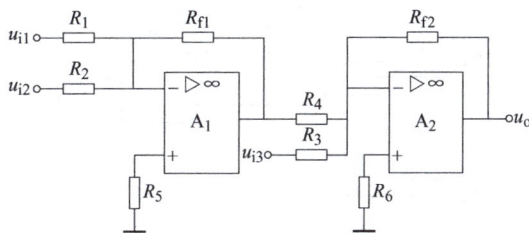

图 3-33　题 3-2 图

3-3　电路如图 3-34 所示，求输出电压 u_o 与输入电压 u_{i1}、u_{i2} 的关系式。

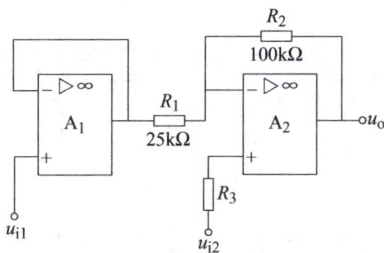

图 3-34　题 3-3 图

3-4　电路如图 3-35 所示，求输出电压 u_o。

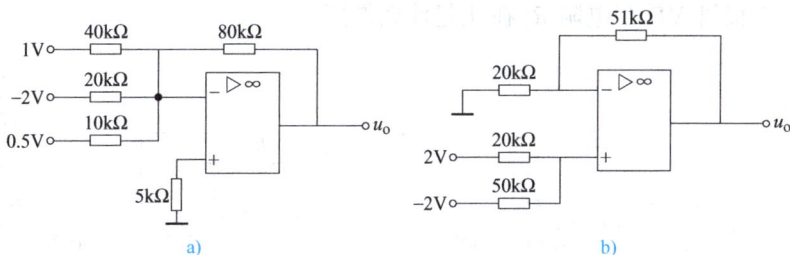

a)　　　　　　　　　　　　b)

图 3-35　题 3-4 图

3-5　电路如图 3-36 所示，求 u_o 与 u_i 的关系。

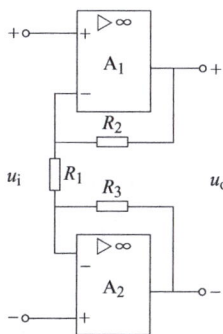

图 3-36　题 3-5 图

3-6　电路如图 3-37 所示，试写出 u_o 表达式，并求出当 $u_{i1}=1.5V$，$u_{i2}=-0.5V$ 时，u_o 的值。

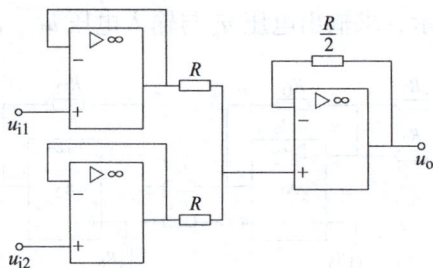

图 3-37　题 3-6 图

3-7　电路如图 3-38 所示，求电路的输出电压值，并指出 A_1 属于什么类型的电路。

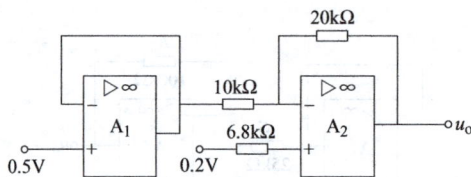

图 3-38　题 3-7 图

3-8　单门限电压比较器如图 3-39 所示，已知 $U_R=2V$，稳压管的正向导通压降可忽略不计，试求出门限电压 U_T 并画出其电压传输特性。

3-9　图 3-40 是监控报警装置，如需对某一参数（如温度、压力等）进行监控时，可由传感器取得监控信号 u_i，U_R 是参考电压。当 u_i 超过正常值时，报警指示灯亮，试说明其工作原理。二极管 VD 和电阻 R_3 在此起什么作用？

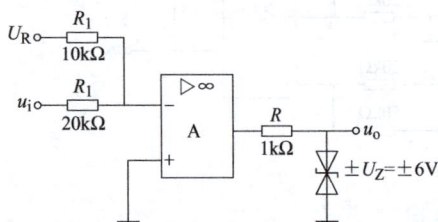

图 3-39　题 3-8 图

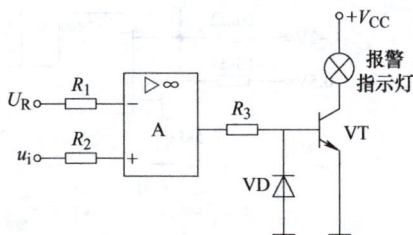

图 3-40　题 3-9 图

第4章

正弦波振荡电路

▶ 学习目标

1. 掌握自激振荡的幅值及相位条件。
2. 掌握正弦波振荡的组成。
3. 掌握 RC 选频电路的工作原理分析。
4. 了解 LC 选频电路的工作原理。

▶ 素养目标

通过工程实践，培养工匠精神，强调精益求精和持之以恒的工作态度。鼓励学生在专业领域追求卓越，为国家的高质量发展做出贡献。

▶ 实例引导

信号发生器是一种能提供各种频率、波形和输出电平电信号，常用作测试的信号源或激励源的设备，如图 4-1 所示。一般低频信号发生器可以产生频率为 20Hz ～ 200kHz 的正弦信号。由振荡电路产生低频正弦振荡信号，经电压放大器放大，达到电压输出幅度的要求，经输出衰减器可直接输出电压，用主振输出调节电位器调节输出电压的大小。

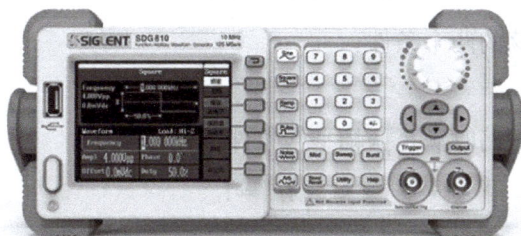

图 4-1　低频信号发生器

本章首先介绍正弦波振荡电路的振荡条件以及振荡电路的组成，然后介绍常用的正弦波振荡电路及其应用。振荡电路是一种将直流电能转换为交流电能的能量转换电路，它无需外加输入信号就能自行产生各种频率的交流信号，所以称为自激振荡电路。根据振荡电路产生的波形不同，分为正弦波振荡电路和非正弦波振荡电路。正弦波振荡电路在自动控制、测量、无线电通信和热处理等技术领域中，都有着广泛的应用。

4.1 正弦波振荡电路的振荡条件

4.1.1 产生自激振荡的条件

产生自激振荡的条件常用图 4-2 所示框图来分析。

当开关 S 接在位置 1 时，放大电路的输入端与正弦波信号源 $\dot{U}_i$ 相接，输出电压 $\dot{U}_o = \dot{A}\dot{U}_i$。通过反馈电路得到反馈电压 $\dot{U}_f = \dot{F}\dot{U}_o$。若适当调整放大电路和反馈电路的参数，使 $\dot{U}_f = \dot{U}_i$，即两者大小相等、相位也相同。这时再将开关 S 由位置 1 换接到位置 2 上，反馈电压 $\dot{U}_f$ 即可代替原来的输入信号 $\dot{U}_i$，仍维持输出电压 $\dot{U}_o$ 不变。这样，整个电路就成为一个自激振荡电路，即使没有输入信号也有输出电压。

图 4-2 产生自激振荡的条件

由图 4-2 可知，产生振荡的基本条件是反馈信号与输入信号大小相等、相位相同。根据以上分析可得

$$\dot{U}_f = \dot{F}\dot{U}_o$$

$$\dot{U}_o = \dot{A}\dot{U}_{id}$$

因 $\dot{U}_f = \dot{U}_{id}$，则有

$$\dot{U}_f = \dot{F}\dot{U}_o = \dot{A}\dot{F}\dot{U}_{id}$$

即

$$\dot{A}\dot{F} = 1 \qquad\qquad (4\text{-}1)$$

式（4-1）即为振荡电路产生自激振荡的条件。

因 $\dot{A} = A\angle\varphi_A$，$\dot{F} = F\angle\varphi_f$，代入式（4-1）可得

$$\dot{A}\dot{F} = A\angle\varphi_A \cdot F\angle\varphi_f = 1$$

由此式可得自激振荡的两个条件：

1. 振幅平衡条件

振荡电路产生自激振荡时满足振幅平衡条件：

$$\left|\dot{A}\dot{F}\right| = 1 \qquad\qquad (4\text{-}2)$$

即放大倍数与反馈系数乘积的模为 1。它表示反馈信号 $\dot{U}_f$ 与原输入信号 $\dot{U}_i$ 的幅度相等。

2. 相位平衡条件

振荡电路产生自激振荡时满足相位平衡条件：

$$\varphi_A + \varphi_f = 2n\pi\,(n=0,1,2,\cdots) \qquad\qquad (4\text{-}3)$$

即放大电路的相移与反馈网络的相移之和为 $2n\pi$，引入的反馈为正反馈，反馈端信号与输入端信号同相。

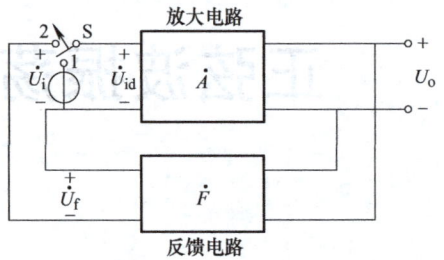

4.1.2　正弦波振荡电路的组成

要使一个没有外来输入的放大电路能产生一定频率和幅度的正弦输出信号，电路中必须包含放大电路、正反馈网络和选频网络，为了使输出的正弦信号幅度保持稳定，还要加入稳幅环节。正弦波振荡电路由四部分组成：

1）放大电路：它的作用是对交流信号起放大作用。

2）选频网络：它的主要作用是选择出某一频率的信号产生谐振，并有最大幅度的输出。根据选频网络组成元件的不同，常用的有 LC 选频网络、RC 选频网络和石英晶体选频网络等。选频网络可以单独存在，也可以和放大电路或反馈电路结合在一起。

3）反馈网络：它的主要作用是形成反馈（主要是正反馈）。

4）稳幅环节：利用电路元件的非线性特性和负反馈网络，限制输出幅度增大，达到稳幅目的。

4.1.3　振荡电路的起振与稳幅

式（4-2）及式（4-3）是维持振荡的平衡条件，是指振荡电路已进入振荡的稳定状态而言的。为使振荡电路接通直流电源后能自动起振，必须满足振幅起振条件和相位起振条件。

振幅起振条件：

$$\left| \dot{A}\dot{F} \right| > 1 \tag{4-4}$$

相位起振条件：反馈电压与输入电压同相，即正反馈。

当振荡电路刚接通电源时，电路中就会产生微弱的、不规则的噪声和电源刚接通时的冲击信号，它们包含从低频到高频的各种频率的谐波成分，其中只有一种频率的信号 f_0 能满足自激振荡条件。如果电路的放大倍数足够大，能满足 $\left| \dot{A}\dot{F} \right| > 1$ 的条件，微弱信号经过正反馈，不断地放大，输出信号在很短时间内就由小变大，使振荡电路起振。

起振后，振荡幅度迅速增大，使放大器工作在非线性区，致使放大倍数 $\left| \dot{A} \right|$ 下降，直到 $\left| \dot{A}\dot{F} \right| = 1$，振荡进入稳定状态。

4.2　RC 正弦波振荡电路

根据 RC 选频网络的结构，RC 正弦波振荡电路分成 RC 桥式、RC 移相式和双 T 网络式正弦波振荡电路等。常用的是 RC 桥式振荡电路，又称为文氏桥式正弦波振荡电路，用来产生 2000kHz 以下的低频信号。

1. 电路组成

RC 文氏桥式正弦波电路如图 4-3a 所示。R_1、C_1、R_2、C_2 组成一个 RC 串并联网络，这个网络既是正反馈网络也是选频网络；集成运放是放大电路；R_3 和 R_F 构成负反馈支路。上述两个反馈支路正好形成四臂电桥（见图 4-3b），故称之为文氏桥式正弦波电路。

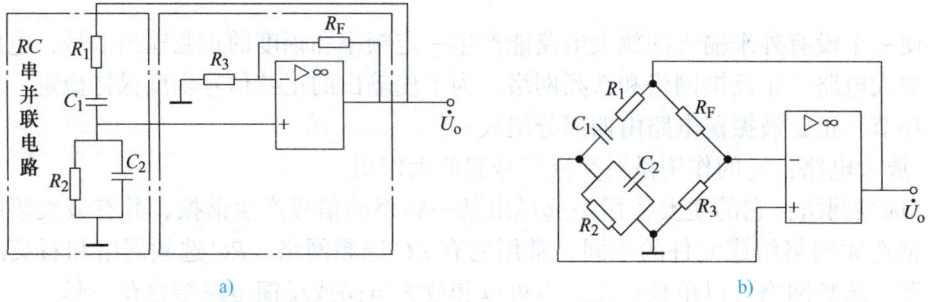

图 4-3　RC 文氏桥式正弦波电路

2. RC 串并联网络的选频特性

图 4-4 是由 R_1、C_1、R_2、C_2 组成的串并联网络。串并联网络的输入为集成运放的输出电压 U_o，网络的输出为 U_f。通常取 $R_1=R_2=R$，$C_1=C_2=C$，则反馈系数 F 的表达式为

$$\dot{F} = \frac{\dot{U}_f}{\dot{U}_o} = \frac{Z_2}{Z_1+Z_2} = \frac{\dfrac{R}{1+j\omega RC}}{R+\dfrac{1}{j\omega C}+\dfrac{R}{1+j\omega RC}} = \frac{1}{3+j\left(\omega RC - \dfrac{1}{\omega RC}\right)}$$

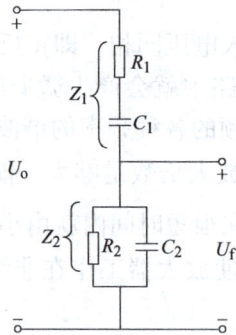

图 4-4　RC 串并联网络

令 $\omega_0 = \dfrac{1}{RC}$，上式变为

$$\dot{F} = \frac{1}{3+j\left(\dfrac{\omega}{\omega_0} - \dfrac{\omega_0}{\omega}\right)}$$

幅频特性为

$$|F| = \frac{1}{\sqrt{3^2 + \left(\dfrac{\omega}{\omega_0} - \dfrac{\omega_0}{\omega}\right)^2}} = \frac{1}{\sqrt{3^2 + \left(\dfrac{f}{f_0} - \dfrac{f_0}{f}\right)^2}} \tag{4-5}$$

相频特性为

$$\varphi_{\mathrm{f}} = -\arctan\dfrac{\dfrac{\omega}{\omega_0} - \dfrac{\omega_0}{\omega}}{3} = -\arctan\dfrac{\dfrac{f}{f_0} - \dfrac{f_0}{f}}{3} \qquad (4\text{-}6)$$

当 $f = f_0 = \dfrac{1}{2\pi RC}$（即当 $\omega = \omega_0 = \dfrac{1}{RC}$）时，$F$ 的幅值最大，最大值为

$$F = \frac{1}{3}$$

此时相位角 $\varphi_{\mathrm{f}} = 0$，即输出电压与输入电压同相。而当 f 偏离 f_0 时，F 急剧下降，φ_{f} 趋向 $\pm 90^\circ$。

3. 起振条件及振荡频率

由图 4-3 所示的 RC 桥式振荡电路可见，当 $f = f_0 = \dfrac{1}{2\pi RC}$ 时，$\dot{U}_{\mathrm{f}}$ 与 $\dot{U}_{\mathrm{o}}$ 同相，即满足相位平衡条件，而其他频率成分不满足相位平衡条件。同时，在该频率上，反馈电压 $\dot{U}_{\mathrm{f}}$ 具有最大值，反馈最强。因此，该电路的自激振荡频率为 f_0，这就保证了电路的输出为单一频率的正弦波。RC 串并联选频网络的频率特性如图 4-5 所示。

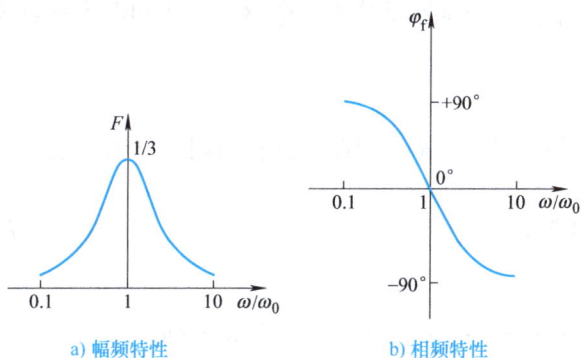

a) 幅频特性　　　　　　b) 相频特性

图 4-5　RC 串并联选频网络的频率特性

为了满足起振的幅度平衡条件，还要求 $|AF| > 1$。

因为 $f = f_0 = \dfrac{1}{2\pi RC}$ 时，$|F| = \dfrac{1}{3}$，由于 $|AF| = \dfrac{1}{3}|A| > 1$，得 $|A| > 3$。

图 4-3 中同相比例运放电路的电压放大倍数为

$$A = 1 + \frac{R_{\mathrm{F}}}{R_3}$$

由 $A > 3$ 可获得电路的起振条件为

$$R_{\mathrm{F}} > 2R_3$$

振荡频率为

$$f_0 = \frac{1}{2\pi RC} \qquad (4\text{-}7)$$

另外，R_{F} 引入的是电压串联负反馈，它能够提高输入电阻，同时使输出电阻减小，

可以提高输出端的带负载能力，还可以提高振荡电路的稳定性和改善输出电压的波形（使其更接近正弦波）。

4. 负反馈支路的作用

由于电源电压的波动，电路参数的变化，特别是环境温度的变化，将使输出幅度不稳定。为此，一般在电路中引入负反馈，以便减小非线性失真，改善输出波形。

图 4-3 所示电路中，R_F 和 R_3 构成电压串联负反馈支路。调整 R_F 值可以改变电路的放大倍数，使放大电路工作在线性区，减小波形失真。有时为了克服温度和电源电压等参数变化对振荡幅度的影响，选用具有负温度系数的热敏电阻作 R_F。当输出幅度增大时，流过电阻 R_F 的电流增大，从而使 R_F 的温度升高，电阻 R_F 值减小，负反馈加强，使输出幅度下降，从而保持输出幅度几乎不变。相反，当输出幅度减小时，R_F 的负反馈支路会使放大倍数增大，使输出幅度保持稳定，从而实现了稳幅作用。

4.3 LC 正弦波振荡电路

LC 正弦波振荡电路是由 LC 并联回路作为选频网络的一种高频振荡电路，它能产生几十千赫兹到几百兆赫兹的正弦波信号。

LC 正弦波振荡电路包括变压器反馈式、电感三点式和电容三点式振荡电路等。

4.3.1 LC 选频放大电路

图 4-6 所示为 LC 并联回路，R 为回路的损耗电阻，其值一般很小。

图 4-6 所示电路的等效阻抗为

$$Z = \frac{\frac{1}{j\omega C}(R + j\omega L)}{\frac{1}{j\omega C} + R + j\omega L} \approx \frac{\frac{L}{C}}{R + j\left(\omega L - \frac{1}{\omega C}\right)} \quad (\text{一般} R \ll \omega L)$$

图 4-6 LC 并联回路

对于某个特定频率 ω_0，可满足 $\omega_0 L = \frac{1}{\omega_0 C}$，即 $\omega_0 = \frac{1}{\sqrt{LC}}$

或

$$f_0 = \frac{1}{2\pi\sqrt{LC}} \tag{4-8}$$

此时电路发生并联谐振，f_0 叫谐振频率。谐振时，Z 呈纯电阻性质，且达到最大值，用 Z_0 表示：

$$Z_0 \approx \frac{L}{RC} = Q\omega_0 L = \frac{Q}{\omega_0 C}$$

式中

$$Q = \frac{\omega_0 L}{R} = \frac{1}{R\omega_0 C} = \frac{1}{R}\sqrt{\frac{L}{C}} \tag{4-9}$$

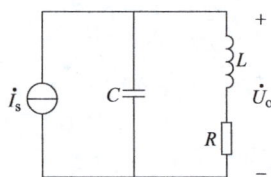

Q 为谐振回路的品质因数，它是 LC 回路的一项重要指标，一般谐振电路的 Q 值为几十到几百。

在谐振频率附近，即当 $\omega = \omega_0$ 时，复阻抗可近似表示为

$$Z \approx \frac{Z_0}{1 + \mathrm{j}Q\left(1 - \dfrac{\omega_0^2}{\omega^2}\right)}$$

因此可以画出不同 Q 值时，LC 并联电路的幅频特性和相频特性，如图 4-7 所示。

由以上分析可得出以下结论：

1）LC 并联回路具有选频特性。当 $f = f_0$ 时，回路总阻抗为纯阻性，阻值最大。当 $f < f_0$ 时，总阻抗呈感性，阻抗随 f 降低而减小，相位角为正值；当 $f > f_0$ 时，总阻抗呈容抗，阻抗值随 f 提高而减小，相位角为负值。

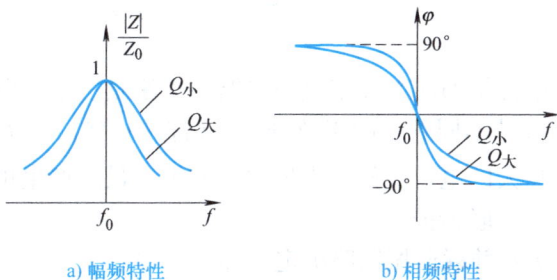

a) 幅频特性   b) 相频特性

图 4-7　LC 并联电路的幅频特性和相频特性

2）LC 并联回路的谐振频率 f_0 与回路参数有关，当品质因数 Q 较高时，$\omega_0 \approx \dfrac{1}{\sqrt{LC}}$，即 $f_0 = \dfrac{1}{2\pi\sqrt{LC}}$。

3）LC 并联回路的品质因数 $Q = \dfrac{\omega_0 L}{R}$ 值越大，则阻抗频率特性越尖锐，相频特性越陡，回路的选频特性越好，同时回路谐振时电阻值 Z_0 也越大。

4.3.2　变压器反馈式 LC 振荡电路

1. 电路组成

图 4-8 是变压器反馈式 LC 振荡电路。变压器反馈式 LC 振荡电路由放大电路、选频网络、反馈网络三部分组成。电路中三个线圈作变压器耦合。线圈 L_1 和电容 C 组成并联谐振回路，作为晶体管的集电极负载，是振荡回路的选频网络。线圈 L_2 构成正反馈支路，线圈 L_3 是输出网络，能将振荡信号送至负载 R_L。

2. 振荡条件与振荡频率

由图 4-8 可分析出：晶体管的集电极与基极的相位差为 180°，通过变压器的连接，使 L_2 两端的反馈交流电压又产生 180° 相移，即可满足振荡的相位平衡条件。

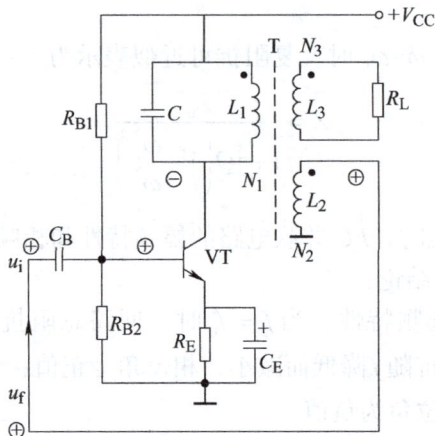

图 4-8 变压器反馈式 LC 振荡电路

将振荡电路与直流电源接通时，在集电极电路中可激励一个微弱的电流变化。它一般不是正弦量，但它包含各种不同频率的正弦分量，谐振回路将 $f = f_0$ 的频率选出，该信号被送到基极放大，输出更大的电压，然后再反馈、放大，最终产生恒定幅度的正弦波。对于其他的频率，不能发生并联谐振。

谐振频率基本上由 L_1C 并联谐振回路决定，即

$$f_0 \approx \frac{1}{2\pi\sqrt{L_1C}}$$

当改变 L_1C 电路的参数 L_1 或 C 时，即可调节输出信号的频率。

3. 电路的特点

1）易起振，振荡输出电压较大。由于采用变压器耦合，因此易满足阻抗匹配的要求。

2）调节频率方便。一般在 LC 回路中采用接入可变电容的方法来实现振荡频率的调节，这种电路的调频范围较宽，工作频率通常为几兆赫。

3）输出波形失真较大。由于反馈信号取自电感两端，它对高次谐波的阻抗大，反馈也大，因此输出波形中含有较多高次谐波成分。

在应用时要特别注意线圈 L_2 的极性，否则没有正反馈，无法振荡。

4.3.3 电感反馈式、电容反馈式 LC 振荡电路

除变压器反馈式振荡电路之外，还有电感三点式和电容三点式 LC 振荡电路。下面分别进行讨论。

1. 电感三点式 LC 振荡电路

（1）电路组成 电感三点式 LC 振荡电路又称电感反馈式振荡电路，如图 4-9 所示。电感 L_1、L_2 与电容 C 组成选频网络。对交流而言，该网络的三个端点分别与晶体管的三个电极相连。

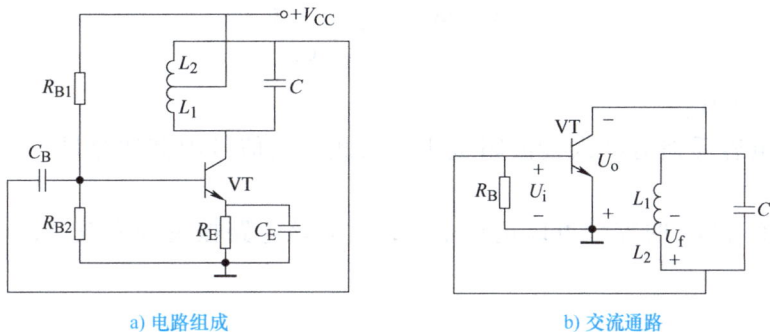

a) 电路组成　　　　　　　　　　　b) 交流通路

图 4-9　电感三点式 LC 振荡电路

（2）振荡条件与振荡频率　在图 4-9 中，可用瞬时极性法判断相位平衡条件。若给基极一个对地为正的信号，集电极则为负信号。在 LC 并联回路中，L_2 为反馈元件，其反馈到基极的信号为正，故为正反馈，即满足振荡的相位平衡条件。

电感三点式振荡电路的振荡频率基本上等于 LC 并联回路的谐振频率，即

$$f_0 \approx \frac{1}{2\pi\sqrt{LC}} = \frac{1}{2\pi\sqrt{(L_1 + L_2 + 2M)C}} \tag{4-10}$$

式中，M 为电感 L_1 和电感 L_2 之间的互感。

（3）电路特点　电感三点式 LC 振荡电路简单，易于起振。但由于反馈信号取自电感 L_2，电感对高次谐波的感抗大，因此输出振荡电压的谐波分量增大，波形较差，常用于波形要求不高的设备中，如高频加热炉，其振荡频率通常在几十兆赫兹以下。

2. 电容三点式 LC 振荡电路

（1）电路组成　电容三点式 LC 振荡电路又称电容反馈式振荡电路，如图 4-10 所示。电容 C_1、C_2 与电感 L 组成选频网络。对交流而言，该网络的三个端点分别与晶体管的三个电极相连。

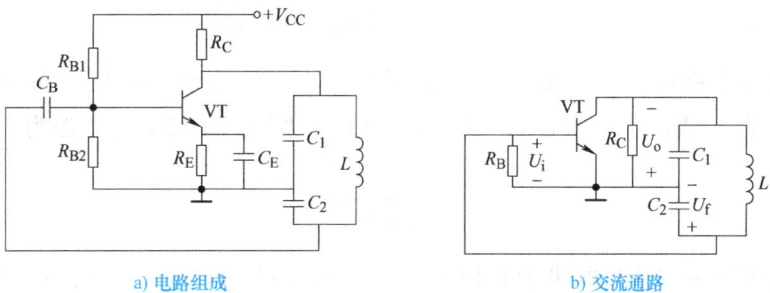

a) 电路组成　　　　　　　　　　　b) 交流通路

图 4-10　电容三点式 LC 振荡电路

（2）振荡条件与振荡频率　在图 4-10 中，用瞬时极性法判断相位平衡条件。若给基极一个对地为正的信号，集电极则为负信号。在 LC 并联回路中，C_2 为反馈元件，其反馈到基极的信号为正，故为正反馈，即满足振荡的相位平衡条件。

电容三点式 LC 振荡电路的振荡频率为

$$f_0 \approx \frac{1}{2\pi\sqrt{LC}} = \frac{1}{2\pi\sqrt{L\dfrac{C_1 C_2}{C_1 + C_2}}} \qquad (4\text{-}11)$$

（3）电路的特点

1）由于电容反馈对高次谐波阻抗小，因此反馈信号中谐波分量较少，输出波形较好。

2）电容 C_1 和 C_2 的容量可以选得很小，因此该电路振荡频率较高，可达 100MHz 以上。

3. 电容三点式改进电路

为了提高电路的振荡频率，在电容三点式电路中尽量减小 C_1 和 C_2 的电容量，甚至与晶体管极间电容值相近。这样，由温度等外界因素的影响，或更换晶体管时，电路的振荡频率也随之改变，所以频率稳定度较差。

要克服这个缺点，可以通过线圈 L 再串联一个较小的可变电容 C_3 来调节振荡频率，图 4-11 为电容三点式改进电路。

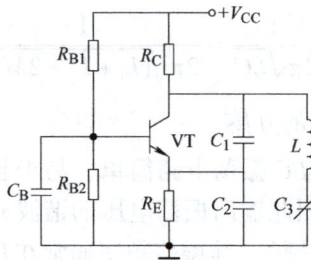

图 4-11 电容三点式改进电路

振荡频率为

$$f_0 = \frac{1}{2\pi\sqrt{LC}} = \frac{1}{2\pi\sqrt{\dfrac{L}{\dfrac{1}{C_1} + \dfrac{1}{C_2} + \dfrac{1}{C_3}}}} \qquad (4\text{-}12)$$

在选择电容参数时，一般取 C_1 和 C_2 的容量较大以掩盖极间电容变化的影响，而使串联在 L 支路中的 C_3 值较小，即 $C_3 \ll C_1$，$C_3 \ll C_2$，则式（4-12）可近似为

$$f_0 \approx \frac{1}{2\pi\sqrt{LC_3}}$$

由于振荡电路频率 f_0 只取决于 L 和 C_3 的值，而与 C_1 和 C_2 的关系很小，所以当极间电容改变时，对 f_0 影响也就很小，这种电路的稳定度可达到 $10^{-5} \sim 10^{-4}$。

电路仿真 4：正弦波产生电路的设计

图 4-12 所示为文氏桥振荡电路的仿真电路，可以产生特定频率的正弦波，图 4-13 所示为正弦波波形。

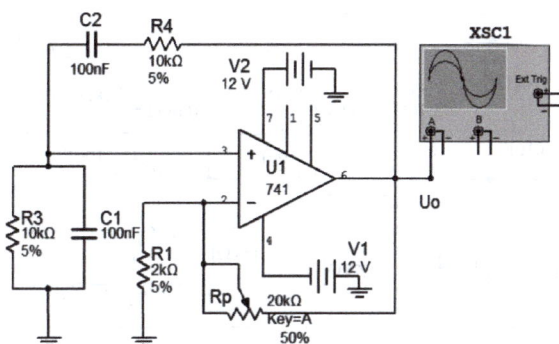

图 4-12　文氏桥振荡电路的仿真电路

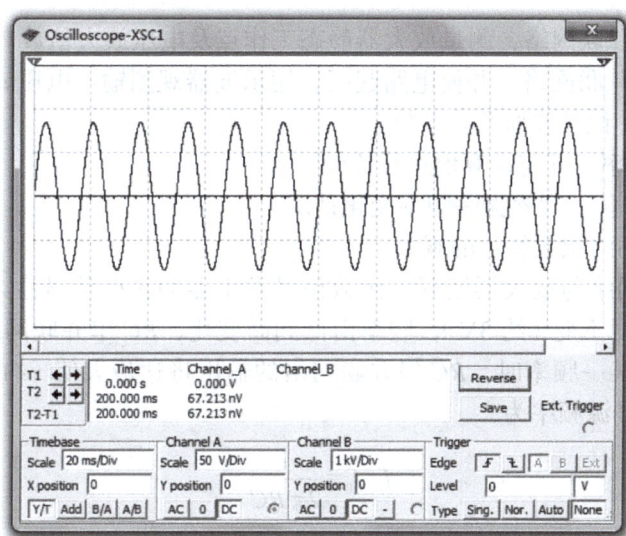

图 4-13　文氏桥振荡电路输出波形

技能训练 4：*RC* 正弦波振荡器实验

一、实验目的

1. 进一步学习 *RC* 正弦波振荡器的组成及其振荡条件。
2. 学会测量、调试振荡器。

二、实验设备与器件

12V 直流电源、函数信号发生器、双踪示波器、数字式万用表、3DG12×2 或 9013×2 电阻、电容、电位器等。

注：本实验采用两级共发射极分立器件放大器组成 *RC* 正弦波振荡器。

三、实验内容

RC 正弦波振荡器实验步骤如下：

1）按图 4-14 所示连接线路。

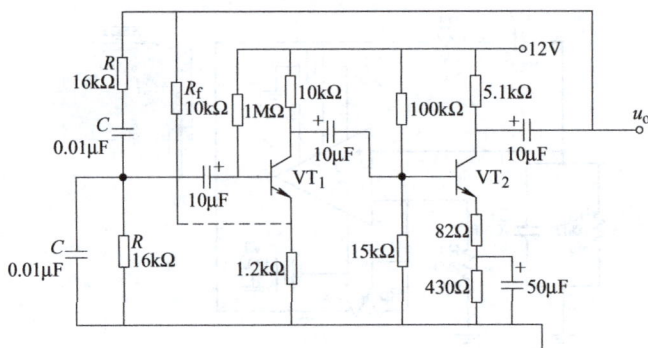

图 4-14　RC 串并联选频网络振荡器

2）断开 RC 串并联网络，测量放大器静态工作点及电压放大倍数。

3）接通 RC 串并联网络，并使电路起振，用示波器观测输出电压 u_o 波形，调节 R_f 获得满意的正弦信号，记录波形及其参数。

4）测量振荡频率，并与计算值进行比较。

5）改变 R 或 C 值，观察振荡频率变化情况。

6）RC 串并联网络幅频特性的观察。

将 RC 串并联网络与放大器断开，函数信号发生器的正弦信号注入 RC 串并联网络，保持输入信号的幅度不变（约 3V），频率由低到高变化，RC 串并联网络输出幅值将随之变化，当信号源达某一频率时，RC 串并联网络的输出将达最大值（约 1V），且输入、输出同相位，此时信号源频率为

$$f=f_0=\frac{1}{2\pi RC}$$

四、实验总结

1. 由给定电路参数计算振荡频率，并与实测值比较，分析误差产生的原因。

2. 总结三类 RC 振荡器的特点。

本章小结

1. 振荡电路是一种将直流电能转换为交流电能的能量转换电路，它无需外加输入信号就能自行产生各种频率的交流信号。

2. 产生自激振荡的条件为幅度平衡条件：$|AF|=1$；相位平衡条件：$\varphi_A + \varphi_F =2n\pi$（$n=0$，1，2，…）。振荡电路起振条件为幅度起振条件：$|AF|>1$；相位平衡条件：$\varphi_A + \varphi_F =2n\pi$（$n=0$，1，2，…）。

3. 正弦波振荡电路由放大电路、反馈电路、选频网络和稳幅环节组成。正弦波产生电路包括放大、反馈、选频、稳幅等基本部分，以保证产生单一频率和幅值稳定的正弦波。根据选频网络的不同，要求掌握 RC 桥式正弦波振荡电路的电路结构、工作原理和振荡频率计算；三点式振荡电路的电路结构和振荡频率计算。

4. 根据选频网络的不同，正弦波振荡电路可分为 LC 振荡电路、RC 振荡电路。

习　题

一、判断题

1. 在反馈电路中，只要安排有 LC 谐振回路，就一定能产生正弦波振荡。　　（　　）

2. 在放大电路中，只要具有正反馈，就会产生自激振荡。　　（　　）

3. 从结构上来看，正弦波振荡电路是一个没有输入信号的带选频网络的正反馈放大器。　　（　　）

4. 对于 LC 正弦波振荡电路，若已满足相位平衡条件，则反馈系数越大越容易起振。　　（　　）

5. 非正弦波振荡电路与正弦波振荡电路的振荡条件完全相同。　　（　　）

二、填空题

1. 产生自激振荡的条件为_____、_____。

2. 正弦波振荡电路的四个组成部分是_____、_____、_____、_____。

3. 电感反馈式振荡电路，起振_____，但输出波形_____。

4. 现有电路如下：RC 桥式正弦波振荡电路、LC 正弦波振荡电路、石英晶体正弦波振荡电路。选择合适答案填入空内。

（1）制作频率为 20Hz ～ 20kHz 的音频信号发生电路，应选用_____。

（2）制作频率为 2 ～ 20MHz 的接收机的本机振荡器，应选用_____。

（3）制作频率非常稳定的测试用信号源，应选用_____。

三、选择题

1. 若要产生频率稳定性很高的正弦波，可用（　　　）振荡电路。

A. LC　　　　　　　　B. RC　　　　　　　　C. 石英晶体

2. 振荡电路选频特性的优劣主要与电路的（　　　）有关。

A. 反馈系数 F　　　　B. 放大倍数 A　　　　C. 品质因数 Q

3. LC 正弦波振荡电路没有专门的稳幅电路，它是利用其中晶体管的非线性来自动稳幅的，但输出波形一般失真并不大，这是因为（　　　）。

A. 谐振频率高　　　　B. 反馈信号弱　　　　C. 谐振回路的选频特性好

4. 产生正弦波振荡的充要条件是（　　　）。

A. $\left| \dot{A}\dot{F} \right| = 1$　　　　B. $\left| \dot{A}\dot{F} \right| \geqslant 1$　　　　C. $\left| \dot{A}\dot{F} \right| \leqslant 1$

四、分析应用

4-1　如图 4-15 所示，要组成一个正弦波振荡电路，选择填空：

（1）要使电路正常工作，①接至_____端，②接至_____端，③接至_____端，④接至_____端。

（2）若要提高振荡频率，可（　　　）。

A. 增大 R　　　　　B. 减小电容 C　　　　C. 增大 R_1　　　　D. 减小 R_1

（3）若要振荡器输出波形产生失真，应（　　　）。

A. 增大 R　　　　　B. 增大 R_1　　　　C. 增大 R_2

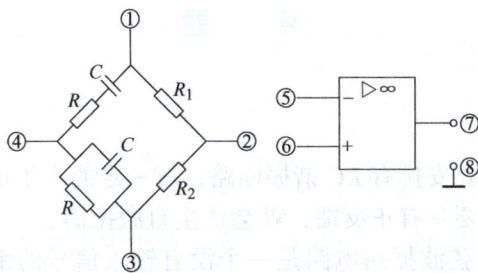

图 4-15 题 4-1 图

4-2 根据正弦波振荡的条件，判断图 4-16 所示的电路能否产生振荡。

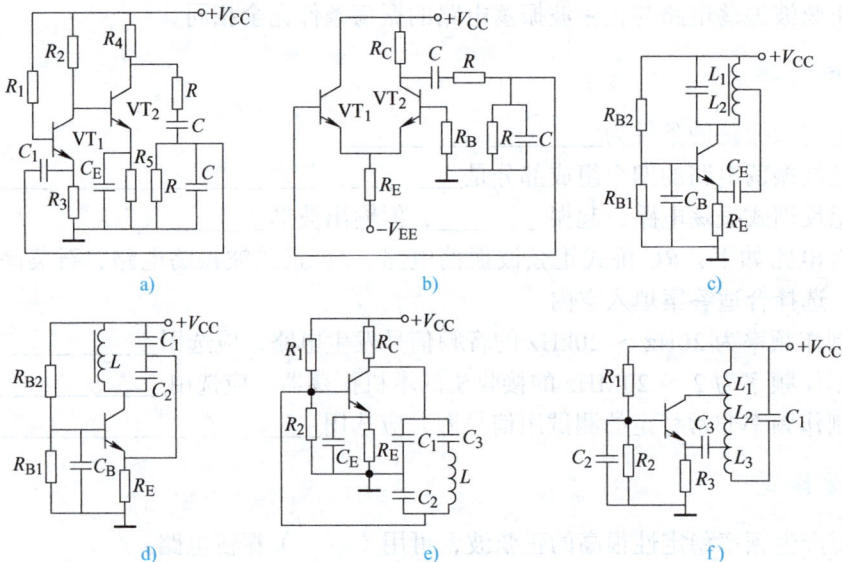

图 4-16 题 4-2 图

4-3 如图 4-17 所示，根据正弦波振荡的相位条件，判断电路能否产生振荡。若不能振荡，请对电路加以改进。

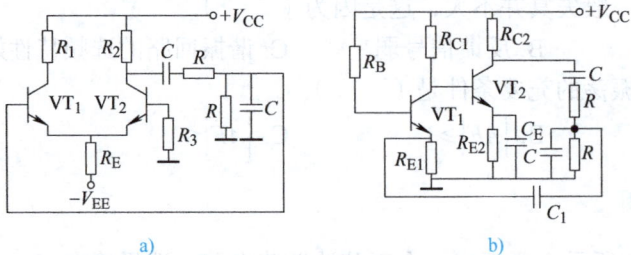

图 4-17 题 4-3 图

4-4 收音机的本机振荡电路如图 4-18 所示，C_1、C_2 对振荡信号视为短路。

（1）该振荡电路的放大、正反馈和选频三部分各由哪些元器件组成？

（2）在振荡变压器的一次侧、二次侧标出正确的同名端，使反馈成为正反馈。

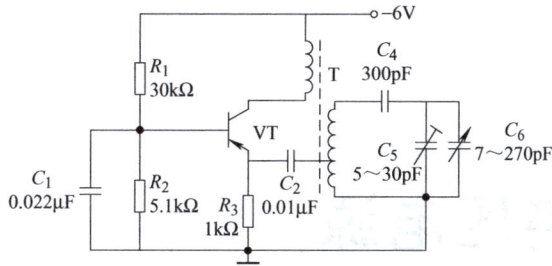

图 4-18　题 4-4 图

4-5　如图 4-19 所示，$R_1 = R_2 = 2\text{k}\Omega$，$C_1 = C_2 = 0.01\mu\text{F}$，试求振动频率。

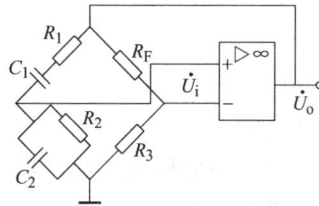

图 4-19　题 4-5 图

4-6　将图 4-20 所示电路合理连线，使之产生正弦波振荡。

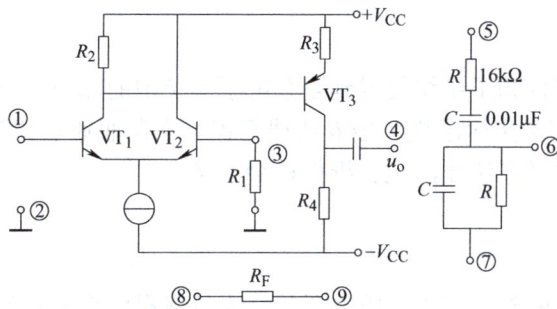

图 4-20　题 4-6 图

第 5 章

直流稳压电源

学习目标

1. 了解直流稳压电路的组成及功能。
2. 掌握单相交流整流半波与桥式电路分析及参数计算。
3. 掌握滤波电路的功能、电容滤波电路分析。
4. 掌握稳压电路功能、串联型稳压电路组成、三端稳压器件的功能。
5. 了解开关型稳压电路组成及分析。

素养目标

培养学生将电子组件和子系统集成到复杂电子系统中的能力。学习电子工程师的职业道德规范，同时了解相关法律法规，培养法律意识。强调职业道德和法律意识的重要性，鼓励学生在职业生涯中遵守法律法规，维护社会正义。

实例引导

图 5-1 为直流稳压电源，直流稳压电源是能为负载提供稳定直流的电子装置。其供电电源大都是交流电源，最终输出可调节为使用者需要的直流电压。当交流供电电源的电压或负载电阻变化时，直流稳压电源的直流输出电压仍保持稳定。

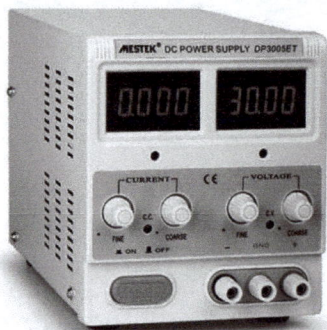

图 5-1 直流稳压电源

输入交流电压，通过变压、整流、滤波、稳压四个环节，最终达到输出稳定直流电压的目的。

本章将介绍直流稳压电源的结构、原理及参数分析；讨论整流、滤波及稳压这三个环节的具体电路。

5.1　直流稳压电源的组成

电网供电是交流电，但是在某些生产和科学实验中，例如直流电动机、电解、电镀、蓄电池的充电等场合，需要用直流电源供电，尤其在电子技术和自动控制装置中还需要用电压稳定的直流电源。直流电可通过直流发电机、干电池和蓄电池得到，而最为经济的办法是采用直流稳压电源将 220V、50Hz 的交流电压变换为幅值稳定的直流电压。

直流稳压电源一般由变压、整流、滤波和稳压四部分组成，如图 5-2 所示。各环节作用如下：

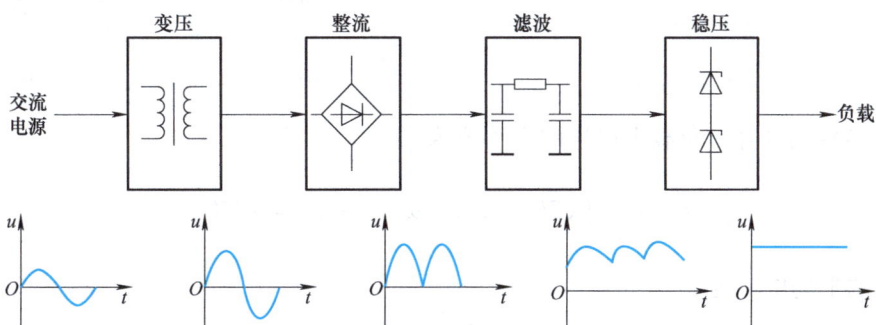

图 5-2　小功率直流稳压电源框图

1）变压器：将交流电源电压变为整流所需要的交流电压。

2）整流电路：利用具有单向导电性能的整流器件，将交流电变为方向不变，但大小随时间变化的脉动直流电。

3）滤波电路：滤去脉动电压中的交流分量，使输出成为比较平滑的直流电压。

4）稳压电路：当电网电压波动或负载变动时，使直流输出电压稳定。

本章将讨论整流、滤波及稳压这三个环节的电路。

5.1.1　单相整流电路

常见的整流电路有单相整流电路和三相整流电路。电子电路一般功率较小，通常采用单相整流电路，单相整流电路的形式有半波、全波和桥式整流电路。

1. 单相半波整流电路

图 5-3 所示为单相半波整流电路，由电源变压器、整流二极管 VD、负载 R_L 组成。设变压器二次电压为 $u_2 = \sqrt{2}U_2 \sin \omega t$。

（1）工作原理　当 u_2 为正半周时，即 A 点为正、B 点为负，二极管 VD 正偏导通。若忽略二极管的正向压降，则 $u_o = u_2$。

当 u_2 为负半周时，即 A 点为负、B 点为正，二极管 VD 反偏截止，则 $u_o = 0$。

因此，经整流后，负载上得到的是如图 5-4 所示的波形，输出的是半波脉动电压。

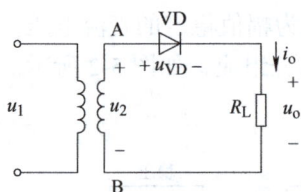

图 5-3 单相半波整流电路

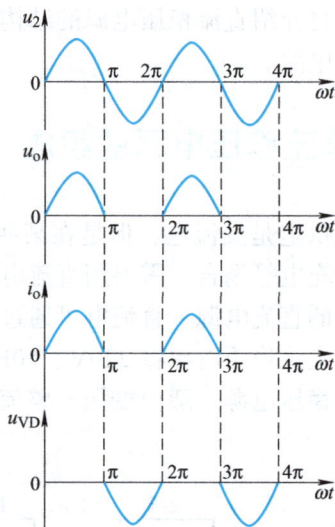

图 5-4 单相半波整流波形图

（2）参数的计算　负载上电压的平均值为

$$U_{\text{o}} = \frac{1}{2\pi} \int_0^{\pi} \sqrt{2} U_2 \sin \omega t \text{d}(\omega t) = \frac{\sqrt{2}}{\pi} U_2 = 0.45 U_2 \tag{5-1}$$

负载的平均电流为

$$I_{\text{o}} = \frac{U_{\text{o}}}{R_{\text{L}}} = 0.45 \frac{U_2}{R_{\text{L}}} \tag{5-2}$$

二极管的平均电流为

$$I_{\text{VD}} = I_{\text{o}} = 0.45 \frac{U_2}{R_{\text{L}}} \tag{5-3}$$

二极管的最大反向电压 U_{DRM}：由图 5-3 可见，二极管反向截止时所承受的最大反向电压就是 u_2 的峰值电压，为

$$U_{\text{DRM}} = \sqrt{2} U_2 \tag{5-4}$$

实际工作中，应根据 I_{VD} 和 U_{DRM} 的大小选择二极管。为保证二极管可靠工作，在选择元器件参数时应留有适当的余地。

单相半波整流电路虽然结构简单，但效率低，输出电压脉动大，仅用于对直流输出电压平滑程度要求不高和功率较小的场合，因此很少单独用作直流电源。

2. 单相桥式整流电路

单相桥式整流电路如图 5-5a 所示。由四只二极管连接成"桥"式结构，故名桥式整流电路。图 5-5b 是单相桥式整流电路的简化画法。

（1）工作原理　单相桥式整流电路的工作原理如下：u_2 为正半周时，即 A 点为正、B 点为负，二极管 VD_1、VD_3 承受正向电压而导通；二极管 VD_2、VD_4 承受反向电压而截止。电流回路为：A → VD_1 → R_{L} → VD_3 → B，在 R_{L} 上得到上正下负的半波整流电压。u_2 为负半周时，即 B 点为正、A 点为负，此时 VD_2、VD_4 承受正向电压而导通；VD_1、

VD$_3$ 承受反向电压而截止。电流回路为：B → VD$_2$ → R_L → VD$_4$ → A，在 R_L 上仍得到上正下负的半波整流电压。图 5-6 为单相桥式整流电路的波形图。

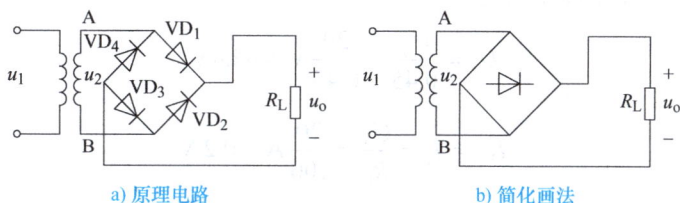

a) 原理电路　　　　　　　b) 简化画法

图 5-5　单相桥式整流电路

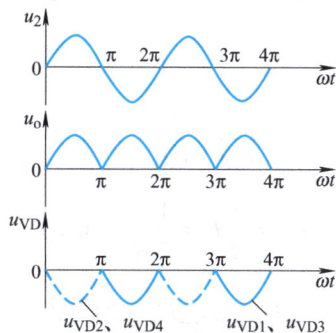

图 5-6　单相桥式整流波形图

（2）参数的计算　负载上电压的平均值为

$$U_o = \frac{1}{\pi}\int_0^\pi \sqrt{2}U_2 \sin\omega t \mathrm{d}(\omega t) = 2\frac{\sqrt{2}}{\pi}U_2 = 0.9U_2 \qquad (5\text{-}5)$$

负载的平均电流为

$$I_o = \frac{U_o}{R_L} = 0.9\frac{U_2}{R_L} \qquad (5\text{-}6)$$

二极管的平均电流 I_{VD}：因二极管轮流导通，流经每个二极管的平均电流为负载电流的一半，即

$$I_{VD} = \frac{1}{2}I_o = 0.45\frac{U_2}{R_L} \qquad (5\text{-}7)$$

二极管的最大反向电压 U_{DRM}：每个二极管在截止时承受的最大反向电压为 u_2 的最大值，即

$$U_{DRM} = \sqrt{2}U_2 \qquad (5\text{-}8)$$

单相桥式整流电路在一个周期内输出两个半波，因此克服了半波整流的缺点，提高了变压器的利用率，得到了广泛的应用。近年来，桥式整流的组合件（又名硅桥堆）被普遍应用。它利用半导体工艺，将四个二极管集中制作在一块硅片上，共有四个引出端，其中两个引出端接交流电源，另外两端接负载。图 5-7 所示为硅桥堆整流器外形结构。

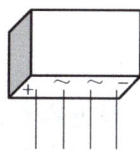

图 5-7　硅桥堆整流器外形结构

【例 5-1】 有一个 100Ω 的负载，需用 20V 的直流电源供电，试在下列两种情况下选择二极管。（1）采用单相半波整流电路；（2）采用单相桥式整流电路。

解：（1）采用单相半波整流电路

$$U_2 = \frac{U_o}{0.45} = \frac{20}{0.45} \text{V} = 44.4\text{V}$$

$$I_{VD} = I_o = \frac{U_o}{R_L} = \frac{20}{100} \text{A} = 0.2\text{A}$$

$$U_{DRM} = \sqrt{2}U_2 = 62.8\text{V}$$

根据 I_{VD}、U_{DRM} 值查手册，应选用 2CZ53C 型整流二极管，其最大整流电流为 0.3A，最高反向工作电压为 100V。

（2）采用单相桥式整流电路

$$U_2 = \frac{U_o}{0.9} = \frac{20}{0.9} \text{V} = 22.2\text{V}$$

$$I_{VD} = \frac{1}{2}I_o = \frac{1}{2}\frac{U_o}{R_L} = 0.1\text{A}$$

$$U_{DRM} = \sqrt{2}U_2 = 31.4\text{V}$$

根据 I_{VD}、U_{DRM} 值查手册，应选用 2CZ53B 型整流二极管，其最大整流电流为 0.3A，最高反向工作电压为 50V。

5.1.2 滤波电路

整流电路的输出电压方向不变，但仍然是大小变化的脉动电压，含有较大的交流分量。在某些设备，例如蓄电池充电、电镀中，可以直接应用，但对许多电子设备需要平滑的输出电压，需要在整流电路后再进行滤波。电容和电感是基本的滤波元件，滤波电路有电容滤波、电感滤波及复式滤波。

图 5-8a 所示为单相半波整流电容滤波电路，滤波电容 C 与负载并联。

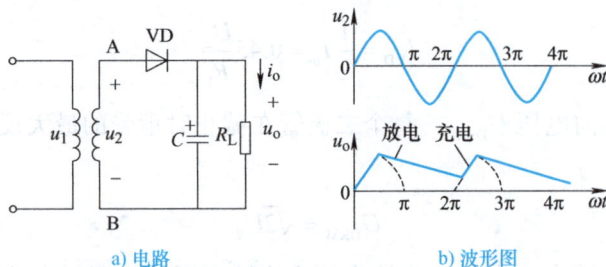

a) 电路　　　　　　　b) 波形图

图 5-8　单相半波整流电容滤波电路及波形图

设电容 C 的初始电压为零，接通电源时，u_2 由零开始上升，二极管导通，电容被充电，由于充电时间常数很小，所以充电很快。若忽略二极管的正向压降，则 $u_C = u_o \approx u_2$，u_o 随电源电压 u_2 同步上升。当 $\omega t = \pi/2$ 时，$u_o = u_C = \sqrt{2}U_2$。随后 u_2 开始下降，其值小于电容电压。此时，二极管 VD 截止，电容 C 经负载 R_L 放电，u_C 开始下降，由于放电时间常数很大，放电速度很慢，可持续到第二个周期的正半周来到时。当 $u_2 > u_C$ 时，二极管又因正偏而导通，电容 C 再次被充电，重复第一周期的过程。图 5-8b 所示为其波形图。

单相桥式整流电容滤波电路与单相半波整流电容滤波电路的工作原理一样，不同之处在于，在 u_2 的一个周期里，电路中总有二极管导通，电容 C 经历两次充放电过程，因此输出电压更加平滑。单相桥式整流电容滤波电路及波形如图 5-9 所示。

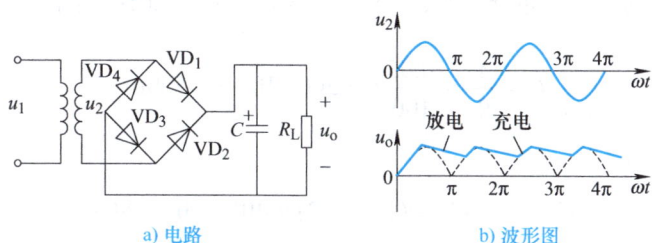

| a) 电路 | b) 波形图 |

图 5-9 　单相桥式整流电容滤波电路及波形图

电容 C 放电的快慢取决于时间常数（$\tau = R_L C$）的大小，时间常数越大，电容 C 放电越慢，输出电压的波形就越平稳。为了获得较平稳的输出电压，选择电容时一般要求：

$$R_L C \geq (3 \sim 5) \frac{T}{2} (\text{桥式}) \tag{5-9}$$

$$R_L C \geq (3 \sim 5) T (\text{半波}) \tag{5-10}$$

式中，T 为交流电的周期。

当负载开路时，电容承受 u_2 的峰值电压，因此电容的耐压值取 $(1.5 \sim 2) U_2$。

电容滤波后输出电压的平均值一般按以下经验公式估算：

$$U_o = U_2 (\text{半波}) \tag{5-11}$$

$$U_o = 1.2 U_2 (\text{桥式}) \tag{5-12}$$

滤波电容 C 一般选择容量较大的电解电容，使用时应注意它的极性，如果接反会造成损坏。加入滤波电容以后，二极管导通时间缩短，且在短时间内承受较大的冲击电流。为了保证二极管的安全，选择二极管时应放宽余量。

电容滤波电路简单，输出电压较高，输出脉动较小，缺点是整流二极管承受的冲击电流大，当负载 R_L 较小且变动较大时，输出性能差。因此，这种电路只适用于负载电流小且变化不大的场合。

【例 5-2】设计一单相桥式整流电容滤波电路，要求输出电压 $U_o = 48V$。已知负载电阻 $R_L = 100\Omega$，电源频率为 50Hz，试选择整流二极管和滤波电容。

解：（1）整流二极管的选择：流过整流二极管的平均电流为

$$I_{VD} = \frac{1}{2} I_o = \frac{1}{2} \cdot \frac{U_o}{R_L} = \frac{1}{2} \times \frac{48}{100} A = 0.24A = 240mA$$

变压器二次电压有效值为

$$U_2 = \frac{U_o}{1.2} = \frac{48}{1.2}\mathrm{V} = 40\mathrm{V}$$

整流二极管承受的最大反向电压为

$$U_{\mathrm{DRM}} = \sqrt{2}U_2 = 1.41 \times 40\mathrm{V} = 56.4\mathrm{V}$$

因此可选择 2CZ11B 型整流二极管，其最大整流电流为 1A，最高反向工作电压为 200V。

（2）滤波电容的选择：取 $\tau = R_{\mathrm{L}}C = 5 \times \dfrac{T}{2} = 5 \times \dfrac{0.02}{2}\mathrm{s} = 0.05\mathrm{s}$，则

$$C = \frac{\tau}{R_{\mathrm{L}}} = \frac{0.05}{100}\mathrm{F} = 500 \times 10^{-6}\mathrm{F} = 500\mu\mathrm{F}$$

电容的耐压值为

$$(1.5 \sim 2)\,U_2 = (1.5 \sim 2) \times 40\mathrm{V} = 60 \sim 80\mathrm{V}$$

应选用 470μF/100V 的电解电容。

5.1.3　稳压电路

经整流滤波电路获得的直流电压往往是不稳定的，当电网电压波动或负载电流变化时，都会引起直流电压的波动，因此需增加稳压环节。

1. 电路组成

由硅稳压二极管组成的稳压电路如图 5-10 所示。硅稳压二极管 VZ 与负载 R_{L} 并联，因此也称为并联型稳压电路，图中，R 为限流电阻；VZ 工作在反向击穿区；U_{I} 为整流滤波后的输出电压。

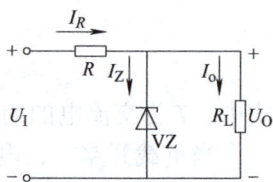

图 5-10　硅稳压二极管稳压电路

2. 稳压原理

若电网电压升高，整流滤波电路的输出电压 U_{I}、负载电压 U_{O} 以及稳压二极管电压也随之升高。因此，流过稳压二极管的电流 I_Z 就急剧增加，并引起 I_R 的增大，导致限流电阻 R 上的电压降增大。由式 $U_{\mathrm{O}} = U_Z = U_{\mathrm{I}} - I_R R$ 可知，$I_R R$ 的增大可以抵消 U_{I} 的升高，从而保持负载电压 U_{O} 基本不变。其稳压过程如下：

$$U_{\mathrm{I}}\uparrow \rightarrow U_{\mathrm{O}}\uparrow \rightarrow I_Z\uparrow \rightarrow I_R\uparrow \rightarrow U_R\uparrow \rightarrow U_{\mathrm{O}}\downarrow$$

另一方面，若 U_{I} 不变而负载电流增大，输出电压 U_{O} 将减小，稳压二极管中的电流 I_Z 就急剧减小，使得 I_R 也减小，则限流电阻 R 上的电压降减小，从而使输出电压 U_{O} 上升。其稳压过程如下：

$$I_o\downarrow \rightarrow U_o\downarrow \rightarrow I_Z\downarrow \rightarrow I_R\downarrow \rightarrow U_R\downarrow \rightarrow U_o\uparrow$$

反之，若电网电压降低或负载电流减小，其稳压过程与上述相反，但输出电压 U_{O} 仍保持不变，读者可自行分析。

综上所述，稳压二极管在稳压电路中起着电流自动调节作用，而限流电阻则起着电压调整作用。稳压二极管的动态电阻越小，限流电阻越大，输出电压的稳定性越好，但输出电压不能调节。

5.2　串联型稳压电路

硅稳压二极管稳压电路虽然较简单，但输出电压不能调节且稳定性也不够理想；另外受稳压二极管最大稳定电流的限制，负载电流变化范围不大。为此可采用串联型稳压电路。

5.2.1　串联型稳压电路的组成及工作原理

1. 电路的组成

图 5-11 所示为串联型稳压电路，它由四个部分组成。

1）取样电路：由 R_1、RP 和 R_2 组成。取样电路的作用是：当输出电压发生变化时，取出其中的一部分送到比较放大管 VT_2 的基极。

2）基准电路：由稳压二极管 VZ 与限流电阻 R_3 组成。它的作用是为电路提供基准电压。

3）比较放大电路：由 VT_2 和 R_4 构成的放大电路组成。其作用是将取样电压与基准电压之差放大后去控制调整管 VT_1。

4）调整电路：由功率管 VT_1 组成。其作用是：由比较电路输出的信号自动调节 VT_1 集射极间电压，从而达到自动稳定输出电压的目的。电路中因调整管与负载串联，故名串联型稳压电路，图 5-12 为其组成框图。

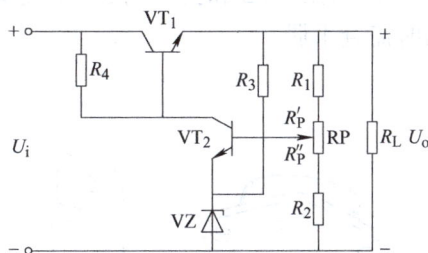

图 5-11　串联型稳压电路　　　　图 5-12　串联型稳压电路组成框图

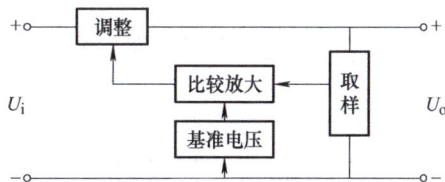

2. 工作原理

当电网电压波动或负载电流变化导致输出电压 U_o 增加时，通过取样电阻的分压作用，VT_2 的基极电位 U_{B2} 随之升高，而发射极电位 U_{E2} 不变，因此 U_{BE2} 增大，集电极电位 U_{C2} 降低。此时，调整管 VT_1 因基极电压降低，管压降 U_{CE1} 增大，使输出电压 U_o 下降，从而保证了 U_o 基本不变。其稳压过程如下：

$$U_i \uparrow \rightarrow U_o \uparrow \rightarrow U_{B2} \uparrow \rightarrow U_{BE2} \uparrow \rightarrow U_{C2} \downarrow (U_{B1} \downarrow) \rightarrow U_{CE1} \uparrow \rightarrow U_o \downarrow$$

反之，当输入电压降低或负载电流变化而引起输出电压降低时，稳压过程与上面相反。

3. 输出电压

由图 5-11 可知：

$$U_{B2} = U_Z + U_{BE2} = U_o \frac{R_2 + R_P''}{R_1 + R_P + R_2}$$

$$U_o = \frac{R_1 + R_P + R_2}{R_2 + R_P''}(U_Z + U_{BE2}) \tag{5-13}$$

当 RP 调到最上端时，输出电压为最小值，有

$$U_{omin} = \frac{R_1 + R_P + R_2}{R_2 + R_P}(U_Z + U_{BE2})$$

当 RP 调到最下端时，输出电压为最大值，有

$$U_{omax} = \frac{R_1 + R_P + R_2}{R_2}(U_Z + U_{BE2})$$

以上电路中，若将比较放大管 VT_2 改为集成运放，则构成了由集成运放组成的串联型稳压电路，如图 5-13 所示，读者可自行分析其工作原理。

5.2.2　三端集成稳压器

将串联型稳压电路和各种保护电路制作在一块硅片上，引出引脚并进行封装，就构成了集成稳压器。集成稳压器一般只有三个引脚：输入端、输出端和公共端，故又称为三端集成稳压器。

三端集成稳压器分为固定式和可调式两大类。图 5-14 所示为 78×× 系列三端固定式集成稳压器的外形图，它的三个引出端分别为输入端 1、输出端 2 和公共端 3。不同型号、不同封装的集成稳压器三个引脚的定义不同，使用时需查手册。

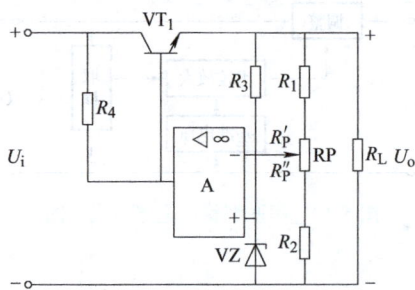

图 5-13　由集成运放组成的串联型稳压电路

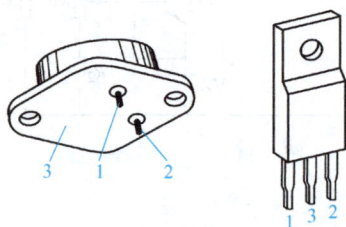

图 5-14　三端集成稳压器的外形

1. 三端固定式集成稳压器

三端固定式集成稳压器的输出电压固定不变，可以输出正电压、负电压两种。其中，CW78×× 系列输出正电压，CW79×× 系列输出负电压。它们型号中的后两位数字即表示输出电压值，电压等级分别为 5V、6V、9V、12V、15V、24V 等多种。其输出额定电流以 78（或 79）后面所加字母来区分。L 为 0.1A，M 为 0.5A，无字母为 1.5A。例如 CW78L05 型，表示输出电压为 5V，输出额定电流为 0.1A。

图 5-15a 所示为输出正电压的基本电路，正常工作时，输入、输出电压差应在 2～3V 范围内。电路中电容 C_1 用来旁路高频干扰信号，C_2 是用来改善负载瞬态响应。图 5-15b 所示为由两组稳压器组成的正、负电压输出电路。

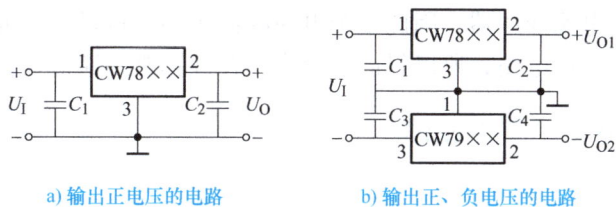

a) 输出正电压的电路   b) 输出正、负电压的电路

图 5-15 三端固定式集成稳压器构成的基本电路

2. 三端可调式集成稳压器

三端可调式集成稳压器的外形与三端固定式集成稳压器相似，也有正、负电源两种输出类型，型号分别为 CW317 和 CW337，其三个引出端分别为输入端 2、输出端 3 和调整端 1。图 5-16 所示为三端可调式正电压输出的稳压电路，输入电压范围为 2 ～ 40V，输出电压可在 1.25 ～ 37V 之间调整。图中 U_I 为整流滤波后的电压，R_1、RP 用来调整输出电压。若忽略调整端的电流（调整端电流很小，约为 50μA），则 R_1 与 RP 近似为串联，输出电压可表示为

$$U_O \approx \left(1 + \frac{R_P}{R_1}\right) \times 1.25\text{V} \tag{5-14}$$

式中，1.25V 是集成稳压器调整端与输出端之间的电压，为恒定值。这样，只要调节 RP 值，就可以改变输出电压的大小。

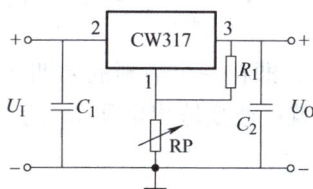

图 5-16 三端可调式正电压输出的稳压电路

5.3 开关式直流稳压电源

串联型稳压电源的调整管工作在线性区，管压降大，流过的电流也大（大于负载电流），所以管耗大、效率低（40% ～ 60%），且需要较大的散热装置，为了克服上述缺点和提高输出电压范围，可采用开关式直流稳压电源。

5.3.1 开关式直流稳压电源的特点

1）管耗小，效率高，这就是开关式直流稳压电源的突出优点。调整管工作在开关状态，即调整管工作在饱和和截止状态两种状态。饱和时 U_{ce} 趋近于 0V，截止时 I_c 趋近于 0A，故管耗很小，电源效率可提高到 80% ～ 90%。

2）稳压范围宽。对于交流额定电压为 220V 的稳压电源，当输入电压在 130 ～ 260V 内变化时，都有良好的输出，输出电压变化一般可小于 2%。

3）滤波电容容量小。开关式稳压电源中，开关管的开关频率一般为 20Hz 左右，滤波电容的容量可相对减小。

此外还可以省去电源变压器，因此整个电源的体积小、重量轻、成本低、可靠性和稳定性高，易加各种保护性电路，所以目前广泛应用在计算机、通信及音像设备中。

5.3.2　开关稳压电路的工作原理

1. 工作原理

开关稳压电路就是把串联型稳压电路的调整管由线性工作状态改为开关工作状态，其工作原理图如图 5-17a 所示。

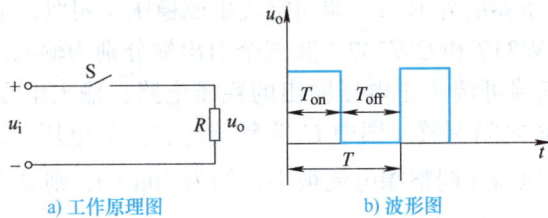

a) 工作原理图　　　　　b) 波形图

图 5-17　开关稳压电路工作原理及波形图

图中，S 是一个周期性导通和截止的开关，则在输出端可得到一个矩形脉冲的电压，波形如图 5-17b 所示，设闭合时间为 T_{on}，断开时间为 T_{off}，则工作周期为 $T=T_{on}+T_{off}$。负载上得到的平均电压为

$$U_o= \frac{U_1 \times T_{on} + 0 \times T_{off}}{T_{on} + T_{off}} = \frac{T_{on}}{T} \times U_i \tag{5-15}$$

式中，T_{on}/T 为占空比，用 δ 表示，即在一个通断的周期 T 内，脉冲持续导通时间 T_{on} 与周期 T 的比值。改变占空比的大小就可改变输出电压 U_o 的大小。

2. 串联型与并联型开关稳压电路

串联型开关稳压电路如图 5-18a 所示，由开关管 VT、储能器（包括电感 L、电容 C 和续流二极管 VD）与控制器组成。控制器可使 VT 处于开 / 关状态并可稳定电压。当 VT 饱和导通时，由于电感 L 的存在，流过 VT 的电流线性增加，线性增加的电流给负载 R_L 供电的同时也能让 L 储能（L 上产生左"正"右"负"的感应电动势），VD 截止。

当 VT 截止时，由于电感 L 中的电流不能突变（L 上产生左"负"右"正"的感应电动势），VD 导通，于是储存在电感上的能量逐渐释放并提供给负载，使负载继续有电流通过，因此 VD 为续流二极管。电容 C 起滤波作用，当电感 L 中电流逐渐增大或减小时，电容储存过剩电荷或补充负载中缺少的电荷从而减少输出电压 U_o 的波纹。

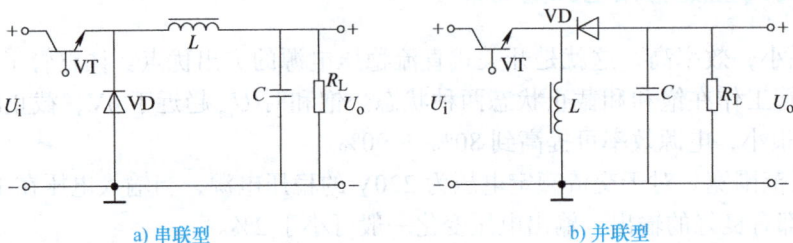

a) 串联型　　　　　　　　　　　b) 并联型

图 5-18　开关稳压电路

通过上面分析可以归纳出开关直流稳压电路的工作原理。开关管 VT 导通期间，储能电感储能并由储能电容向负载供电；开关管 VT 截止期间，储能电感释放能量对储能电容充电，同时向负载供电。这两个元件还同时具有滤波作用，使输出波形平滑。

如果将储能电感 L 和续流二极管 VD 的位置互换，使储能电感 L 与输入电压 U_i 和负载 R_L 并联，就构成了并联型开关稳压电路如图 5-18b 所示。它的工作原理与串联型开关稳压电路基本一致。

控制器是开关电源的一个重要组成部分，在图 5-19 所示串联型开关稳压电路中，R_1 和 R_2 组成取样电路，A 为误差放大器，B 为电压比较器，它们与基准电压源、三角波发生器组成开关调整管的控制电路。误差放大器对来自输出端的取样电压 u_F 与基准电压 U_R 的差值进行放大，其输出电压 u_A 送到电压比较器 B 的同相输入端。三角波发生器产生一频率固定的三角波电压 u_T，它决定了电源的开关频率。u_T 送至电压比较器 B 的反相输入端与 u_A 进行比较，当 $u_A > u_T$ 时，电压比较器 B 输出电压 u_B 为高电平；当 $u_A < u_T$ 时，电压比较器 B 输出电压 u_B 为低电平，u_B 控制开关调整管 VT 的导通和截止。u_A、u_T、u_B、u_E 的波形如图 5-20 所示。

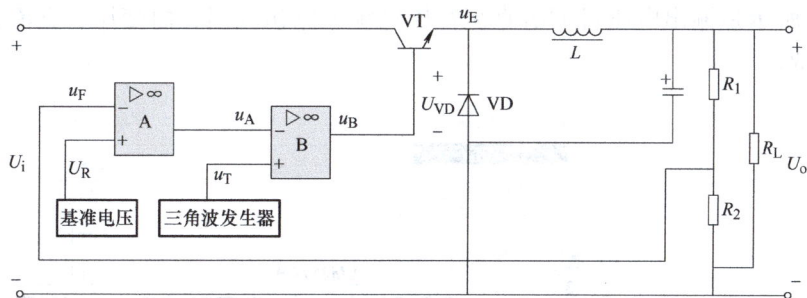

图 5-19　典型的串联型开关稳压电路

电压比较器 B 输出电压 u_B 为高电平时，调整管 VT 饱和导通，若忽略饱和管压降，则 VT 导通期间 $u_E \approx U_i$。

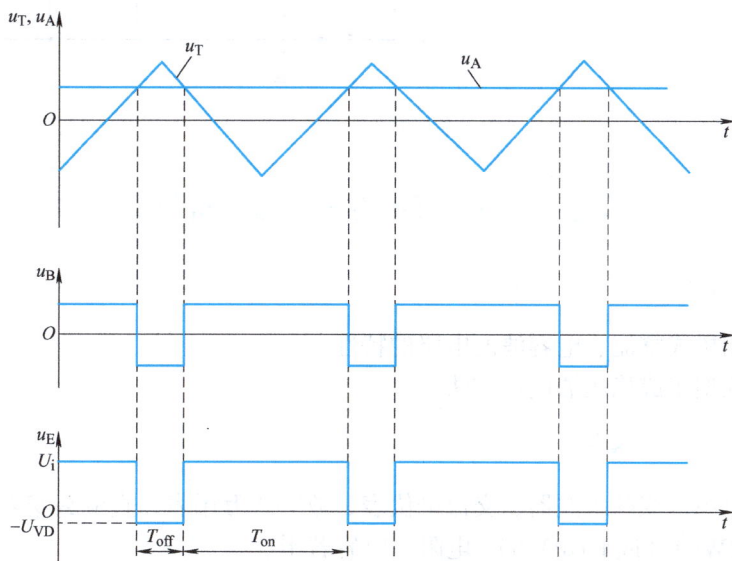

图 5-20　开关稳压电源的电压波形

3. 调宽与调频式开关稳压电路

开关稳压电路是通过自动调节控制器的脉冲宽度，改变占空比，即改变单位时间内开关管（调整管）的导通时间来实现稳压的。调整脉冲宽度的方法有两种，一种是调宽的方法，一种是调频的方法。

1）调宽式是在开关周期一定的情况下，改变断开时间 T_{off} 来改变占空比，以获得所需的输出电压。

2）调频式是在断开时间 T_{off} 一定的情况下，改变开关周期来改变占空比。

4. 自激式与他励式开关稳压电路

开关电源按起动方式不同，可分为自激式与他励式两种。自激式开关稳压电路是利用开关管、储能元件等构成一个自激振荡器，来完成电源的起动，使开关式直流稳压电源有直流电压输出。他励式开关稳压电路必须附加一个振荡器，利用振荡器的开关脉冲去触发开关管，完成电源起动。

电路仿真 5：直流稳压电源电路的设计

图 5-21 所示是输出电压可调的直流稳压电源电路仿真图，由变压、整流、滤波、稳压四部分组成。

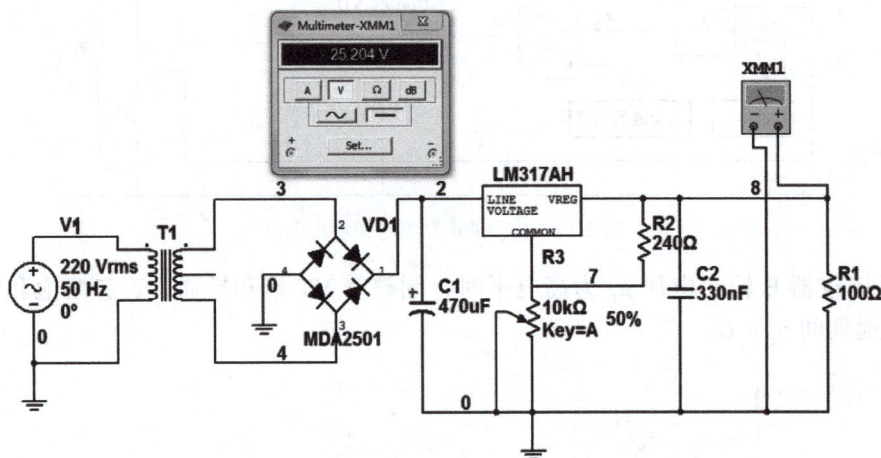

图 5-21　直流稳压电源电路仿真图

技能训练 5：直流稳压电源电路测试

一、实验目的

1. 研究单相桥式整流、电容滤波电路的特性。
2. 掌握串联型集成稳压器应用方法。

二、实验设备与器件

可调交流电源、双踪示波器、交流毫伏表、数字式万用表、直流毫安表、三端稳压器 W7812、桥堆 2W06（或 KBP306）、电阻、电容若干。

三、实验内容

1. 整流滤波电路测试

按图 5-22 所示连接实验电路。取可调工频电源电压为 16V，作为整流电路输入电压 u_2。

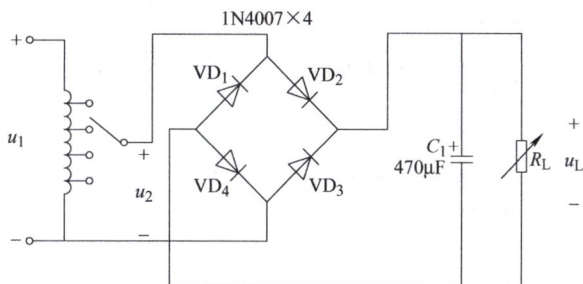

图 5-22　整流滤波电路

1）取 R_L=240Ω，不加滤波电容，测量直流输出电压 U_L 及纹波电压 $\tilde{U}_L$，并用示波器观察 u_L 波形，记入表 5-1。

2）取 R_L=240Ω，C=470μF，重复内容 1）的要求，记入表 5-1。

表 5-1　U_2=16V

电路形式		U_L/V	$\tilde{U}_L$/V	u_L 波形
R_L=240Ω				
R_L=240Ω C=470μF				

2. 串联型集成稳压电源性能测试

本实验所用集成稳压器为三端固定正稳压器 W7812，它的主要参数有：输出直流电压 U_o=12V，输出电流根据型号标识确定（L 为 0.1A，M 为 0.5A），电压调整率为 10mV/V，输出电阻 R_o=0.15Ω，输入电压 U_i 的范围为 15～17V。因为一般 U_i 要比 U_o 大 3～5V，才能保证集成稳压器工作在线性区。

图 5-23 是用三端式稳压器 W7812 构成的单电源电压输出串联型稳压电源的实验电路图。其中整流部分采用了由四个二极管组成的桥式整流器成品（又称桥堆），型号为 2W06（或 KBP306），内部接线和外部引脚引线如图 5-24 所示。滤波电容 C_1、C_2 一般选取几十微法至几百微法。当稳压器距离整流滤波电路比较远时，在输入端必须接入电容 C_3（数

值为 0.33μF ），以抵消线路的电感效应，防止产生自激振荡。输出端电容 C_4（0.1μF ）用以滤除输出端的高频信号，改善电路的暂态响应。

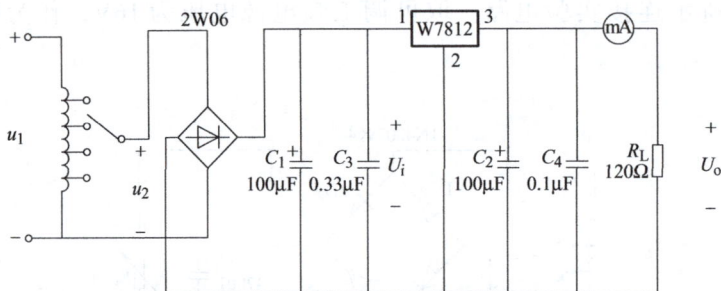

图 5-23　由 W7812 构成的串联型稳压电源

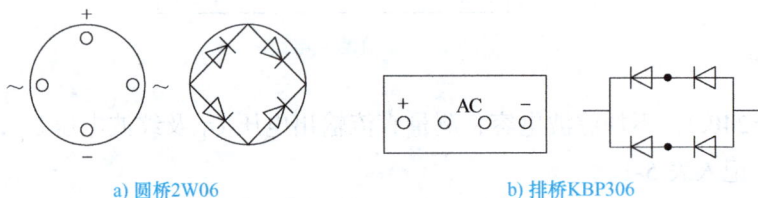

a) 圆桥2W06　　　　　　　b) 排桥KBP306

图 5-24　桥堆引脚图

1）测试输出直流电压值。

2）测量输出纹波电压。

四、实验总结

1. 整理实验数据，并进行分析。

2. 讨论实验中发生的问题及解决办法。

本章小结

1. 直流稳压电源的作用是将交流电转换为平滑稳定的直流电，一般由电源变压器、整流电路、滤波电路和稳压电路四部分组成。

2. 串联型稳压电源主要由调整环节、取样环节、基准环节和比较放大环节组成。

3. 集成稳压器代表了直流稳压电源发展的方向。广泛使用的是三端集成稳压器，它分为固定输出式和可调式。

4. 开关型稳压电路可分为串联型和并联型两种。开关型稳压电路的调整管工作在开关状态，电路效率高，广泛应用于计算机、电视机的直流电源中。

习　题

一、判断题

1. 整流电路可将正弦电压变为脉动的直流电压。　　　　　　　　　　　　　　（　　）

2. 在电容滤波电路中，电容应串联在负载电路中。　　　　　　　　　　　（　　）

3. 在单相桥式整流电容滤波电路中，若有一个整流管断开，输出电压平均值将变为原来的一半。　　　　　　　　　　　　　　　　　　　　　　　　　　　　　　（　　）

4. 线性直流稳压电源中的调整管工作在饱和状态。　　　　　　　　　　　（　　）

5. 因为串联型稳压电路中引入了深度负反馈，因此输出电压更加稳定。　（　　）

6. 在稳压二极管稳压电路中，稳压二极管的最大稳定电流必须大于最大负载电流。

　　　　　　　　　　　　　　　　　　　　　　　　　　　　　　　　　　　（　　）

二、填空题

1. 稳压电源的主要技术指标是_____、_____。

2. 无论是半波或是全波整流电容滤波电路中的二极管，它们在电路中的导通角度为_____。

3. 整流电路，输出的是_____，除含有_____，还含有不同频率的_____，为了改善其_____，在整流电路中需加_____。

4. 开关直流稳压电源是控制调整管的_____达到稳定输出电压的目的。

三、选择题

1. 桥式整流电路的变压器二次电压为 20V，每个整流二极管所承受的最大反向电压为（　　）。

A. 20V　　　　　　　B. 28.28V　　　　　　C. 40V　　　　　　D. 56.56V

2. 测量桥式整流电路的输出直流电压为 9V，此时发现有一个二极管已经断开，其变压器二次电压为（　　）。

A. 10V　　　　　　　B. 15V　　　　　　　C. 20V　　　　　　D. 25V

3. 一个半波整流电路的变压器二次电压为 10V，负载电阻为 500Ω，流过二极管的平均电流为（　　）。

A. 90mA　　　　　　B. 180mA　　　　　　C. 9mA　　　　　　D. 18mA

4. 串联型稳压电路中的调整管工作在（　　）状态。

A. 放大　　　　　　　B. 截止　　　　　　　C. 饱和

四、分析计算题

5-1　要求直流输出电压为 24V，电流为 400mA，采用单相桥式整流电容滤波电路，已知电源频率为 50Hz，试选用二极管的型号及合适的滤波电容。

5-2　整流滤波电路如图 5-9a 所示，已知 U_2=20V，R_L=47Ω，C=1000μF，现用直流电压表测量输出电压，问下列几种情况时，其 U_o 各为多大?

（1）正常工作时，U_o=_____。

（2）R_L 断开时，U_o=_____。

（3）C 断开时，U_o=_____。

（4）有一个二极管因虚焊而断开时，U_o=_____。

5-3　元器件排列如图 5-25 所示。试合理连线，使之构成直流稳压电源电路，画出电源的原理框图，试简单说明它的工作原理。

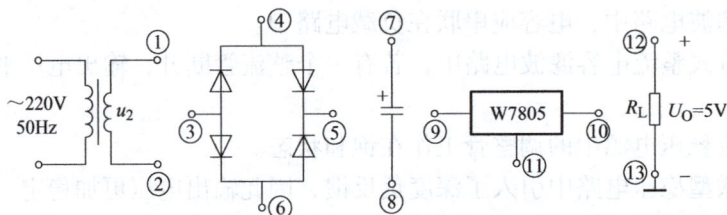

图 5-25　题 5-3 图

5-4　利用三端集成稳压器 W7805 可以接成图 5-26 所示扩展输出电压的可调电路，试求该电路输出电压的调节范围。

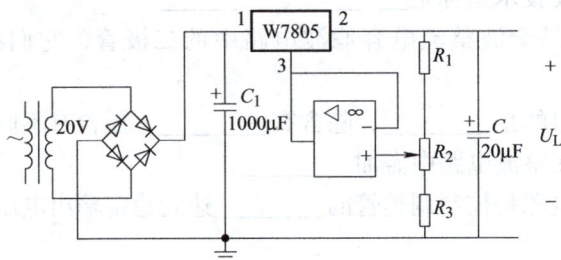

图 5-26　题 5-4 图

5-5　由集成稳压器 W7812 组成的稳压电源如图 5-27 所示，试求输出端 A、B 对地的电压 U_a 和 U_b，并标出电容 C_1、C_2 的极性。

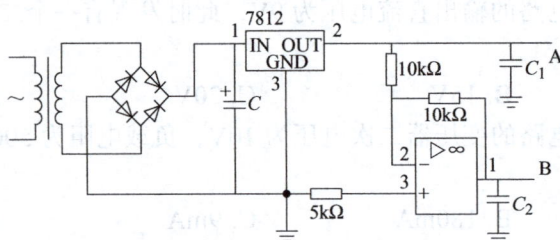

图 5-27　题 5-5 图

5-6　图 5-28 所示为三端集成稳压器的应用电路，图 5-28a 为提高输入电压的用法，图 5-28b 为提高输出电压的用法，使说明其工作原理。

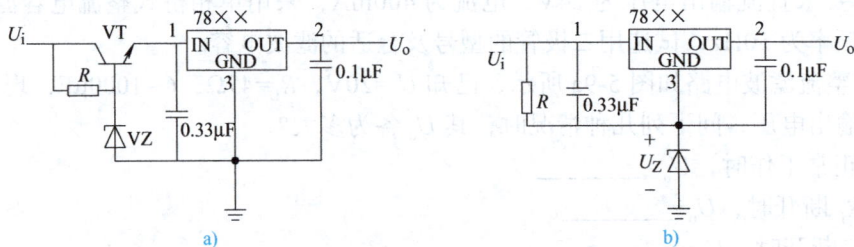

a)　　　　　　　　　　　　　　　b)

图 5-28　题 5-6 图

第二部分

数字电路分析与应用

第6章

数字电路基础

> **学习目标**

1. 能够区分数字电子技术与模拟电子技术的特点。

2. 熟悉二进制、八进制、十进制和十六进制计数制，能够对各种计数制进行相互转换，完成二进制算术运算。了解各种编码制，掌握几种常用 BCD 码的应用意义。

3. 熟悉"与""或""非"三种基本逻辑运算关系，灵活应用与、或、非基本逻辑运算构建任意复杂的逻辑运算，能够熟练应用"同或"和"异或"两种逻辑运算。

4. 掌握逻辑代数基本定理公式、逻辑代数及卡诺图化简。

> **素养目标**

掌握数字逻辑的基础知识，同时理解逻辑严谨性在科学探索和社会生活中的重要性。培养诚信和责任感，强调在技术实践中坚持真理和道德规范。

> **实例引导**

1937 年 11 月，美国 AT&T 贝尔实验研究人员斯蒂比兹（G.Stibitz）做成了第一台电磁式数字计算机 "Model-K"，如图 6-1 所示。之后，他又研究了可以实现复数运算的 M-1 电磁式数字计算机，他使用了 440 个二进制继电器和 10 个刀开关，由三个电传打字机输入数据，能在 30s 内算出复数的商，还可以用电传打字机连接电话，实现远程连接进行操作，开创了计算机远程通信的先河。

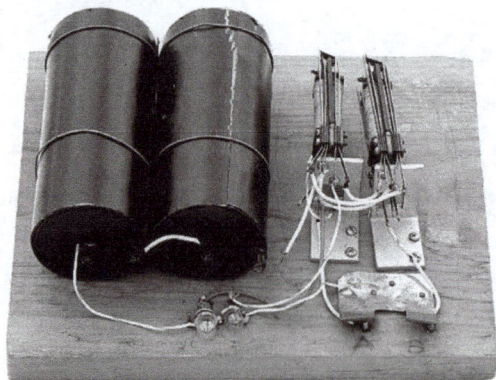

图 6-1　电磁式数字计算机

本章主要介绍数字信号、脉冲波形的主要参数、数字电路的分类和优点，并从十进制计数体制开始，引入二进制数和十六进制数的运算规则及它们相互间的转换方法；另外，还介绍了逻辑代数常用公式及定理、逻辑代数及卡诺图化简；最后介绍了常用的 BCD 码及其应用场景。

6.1　数字电路概述

6.1.1　数字信号和数字电路

电子电路分为模拟电路和数字电路。前几章所讨论的是模拟电路，其中的电信号在时间上和数值上都是连续变化的。从本章开始讨论数字电路，其中的电信号在时间上和数值上是断续变化的。

数字电路具有结构简单、使用方便、可靠性高、成本低且便于集成等优点。数字电路在现代电子技术中有着十分重要的地位，在计算机、数字通信、自动控制、广播电视等各个领域中都得到了极为广泛的应用。

数字电路的主要内容是脉冲信号的产生、整形以及计数、译码和显示等。

图 6-2 是数字频率计的原理框图及波形图，它包括信号的整形、脉冲的产生、门电路以及计数、译码、显示等。数字频率计的内容涵盖了数字电路绝大多数的单元电路。因此，数字频率计是一种典型的数字电路。

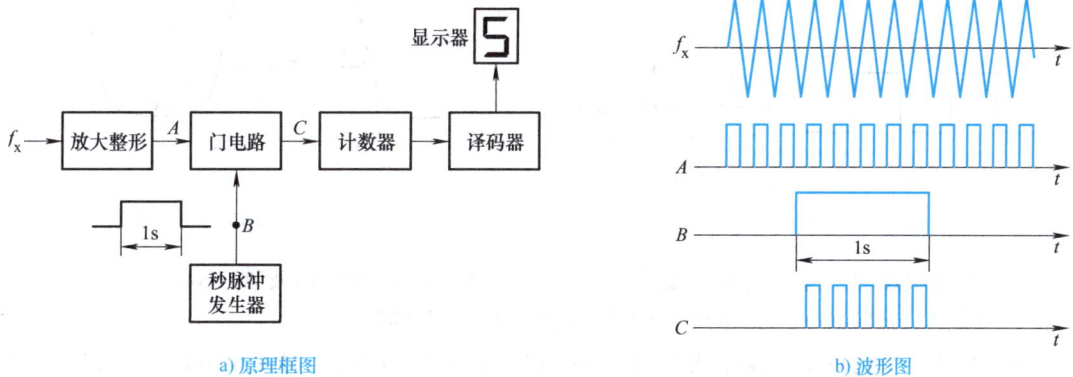

| a) 原理框图 | b) 波形图 |

图 6-2　数字频率计的原理框图及波形图

6.1.2　数字电路的主要特点

数字电路的主要特点包括：

1）数字电路研究的是输出信号和输入信号状态间的逻辑关系，以反映电路的逻辑功能。

2）数字电路工作可靠性高、抗干扰能力强。这是因为数字信号只用 "0" 和 "1" 两种状态来表示，所以它的抗干扰能力很强。

3）高度集成化。电路结构简单，允许电路元件参数有较大的离散性，便于集成化。

4）数字集成电路产品系列多、通用性强、成本低。

5）数字电路不仅能完成算术运算，而且能进行逻辑运算。

6.1.3　数字电路的分类

1）按电路结构分为分立器件电路和集成电路。

2）按电路所用的器件分为双极型电路和单极型电路。

3）按集成度分为小规模、中规模、大规模、超大规模和超超大规模集成电路。

4）按电路逻辑功能分为组合逻辑电路和时序逻辑电路。

6.1.4　矩形脉冲的主要参数

1. 常见的脉冲波形

数字信号又称为脉冲信号。"脉冲"是脉动、短促的意思，它是持续时间极短的跃变信号，通常用毫秒（ms）、微秒（μs），甚至纳秒（ns）来计算。

脉冲波形的种类很多，如矩形波、尖峰波、锯齿波、阶梯波等。图 6-3 为两种常见的脉冲波形。

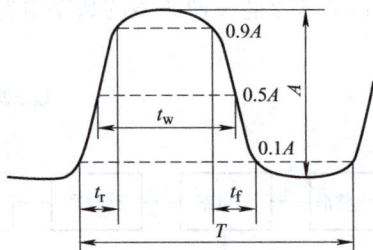

2. 脉冲的主要参数

在数字电路中，加工和处理的是脉冲波形，而应用最多的是矩形脉冲。下面以图 6-4 所示实际矩形脉冲来描述脉冲波形的主要参数。

a) 矩形波　　　b) 尖峰波

图 6-3　常见的脉冲波形

图 6-4　矩形脉冲的主要参数

1）脉冲幅度 A：脉冲的最大变化幅度，也就是脉冲的波底到波顶之间的值。

2）脉冲上升时间 t_r：脉冲从 $0.1A$ 上升到 $0.9A$ 所需的时间。

3）脉冲下降时间 t_f：脉冲从 $0.9A$ 下降到 $0.1A$ 所需的时间。脉冲上升时间 t_r 和脉冲下降时间 t_f 越短，越接近于理想的矩形脉冲。

4）脉冲宽度 t_w：脉冲上升沿 $0.5A$ 到下降沿 $0.5A$ 所需的时间。

5）脉冲周期 T：在周期性脉冲中，相邻两个脉冲波形重复出现所需的时间。

6）脉冲频率 f：脉冲每秒钟变化的次数，$f = \dfrac{1}{T}$。

7）占空比 q：脉冲宽度 t_w 与脉冲周期 T 的比值，$q = \dfrac{t_w}{T}$。它是描述脉冲波形疏密的参数。

脉冲信号有正脉冲和负脉冲之分。若脉冲信号跃变后的值比初始值高，称为正脉冲，如图 6-5a 所示；反之，为负脉冲，如图 6-5b 所示。

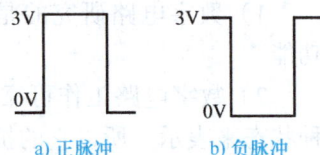

a) 正脉冲　　　b) 负脉冲

图 6-5　正负脉冲示意图

6.2　数制和码制

6.2.1　数制

数制就是计数的方法。在日常生活中，人们习惯用十进制数，而在数字系统中多采用二进制数、八进制数和十六进制数等。

（1）十进制数　十进制数用 $0 \sim 9$ 十个数码表示，基数为 10，计数规律是"逢十进一"。十进制整数从个位起各位的权分别为 10^0、10^1、10^2、$\cdots$。例如，十进制数 555 的按权展开式为

$$(555)_{10} = 5 \times 10^2 + 5 \times 10^1 + 5 \times 10^0$$

（2）二进制数　二进制数用 0 和 1 两个数码表示，基数为 2，计数规律是"逢二进一"。二进制数从右至左的权分别为 2^0、2^1、2^2、$\cdots$。例如，二进制数 1011 的按权展开式为

$$(1011)_2 = 1 \times 2^3 + 0 \times 2^2 + 1 \times 2^1 + 1 \times 2^0$$

（3）八进制数　八进制数用 $0 \sim 7$ 八个数码表示，基数为 8，计数规律是"逢八进一"。八进制数从右至左的权分别为 8^0、8^1、8^2、$\cdots$。例如，八进制数 317 的按权展开式为

$$(317)_8 = 3 \times 8^2 + 1 \times 8^1 + 7 \times 8^0$$

（4）十六进制数　十六进制数用 $0 \sim 9$、A、B、C、D、E、F 十六个数码表示，基数为 16，计数规律是"逢十六进一"，其中 A、B、C、D、E、F 分别表示十进制数的 10、11、12、13、14、15。十六进制数从右至左的权分别为 16^0、16^1、16^2、$\cdots$。例如，十六进制数 4F5 的按权展开式为

$$(4F5)_{16} = 4 \times 16^2 + 15 \times 16^1 + 5 \times 16^0$$

6.2.2　不同数制之间的相互转换

1. 非十进制数转换为十进制数

要将非十进制数转化为十进制数，只要将非十进制数按权展开，再按十进制运算即可得到十进制数。

【例 6-1】将二进制数 $(1011.101)_2$ 转换为十进制数。

解： $(1011.101)_2 = 1 \times 2^3 + 0 \times 2^2 + 1 \times 2^1 + 1 \times 2^0 + 1 \times 2^{-1} + 0 \times 2^{-2} + 1 \times 2^{-3}$
$$= 8 + 0 + 2 + 1 + 0.5 + 0 + 0.125$$
$$= (11.625)_{10}$$

【例 6-2】将八进制数 $(136.52)_8$ 转换为十进制数。

解： $(136.52)_8 = 1 \times 8^2 + 3 \times 8^1 + 6 \times 8^0 + 5 \times 8^{-1} + 2 \times 8^{-2}$
$$= 64 + 24 + 6 + 0.625 + 0.03125$$
$$= (94.65625)_{10}$$

【例 6-3】将十六进制数 $(3DF.B8)_{16}$ 转换为十进制数。

解： $(3DF.B8)_{16} = 3 \times 16^2 + 13 \times 16^1 + 15 \times 16^0 + 11 \times 16^{-1} + 8 \times 16^{-2}$

$$=768+208+15+0.6875+0.03125$$
$$=(991.71875)_{10}$$

2. 十进制数转换为非十进制数

将十进制数转换为非十进制数，需将十进制数的整数部分和小数部分分别进行转换，然后将它们合并起来。

1）十进制整数转换成 R 进制数。十进制整数转换为 R 进制数采用除以基数 R，倒取余数的方法：

① 将给定的十进制整数除以基数 R，余数作为 R 进制的最低位（LSB）。

② 将前一步的商再除以 R，余数作为次低位。

③ 重复步骤②，记下余数，直至商为零，最后的余数即为 R 进制的最高位（MSB）。

2）十进制纯小数转换为 R 进制数。十进制纯小数转换为 R 进制数，采用小数乘以 R，取整数的方法：

① 将给定的十进制纯小数乘以 R，乘积的整数部分作为 R 进制小数的最高位。

② 将步骤①乘积的小数继续乘以 R，乘积的整数作为 R 进制小数次高位。

③ 重复步骤②，直到乘积的小数为 0 或达到一定的精度为止。

【例 6-4】把十进制数 $(25)_{10}$ 转换为二进制数。

解：因为二进制基数为 2，所以逐次除以 2，倒取余数：

```
2 | 25  ········余1
2 | 12  ········余0
2 | 6   ········余0
2 | 3   ········余1
2 | 1   ········余1
    0
```

即　$(25)_{10}=(11001)_2$

【例 6-5】将十进制数 $(157)_{10}$ 分别转换为八进制数、十六进制数。

解：将十进制数 $(157)_{10}$ 转换为八进制数，由于基数为 8，逐次除以 8，倒取余数：

```
8 | 157  ········余5
8 | 19   ········余3
8 | 2    ········余2
    0
```

即　$(157)_{10}=(235)_8$

将十进制数 $(157)_{10}$ 转换为十六进制数，由于基数为 16，逐次除以 16，倒取余数：

```
16 | 157  ········余13
16 | 9    ········余9
     0
```

即　$(157)_{10}=(9D)_{16}$

【例 6-6】将十进制数 $(25.875)_{10}$ 转换为二进制数。

解：把一个带有整数和小数的十进制数转换为 R 进制数时，只要将整数部分和小数部分分别进行转换，然后将结果合并起来即可。

因为整数部分为例 6-4 的结果：$(25)_{10}=(11001)_2$，所以只要将小数部分进行转换：

$$0.875 \times 2 = 1.750 \cdots\cdots 1 \quad \text{MSB}$$
$$0.750 \times 2 = 1.500 \cdots\cdots 1$$
$$0.500 \times 2 = 1.000 \cdots\cdots 1 \quad \text{LSB}$$

即　$(0.875)_{10} = (0.111)_2$

由此可得，十进制数 $(25.875)_{10}$ 对应的二进制数为

$$(25.875)_{10} = (11001.111)_2$$

3. 二进制数与八进制数之间的转换

（1）二进制数转换为八进制数　八进制数的基数 $8 = 2^3$，故每位八进制数用 3 位二进制数构成。二进制数转换为八进制数的方法是：整数部分从低位开始，每 3 位二进制数为一组，最后不足 3 位的，则在高位加 0 补足 3 位为止；小数点后的二进制数则从高位开始，每 3 位二进制数为一组，最后不足 3 位的，则在低位加 0 补足 3 位，然后用对应的八进制数来代替，再按顺序排列写出对应的八进制数。

（2）八进制数转换为二进制数　将每位八进制数用 3 位二进制数来代替，再按原来的顺序排列起来，便得到了相应的二进制数。

【例 6-7】把二进制数 $(110100.001000101)_2$ 转换为八进制。

解：二进制数　<u>110</u>　<u>100</u>　.　<u>001</u>　<u>000</u>　<u>101</u>

　　　八进制数　　6　　4　.　1　　0　　5

$(110100.001000101)_2 = (64.105)_8$

4. 二进制数与十六进制数之间的转换

（1）二进制数转换为十六进制数　十六进制数的基数 $16 = 2^4$，故每位十六进制数用 4 位二进制数构成。二进制数转换为十六进制数的方法是：整数部分从低位开始，每 4 位二进制数为一组，最后不足 4 位的，则在高位加 0 补足 4 位为止；小数部分从高位开始，每 4 位二进制数为一组，最后不足 4 位的，在低位加 0 补足 4 位，然后用对应的十六进制数来代替，再按顺序写出对应的十六进制数。

（2）十六进制数转换为二进制数　将每位十六进制数用 4 位二进制数来代替，再按原来的顺序排列起来，便得到了相应的二进制数。

【例 6-8】把二进制数 $(110100.001000101)_2$ 转换为十六进制。

解：二进制数　<u>11</u>　<u>0100</u>　.　<u>0010</u>　<u>0010</u>　<u>1000</u>

　　　十六进制数　3　　4　.　2　　2　　8

$(110100.001000101)_2 = (34.228)_{16}$

几种常用数制之间的关系对照表见表 6-1。

表 6-1　常用数制之间的关系对照表

计数体制基数 R	数码表示方法															
$R=16$	0	1	2	3	4	5	6	7	8	9	A	B	C	D	E	F	10
$R=2$	0	1	10	11	100	101	110	111	1000	1001	1010	1011	1100	1101	1110	1111	10000
$R=10$	0	1	2	3	4	5	6	7	8	9	10	11	12	13	14	15	16
$R=8$	0	1	2	3	4	5	6	7	10	11	12	13	14	15	16	17	20

6.2.3　码制

将特定含义的输入信号（数字、文字、符号等）转换为二进制代码的过程称为编码。

数字电路中，十进制数除了转换为二进制数参加运算外，还可以直接用十进制数进行运算。其方法是用 4 位二进制代码来表示 1 位十进制数，这种编码称为二—十进制编码，也称 BCD 码。由于 4 位二进制数有 16 种不同的组合状态，用于表示十进制中的 10 个数码时，只需选用其中 10 种组合。因此，BCD 码有多种形式，表 6-2 中列出了常用的几种编码。

表 6-2　常用 BCD 码的几种编码方式

BCD 码		8421 码	5421 码	2421 码	余 3 码 （无权码）	格雷码 （无权码）
十进制数码	0	0000	0000	0000	0011	0000
	1	0001	0001	0001	0100	0001
	2	0010	0010	0010	0101	0011
	3	0011	0011	0011	0110	0010
	4	0100	0100	0100	0111	0110
	5	0101	1000	1011	1000	0111
	6	0110	1001	1100	1001	0101
	7	0111	1010	1101	1010	0100
	8	1000	1011	1110	1011	1100
	9	1001	1100	1111	1100	1000

将十进制数转换为 BCD 码就是分别将十进制数中的每 1 位按顺序写为 4 位二进制码。例如，一个 3 位十进制数 473 用 8421BCD 码可写成

$$(473)_{10}=(0100\ 0111\ 0011)_{8421BCD}$$

BCD 码分为有权码和无权码。表 6-2 中的 8421 码、5421 码、2421 码为有权码；余 3 码、格雷码为无权码。

有权码是将自然 4 位二进制数的 16 个组合舍去 6 个而得到的，只不过舍去的具体组合不同而已，被保留的 10 个组合中的每 1 位都是有位权的。它们的按权展开式的计算结果分别对应 10 个阿拉伯数字，所以也称为二—十进制码。

余 3 码是由 8421 码加 3(0011) 得到的，例如 $(6)_{10}=(1001)_{余3码}$。

格雷码的特点是：相邻两个代码之间仅有 1 位不同，因此常用于模拟量和数字量的转换，在模拟量发生微小变化而可能引起数字量发生变化时，格雷码只改变 1 位，与同时改变两位或多位的其他码制相比更为可靠，即可减少转换和传输出错的可能性。

还有其他编码方法，如奇偶校验码、汉明码等。国际上还规定了一些专门用于字母、专用符号、数字的处理和常用程序指令的二进制代码，如 ISO（国际标准化组织）码、ASCII（美国信息交换标准代码）等，读者可根据需要查阅有关书籍和手册，这里不再赘述。

6.3　逻辑代数

逻辑代数是 19 世纪中叶英国数学家布尔（G.Boole）创立的一门研究客观事物逻辑关系的代数，故逻辑代数又称为布尔代数。随着数字技术的发展，逻辑代数已成为分析和设计数字逻辑电路不可缺少的数学工具。

6.3.1　逻辑代数的基本概念

为了掌握逻辑代数的规律和运算法则，必须掌握逻辑变量、逻辑函数等一些基本概念。

1. 逻辑常量

逻辑常量只有两个，即 0 和 1。

2. 逻辑变量

逻辑代数中也用字母或字母的组合来表示变量，这种变量称为逻辑变量。逻辑变量的取值只有两个，即 0 和 1。这里的 0 和 1 已不再表示数量的大小，只代表两种相互对立的逻辑状态。

3. 逻辑函数

我们把输入逻辑变量称为事件的原因，把输出逻辑变量称为事件的结果。这样，把数字电路的输入逻辑变量和输出逻辑变量之间的因果关系，称为逻辑函数关系，简称为逻辑函数。逻辑函数可以用表达式、表格和图形等形式表示。逻辑函数的运算和化简是数字电路的基础，也是数字电路分析和设计的关键。

4. 逻辑代数

逻辑代数是研究逻辑函数运算和化简的一种数字系统。

表示一个逻辑函数有多种方法，常用的有真值表、逻辑函数式、逻辑图、波形图、卡诺图等，它们各有特点，又相互联系，还可以相互转换，即已知一种可以转换出其他几种。本书只介绍前面的四种表示方法。

6.3.2　三种基本逻辑函数

基本的逻辑关系有与逻辑、或逻辑和非逻辑三种，与之对应的逻辑运算为与运算（逻辑乘）、或运算（逻辑加）和非运算（逻辑非）。

1. 与逻辑

图 6-6a 中，只有当开关 A 与 B 同时闭合，灯才亮，即"只有某事情的所有条件都具备时，该事情才会发生"。这种逻辑关系称为与逻辑关系，逻辑符号如图 6-6b 所示。

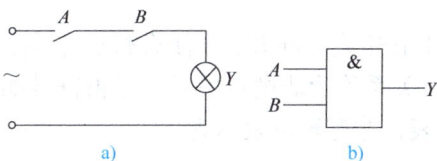

图 6-6　与逻辑电路与符号

表 6-3 为与逻辑真值表。由该表可看出逻辑变量（开关变量）A、B 的取值和函数 Y 值之间的关系满足逻辑乘的运算规律，因此，可表示为

$$Y = A \cdot B \tag{6-1}$$

表 6-3　与逻辑真值表

A	B	Y
0	0	0
0	1	0
1	0	0
1	1	1

2. 或逻辑

图 6-7a 中，只要 A 或 B 中有一开关闭合，灯就亮，即"只要某事情至少有一个条件具备时，该事情就会发生"。这种逻辑关系称为或逻辑关系，逻辑符号如图 6-7b 所示。

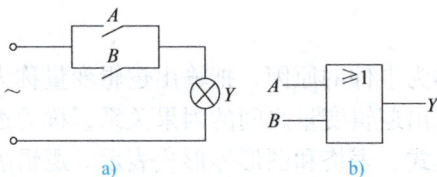

图 6-7　或逻辑电路与符号

表 6-4 为或逻辑真值表，分析该真值表中逻辑变量 A、B 的取值和函数 Y 值之间的关系可知，它们满足逻辑加的运算规律，可表示为

$$Y = A + B \tag{6-2}$$

表 6-4　或逻辑真值表

A	B	Y
0	0	0
0	1	1
1	0	1
1	1	1

3. 非逻辑

图 6-8a 中，灯亮的条件是开关 A 断开，A 闭合灯就不亮，即"某事情的发生取决于某个条件的否定"。这种逻辑关系称为非逻辑关系，逻辑符号如图 6-8b 所示。

表 6-5 称为非逻辑真值表，非逻辑可表示为

$$Y = \overline{A} \tag{6-3}$$

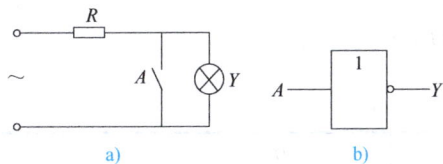

图 6-8　非逻辑电路与符号

表 6-5　非逻辑真值表

A	Y
0	1
1	0

6.3.3　五种常用的复合逻辑函数

1. 与非逻辑

与非逻辑是与逻辑运算和非逻辑运算的复合，是将输入变量先进行与运算，然后再进行非运算，逻辑表达式为

$$Y = \overline{A \cdot B} \tag{6-4}$$

与非逻辑真值表见表 6-6。与非逻辑运算口诀为"全 1 出 0，有 0 出 1"，其逻辑符号如图 6-9 所示。

表 6-6　与非逻辑真值表

A	B	Y
0	0	1
0	1	1
1	0	1
1	1	0

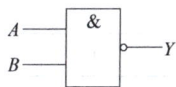

图 6-9　与非逻辑符号

2. 或非逻辑

或非逻辑是或逻辑运算和非逻辑运算的复合，是将输入变量先进行或运算，然后再进行非运算，逻辑表达式为

$$Y = \overline{A + B} \tag{6-5}$$

或非逻辑真值表见表 6-7。或非逻辑运算口诀为"有 1 出 0，全 0 出 1"，其逻辑符号如图 6-10 所示。

表 6-7　或非逻辑真值表

A	B	Y
0	0	1
0	1	0
1	0	0
1	1	0

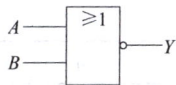

图 6-10　或非逻辑符号

3. 与或非逻辑

与或非逻辑是与运算、或运算、非运算的复合，是将输入变量先进行与运算，然后进行或运算，最后进行非运算，逻辑表达式为

$$Y = \overline{AB+CD} \tag{6-6}$$

与或非逻辑真值表见表 6-8。与或非逻辑符号如图 6-11 所示。

表 6-8　与或非逻辑真值表

A	B	C	D	Y
0	0	0	0	1
0	0	0	1	1
0	0	1	0	1
0	0	1	1	0
0	1	0	0	1
0	1	0	1	1
0	1	1	0	1
0	1	1	1	0
1	0	0	0	1
1	0	0	1	1
1	0	1	0	1
1	0	1	1	0
1	1	0	0	0
1	1	0	1	0
1	1	1	0	0
1	1	1	1	0

4. 异或逻辑

异或运算的逻辑关系为：当输入 A、B 相异时，输出 Y 为 1；当输入 A、B 相同时，输出 Y 为 0。其真值表见表 6-9，其逻辑符号如图 6-12 所示。它表示在 $A \neq B$ 的两种情况下（A=0、B=1 或 A=1、B=0），输出 Y=1，否则输出 Y=0。根据其真值表可写出 Y=1 的异或逻辑运算表达式为

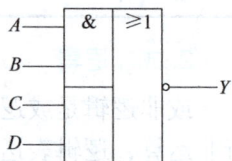

图 6-11　与或非逻辑符号

$$Y = A \oplus B = \overline{A}B + A\overline{B} \tag{6-7}$$

表 6-9　异或逻辑真值表

A	B	Y
0	0	0
0	1	1
1	0	1
1	1	0

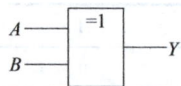

图 6-12　异或逻辑符号

5. 同或逻辑

同或运算的逻辑关系为：当输入 A、B 相同时，输出 Y 为 1；输入 A、B 相异时，输出 Y 为 0。其真值表见表 6-10，其逻辑符号如图 6-13 所示。同或运算逻辑表达式为

$$Y = A \odot B = \overline{A}\,\overline{B} + AB \qquad (6\text{-}8)$$

表 6-10　同或逻辑真值表

A	B	Y
0	0	1
0	1	0
1	0	0
1	1	1

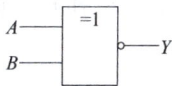

图 6-13　同或逻辑符号

同或逻辑与异或逻辑都是具有两变量输入的函数。比较异或运算和同或运算真值表可知，异或函数与同或函数在逻辑上是互为反函数，即

$$A \oplus B = \overline{A \odot B} \qquad (6\text{-}9)$$

$$\overline{A \oplus B} = A \odot B \qquad (6\text{-}10)$$

6.3.4　逻辑函数的表示方法

表示一个逻辑函数有真值表、逻辑函数式、逻辑图、波形图、卡诺图等多种办法，这些方法相辅相成，可相互转换。下面重点介绍几种常见表示方法。

1. 真值表

真值表是根据给定的逻辑问题，把输入逻辑变量的各种可能取值组合和对应的输出函数值按一定的规律排列成的表格。它表示逻辑函数与逻辑变量各种取值之间的一一对应关系。

当逻辑函数有 n 个变量时，共有 2^n 个不同的变量取值组合。在列真值表时，为避免遗漏，变量取值的组合般按 n 位自然二进制数递增的方式列出。逻辑函数的真值表具有唯一性。若两个逻辑函数具有相同的真值表，则两个逻辑函数必然相等。用真值表表示逻辑函数的优点是直观明了，可直接看出逻辑函数值和变量之间的关系。

2. 逻辑函数式

逻辑函数式是用与、或、非等基本逻辑运算来表示输入变量和输出函数因果关系的逻辑代数式，又称逻辑表达式。逻辑表达式的优点是列写简单，可以用公式、定理进行运算和变换，因此最为常用。

3. 逻辑图

将逻辑函数中各变量之间的与、或、非等逻辑关系用图形符号表示出来，就可以画出表示逻辑关系的逻辑图。作图的时候，输入至输出端的方向一般采用从左到右或从上至下的形式，并注意同级次的逻辑符号尽可能地对齐排列。逻辑图的形式比较接近工程实际。在制作数字电路时，首先要画出逻辑图，再把逻辑图变成实际电路。

4. 波形图

给出输入变量的波形后，根据输出变量与其对应关系，即可找出输出变量变化的规律。这种反映输入和输出波形变化规律的图形，称为波形图，又叫时序图。

画波形图时要注意：横坐标是时间轴，纵坐标是变量取值，由于时间轴相同，变量取值又只有简单的 0（低电平）和 1（高电平）两种可能，所以在图中一般都不标出坐标轴，但时间关系必须保证一一对应。

【例6-9】画出 $Y=AB+AC+BC$ 的波形图。

解：根据逻辑函数可快速得到函数真值表，依据真值表又可得到其波形图如图6-14所示。

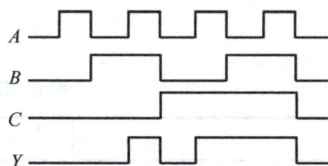

图6-14　例6-9波形图

6.3.5　逻辑函数的不同表示方法之间的转换

1. 已知逻辑函数式列真值表

如果已知逻辑函数式，则只要把输入变量取值的所有组合状态逐一代入函数式中算出逻辑函数值，然后将输入变量取值与逻辑函数值对应地列成表，就得到逻辑函数的真值表。

【例6-10】列出函数 $Y=\overline{A}B+AB$ 的真值表。

解：将两输入变量 A、B 的四种取值（00、01、10、11）分别代入表达式，求得与之对应的输出 Y 的值，其真值表见表6-11。

表6-11　例6-10真值表

A	B	Y
0	0	0
0	1	1
1	0	0
1	1	1

2. 已知逻辑函数式画逻辑图

根据逻辑函数式画逻辑图时，只要把逻辑函数式中各逻辑运算用相应门电路的逻辑符号代替，就可画出和逻辑函数相对应的逻辑图。

【例6-11】画出逻辑表达式 $Y=\overline{A+B}\cdot\overline{AB}$ 的逻辑图。

解：要用逻辑图实现该表达式，必须由一个或非门 $\overline{A+B}$、一个"与非"门 $\overline{AB}$ 和一个与门 $\overline{A+B}\cdot\overline{AB}$ 组成，其逻辑图如图6-15所示。

【例6-12】画出逻辑表达式 $Y=A\cdot\overline{B+C}+(B\oplus C)$ 的逻辑图。

解：要用逻辑图实现该表达式，必须由一个或非门 $\overline{B+C}$、一个与门 $A\cdot\overline{B+C}$、一个异或门 $B\oplus C$、和一个或门 $A\cdot\overline{B+C}+(B\oplus C)$ 组成，其逻辑图如图6-16所示。

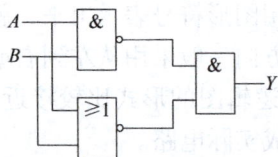

图6-15　例6-11的逻辑图

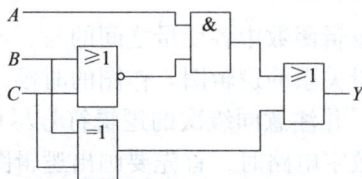

图6-16　例6-12的逻辑图

3. 已知逻辑图求逻辑函数式

根据逻辑图写逻辑函数式时，只要从逻辑图的输入端到输出端逐级写出每个逻辑符号对应的逻辑表达式，就可以得到对应的逻辑函数式。

【例 6-13】写出图 6-17 所示电路的逻辑表达式。

解：$Y_1 = \overline{A}B$

$\quad Y_2 = A\overline{B}$

$\quad Y = Y_1 + Y_2 = \overline{A}B + A\overline{B} = A \oplus B$

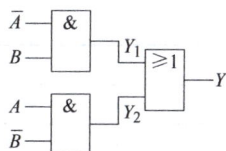

图 6-17　例 6-13 的逻辑图

【例 6-14】写出图 6-18 所示电路的逻辑表达式。

解：$Y_1 = A + B$

$\quad Y_2 = \overline{C + D}$

$\quad Y = \overline{Y_1 Y_2} = \overline{(A+B)\overline{C+D}}$

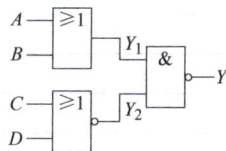

图 6-18　例 6-14 的逻辑图

4. 已知真值表求逻辑函数式

根据真值表求逻辑函数式的方法是：

1）找出真值表中使输出函数值为 1 的那些输入变量取值的组合。

2）将真值表中每一组使输出函数值为 1 的输入变量都写成一个与项。在这些与项中，将取值为 1 的变量写成原变量，取值为 0 的变量写成反变量。

3）将这些与项相或，就得到了逻辑函数式。

【例 6-15】由表 6-12 的真值表写出相应的逻辑表达式。

表 6-12　例 6-15 的真值表

A	B	C	Y
0	0	0	0
0	0	1	1
0	1	0	0
0	1	1	1
1	0	0	0
1	0	1	1
1	1	0	0
1	1	1	1

解：由表 6-12 可知，输入变量 A、B、C 共有四组使输出值 Y 为 1，分别是 001、011、101、111。根据变量为 1 写成原变量，为 0 写成反变量的原则，得四个与项为 $\overline{A}\,\overline{B}C$、$\overline{A}BC$、$A\overline{B}C$、$ABC$，将这四个与项相或就是 Y 的逻辑表达式，即 $Y = \overline{A}\,\overline{B}C + \overline{A}BC + A\overline{B}C + ABC$。

【例 6-16】图 6-19 是由三个开关 A、B、C 控制灯的电路。试列出真值表，写出其逻辑式，并画出逻辑电路图。

解：设用 1 表示开关闭合和灯亮，用 0 表示开关断开和灯灭。由电路可见：在开关 C 闭合的条件下，只要 A 或 B 中有闭合的，灯就亮。据此，可列出真值表见表 6-13。

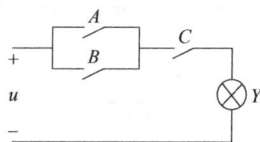

图 6-19　例 6-16 电路

表 6-13　真值表

A	B	C	Y
0	0	0	0
0	0	1	0
0	1	0	0
0	1	1	1
1	0	0	0
1	0	1	1
1	1	0	0
1	1	1	1

按照取值为 1 写成原变量，取值为 0 写成反变量的原则，三个与项相或，得到的逻辑函数式为

$$Y = \overline{A}BC + A\overline{B}C + ABC \tag{6-11}$$

有了逻辑函数式，按照先与后或的运算顺序，用逻辑符号表示，并正确连接起来就可以画出如图 6-20 所示的逻辑图。

需要指出，由真值表所得到的逻辑函数式和逻辑图在逻辑功能上是等价的，但不是唯一的，表示同一逻辑功能的逻辑函数式和逻辑图还有其他形式。

例如，通过图 6-19 所示电路的分析已知，A、B 应为"或"逻辑关系 $A+B$，C 和 $A+B$ 为"与"逻辑关系，可直接写出 Y 与 A、B、C 的逻辑函数式为

$$Y = (A+B)C \tag{6-12}$$

可以证明，上述两表达式的真值表是相同的，即两式是相等的。但 $Y=(A+B)C$ 要比 $Y= \overline{A}BC + A\overline{B}C + ABC$ 简单一些，画出的逻辑图当然也会简单，其逻辑图如图 6-21 所示。用简单一些的电路实现同样的逻辑功能比复杂一些的电路经济、可靠、便于操作和维护等。因此，有必要对逻辑函数式进行化简。

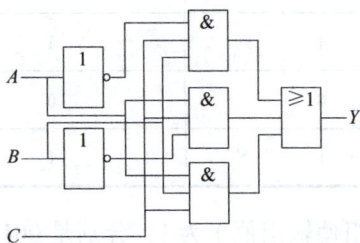

图 6-20　例 6-16 逻辑电路图

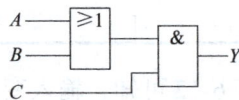

图 6-21　例 6-16 的简化逻辑图

6.4　逻辑代数的基本定律和规则

6.4.1　逻辑代数公式

逻辑代数的基本公式是一些不需证明的、直观的、可以看出的恒等式。它们是逻辑代数的基础，利用这些基本公式可以化简逻辑函数，还可以用来推证一些逻辑代数的基本定

律。表 6-14 列出了常用逻辑代数的基本公式及其对偶式。对偶是逻辑代数基本运算规则之一，将在逻辑代数的基本规则中介绍。

表 6-14　常用逻辑代数的基本公式

原等式	对偶式
$0 \cdot 0 = 0$	$1 + 1 = 1$
$0 \cdot 1 = 1 \cdot 0 = 0$	$1 + 0 = 0 + 1 = 1$
$1 \cdot 1 = 1$	$0 + 0 = 0$
$\bar{0} = 1$	$\bar{1} = 0$
若 $A \neq 0$，则 $A = 1$	若 $A \neq 1$，则 $A = 0$

6.4.2　逻辑代数的基本定律

常用逻辑代数的基本定律见表 6-15。

表 6-15　常用逻辑代数的基本定律

基本定律	原等式	对偶式
交换律	$A \cdot B = B \cdot A$	$A + B = B + A$
结合律	$A(BC) = (AB)C$	$A + (B + C) = (A + B) + C$
分配律	$A(B + C) = AB + AC$	$A + BC = (A + B)(A + C)$
自等律	$A \cdot 1 = A$	$A + 0 = A$
0-1 律	$A \cdot 0 = 0$	$A + 1 = 1$
互补律	$A \cdot \bar{A} = 0$	$A + \bar{A} = 1$
重叠律	$A \cdot A = A$	$A + A = A$
吸收律	$A + \bar{A}B = A + B$	$A \cdot (\bar{A} + B) = A \cdot B$
还原律	$\bar{\bar{A}} = A$	
反演律（摩根定律）	$\overline{AB} = \bar{A} + \bar{B}$	$\overline{A + B} = \bar{A} \cdot \bar{B}$

6.4.3　逻辑代数的常用公式

逻辑运算的公式有许多，在表 6-16 中列出了四个常用公式，只要经过证明的等式都可以在以后的变换和化简时使用。

表 6-16　逻辑代数的常用公式

常用公式	推论与证明
$AB + A\bar{B} = A$　并项公式	无
$A + AB = A$　吸收公式	$A + AB + ABC + \cdots = A$
$A + \bar{A}B = A + B$　消去公式	$\bar{A} + AB = \bar{A} + B$
$AB + \bar{A}C + BC = AB + \bar{A}C$　去冗余项公式	$AB + \bar{A}C + BC$ $= AB + \bar{A}C + (\bar{A} + A)BC$ $= AB + \bar{A}C + \bar{A}BC + ABC$ $= AB(1 + C) + \bar{A}C(1 + B)$ $= AB + \bar{A}C$

6.4.4 逻辑代数的三个基本规则

1. 代入规则

在一个逻辑函数等式中，如果将等式两边所有出现的同一变量代之以另一逻辑函数，则等式仍然成立，这个规则称为代入规则。有了代入规则，就可以将基本等式中的变量用某一逻辑函数来代替，从而扩大了它们的应用范围。

【例 6-17】将函数 $E=C+D$ 代入等式 $A(B+E)=AB+AE$ 中的 E，试证明等式成立。

解： 原式左边 $=A[B+(C+D)]=AB+A(C+D)=AB+AC+AD$

原式右边 $=AB+A(C+D)=AB+AC+AD$

所以等式 $A[B+(C+D)]=AB+A(C+D)$ 成立。

2. 反演规则

求一个逻辑函数 Y 的反函数的方法是：将 Y 中所有的原变量换成反变量，所有的反变量换成原变量；所有的"·"换成"+"，所有的"+"换成"·"；所有的"0"换成"1"，所有的"1"换成"0"，就得 Y 的反函数 $\overline{Y}$。这个规则称为反演规则。运用反演规则可以方便地求出反函数。

【例 6-18】已知 $Y=\overline{A}\,\overline{B}+CD+0$，求反函数 $\overline{Y}$。

解： 按照反演规则，得 $\overline{Y}=(A+B)\cdot(\overline{C}+\overline{D})\cdot 1=(A+B)\cdot(\overline{C}+\overline{D})$

在使用反演规则必须注意两点：

1）使用反演规则时，仍应遵守"先括号，然后与，最后或"运算优先顺序，并保持原式中各相关变量的优先顺序不变。为此，最好将原式中优先运算的与项先预加括号。

2）不是单个变量上的非号应保持不变。

【例 6-19】已知 $Y=A+B\overline{C}+\overline{\overline{D+\overline{E}}}$，求反函数 $\overline{Y}$。

解： 按照上述法则得

$$\overline{Y}=\overline{A}\cdot\overline{(\overline{B}+C)\cdot\overline{\overline{D}\cdot E}}$$

3. 对偶规则

求一个逻辑函数 Y 的对偶函数的方法是：将 Y 中的所有的"·"换成"+"，所有的"+"换成"·"；所有的"0"换成"1"，所有的"1"换成"0"，就得 Y 的对偶式 Y'。这个规则称为对偶规则。例如 $Y=(A+B)(A+C)$，则 $Y'=AB+AC$。

注意： 求 Y' 的对偶式时仍要保持原式中运算先后顺序。

推论： 若两个逻辑函数相等，则它们的对偶式也相等。

利用对偶规则，可从已知公式中得到更多的运算公式，例如，吸收律 $A+\overline{A}B=A+B$ 成立，则它的对偶式 $A(\overline{A}+B)=A\cdot B$ 也成立。

6.5 逻辑函数的化简

逻辑函数代数法变换与化简的依据就是逻辑运算的基本公式、定律和经过证明的常用公式。

一个逻辑函数可以有多种不同的逻辑表达式，如与 – 或表达式、或 – 与表达式、与

非 – 与非表达式、或非 – 或非表达式以及与 – 或 – 非表达式等。例如：

$$Y = AC + \bar{C}D \quad \text{（与 – 或表达式）}$$
$$= (A + \bar{C})(C + D) \quad \text{（或 – 与表达式）}$$
$$= \overline{\overline{AC} \cdot \overline{\bar{C}D}} \quad \text{（与非 – 与非表达式）}$$
$$= \overline{\overline{A + \bar{C}} + \overline{C + D}} \quad \text{（或非 – 或非表达式）}$$
$$= \overline{\overline{AC} + \overline{\bar{C}D}} \quad \text{（与 – 或 – 非表达式）}$$

以上五个式子是同一函数不同形式的最简表达式。

【例 6-20】函数 $Y = \overline{A \cdot \overline{AB} + B \cdot \overline{AB}}$ 对应的逻辑图如图 6-22 所示。利用逻辑代数的基本定律对上述表达式进行变换。

解：

$$Y = \overline{A \cdot \overline{AB} + B \cdot \overline{AB}}$$
$$= \overline{\overline{AB}(A + B)}$$
$$= \overline{\overline{AB}} \cdot \overline{\overline{AB}}$$
$$= AB + \overline{A}\overline{B}$$

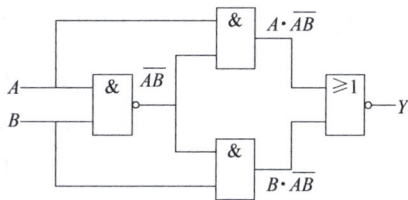

图 6-22　同或逻辑电路之一

可见，图 6-22 也是一个同或函数。

【例 6-21】求同或函数的反函数。

解：

$$Y = \overline{AB + \overline{A}\overline{B}}$$
$$= \overline{AB} \cdot \overline{\overline{A}\overline{B}}$$
$$= (\overline{A} + \overline{B})(A + B)$$
$$= \overline{A}B + A\overline{B}$$

上式表明同或函数的反函数为异或函数，所以在异或电路的输出端再加一级反相器，就为同或门，如图 6-23 所示。

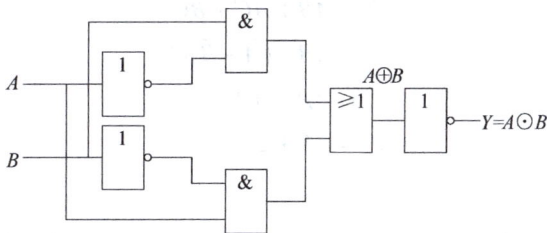

图 6-23　同或逻辑电路之二

对应同或函数唯一的真值表，已列举出三种不同形式的逻辑表达式和三个逻辑电路，事实上还可以列举许多。由此可以得出结论：一个特定的逻辑问题，对应的真值表是唯一的，但实现它的电路多种多样。可以通过函数表达式的变换，使用不同的器件实现相同的逻辑功能。

以下将着重讨论与或表达式的化简。这是因为与或表达式很容易得到，从真值表写出的就是与或表达式，且只需运用一次摩根定律，就可以从最简与或表达式变换为与非 – 与非表达式，从而可以采用常用的与非电路来实现。

6.5.1　逻辑函数的代数化简

根据逻辑表达式，可以画出相应的逻辑图。但是直接根据某种逻辑要求而归纳出来的逻辑表达式及其对应的逻辑图，往往并不是最简形式，这就需要对逻辑表达式进行化简。

最简与或表达式必须满足两个条件：①与项的个数最少（目的是使逻辑电路所用门的个数最少）；②每个与项中变量的个数最少（目的是使每个门的输入变量最少）。

代数法化简逻辑函数的依据是逻辑代数的基本定律和常用公式，常用的方法有并项法、吸收法、消去法和配项法等。

1. 并项法

利用公式 $A + \bar{A} = 1$，将两项合并成一项，并消去一个变量，如：

$$Y_1 = \bar{A}\bar{B}C + \bar{A}\bar{B}\bar{C} = \bar{A}\bar{B}(C + \bar{C}) = \bar{A}\bar{B}$$

$$Y_2 = A(BC + \bar{B}\bar{C}) + A(B\bar{C} + \bar{B}C)$$
$$= ABC + A\bar{B}\bar{C} + AB\bar{C} + A\bar{B}C$$
$$= AB(C + \bar{C}) + A\bar{B}(C + \bar{C})$$
$$= A(B + \bar{B})$$
$$= A$$

2. 吸收法

利用公式 $A + AB = A$，消去多余的项，如：

$$Y = \bar{A}B + \bar{A}BCD(E + F) = \bar{A}B$$

3. 消去法

利用公式 $A + \bar{A}B = A + B$，消去多余的因子，如：

$$Y = AB + \bar{A}C + \bar{B}C$$
$$= AB + (\bar{A} + \bar{B})C$$
$$= AB + \overline{AB}C$$
$$= AB + C$$

4. 配项法

先利用公式 $\bar{A} + A = 1$ 和 $AB + \bar{A}C = AB + \bar{A}C + BC$，增加必要的乘积项，再用并项法或吸收法使项数减少，如：

$$Y = AB + \bar{A}\bar{C} + B\bar{C}$$
$$= AB + \bar{A}\bar{C} + (A + \bar{A})B\bar{C}$$
$$= AB + \bar{A}\bar{C} + AB\bar{C} + \bar{A}B\bar{C}$$
$$= (AB + AB\bar{C}) + (\bar{A}\bar{C} + \bar{A}\bar{C}B)$$
$$= AB + \bar{A}\bar{C}$$

【例 6-22】化简 $Y = AD + A\bar{D} + AB + \bar{A}C + BD + A\bar{B}EF + \bar{B}EF$。

解：
$$Y = AD + A\bar{D} + AB + \bar{A}C + BD + A\bar{B}EF + \bar{B}EF$$
$$= A + AB + \bar{A}C + BD + A\bar{B}EF + \bar{B}EF(利用 A + \bar{A} = 1)$$
$$= A + \bar{A}C + BD + \bar{B}EF(利用 A + AB = A)$$
$$= A + C + BD + \bar{B}EF(利用 A + \bar{A}B = A + B)$$

6.5.2　逻辑函数的卡诺图化简

1. 逻辑函数的最小项

一个具有 n 变量的逻辑函数中，如果一个与项包含了所有 n 个变量，而且每个变量都是以原变量或是反变量的形式作为一个因子仅出现一次，那么这个与项就称为该逻辑函数的一个最小项。由最小项相或构成的与 – 或表达式称为最小项表达式，又称为标准与 – 或表达式。

对于 n 个变量的全部最小项共有 2^n 个。例如，在三变量的逻辑函数 $Y(A、B、C)$ 中，共有 8 个最小项：$\bar{A}\bar{B}\bar{C}$、$\bar{A}\bar{B}C$、$\bar{A}B\bar{C}$、$\bar{A}BC$、$A\bar{B}\bar{C}$、$A\bar{B}C$、$AB\bar{C}$、ABC。

对于任意一个最小项，有且仅有一组变量取值使其值为 1，其余各组变量均使它的值为 0。例如，对于 $\bar{A}\bar{B}\bar{C}$ 这个最小项，在变量 ABC 的 8 种取值中，只有 ABC=000，$\bar{A}\bar{B}\bar{C}$ 才为 1，而其余 7 种取值只能使 $\bar{A}\bar{B}\bar{C}$ 为 0。

为了表达方便，通常用 m_i 表示最小项，其下标 i 为最小项的编号。编号的方法是：最小项中的原变量为 1，反变量为 0，则最小项取值为一组二进制数，其对应的十进制数便为该最小项的编号。如三变量最小项 $A\bar{B}C$ 对应的变量取值为 101，它对应的十进制数为 5，最小项 $A\bar{B}C$ 则可表示为 m_5，其余类推。

如　　　　　　　　　　$Y = \bar{A}B\bar{C} + A\bar{B}\bar{C} + AB\bar{C} + ABC$

可写成　　　　　　　　$Y(A,B,C) = m_2 + m_4 + m_6 + m_7 = \sum m(2,4,6,7)$

再如　　　　　　　　　$F = \bar{A}\bar{B}\bar{C}D + \bar{A}B\bar{C}D + A\bar{B}\bar{C}D + AB\bar{C}\bar{D}$

可写成　　　　　　　　$F(A,B,C,D) = m_1 + m_5 + m_9 + m_{12} = \sum m(1,5,9,12)$

2. 逻辑函数的最小项表达式

利用逻辑代数的基本公式，可以把任一个逻辑函数转换为最小项表达式。下面举例说明将一般逻辑表达式转换为最小项表达式的方法。

例如，将 $Y(A,B,C)=AB+ \bar{A}C$ 转换为最小项表达式。

这里可利用 $A + \bar{A} = 1$ 的基本运算关系，使逻辑表达式中的每一项都包含所有变量 A、B、C 的项。

$$Y(A,B,C) = AB + \bar{A}C$$
$$= AB(\bar{C} + C) + \bar{A}(\bar{B} + B)C$$
$$= AB\bar{C} + ABC + \bar{A}\bar{B}C + \bar{A}BC$$
$$= m_1 + m_3 + m_6 + m_7$$
$$= \sum m(1,3,6,7)$$

3. 逻辑函数卡诺图表示

卡诺图实际是真值表的一种变形，一个逻辑函数的真值表有多少行，卡诺图就有多少个小方格。所不同的是，真值表中的最小项是按照二进制加法规律排列的，而卡诺图中的每一项则是按照相邻性排列。

（1）N 变量卡诺图的结构

1）二变量卡诺图结构如图 6-24 所示。

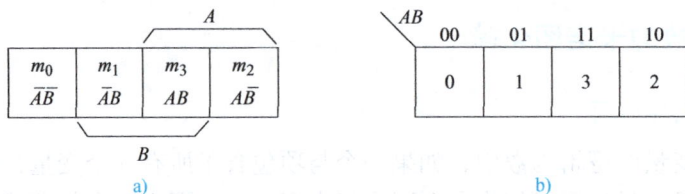

图 6-24　二变量卡诺图

2）三变量卡诺图结构如图 6-25 所示。

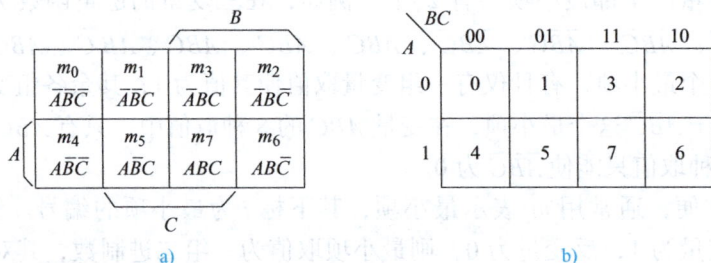

图 6-25　三变量卡诺图

3）四变量卡诺图结构如图 6-26 所示。

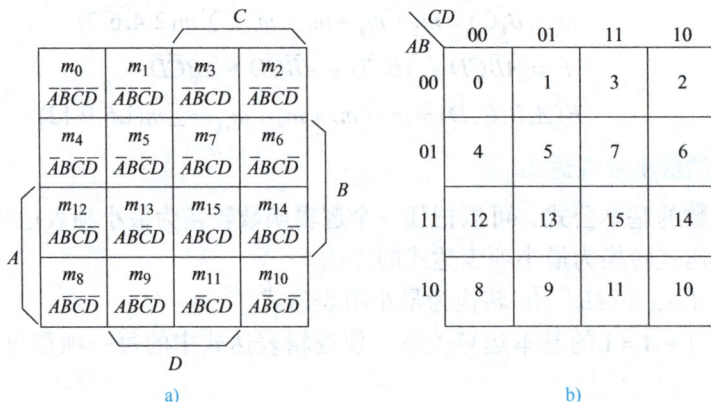

图 6-26　四变量卡诺图

（2）卡诺图的特点　根据以上 N 变量卡诺图的表示，不难发现卡诺图的特点主要有以下三方面：

1）卡诺图中的每个小方格对应一个最小项。

2）具有循环相邻的特性，即卡诺图中同一行里最左端和最右端的小方格是相邻的，同一列里最上端和最下端的小方格也是相邻的。

3）逻辑相邻的最小项在几何位置上也相邻，这个特性是由于变量排布采用的是格雷码。

（3）从真值表转化为卡诺图

【例 6-23】某逻辑函数的真值表见表 6-17，用卡诺图表示该逻辑函数。

解：该函数为三变量，先画出三变量卡诺图，然后根据表 6-17 将 8 个最小项 L 的取值 0 或者 1 填入卡诺图中对应的 8 个小方格中即可，如图 6-27 所示。

表 6-17　真值表

A	B	C	L
0	0	0	0
0	0	1	0
0	1	0	0
0	1	1	1
1	0	0	0
1	0	1	1
1	1	0	1
1	1	1	1

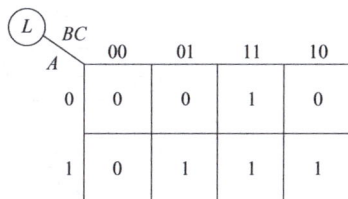

图 6-27　例 6-23 卡诺图

（4）从逻辑表达式转化为卡诺图

1）如果逻辑表达式为最小项表达式，则只要将函数式中出现的最小项在卡诺图对应的小方格中填入 1，没出现的最小项则在卡诺图对应的小方格中填入 0。

【例 6-24】用卡诺图表示逻辑函数 $F = \overline{ABC} + \overline{A}BC + AB\overline{C} + ABC$。

解：该函数为三变量，且为最小项表达式，写成简化形式 $F = m_0 + m_3 + m_6 + m_7$，然后画出三变量卡诺图，将卡诺图中 m_0、m_3、m_6、m_7 对应的小方格填 1，其他小方格填 0，如图 6-28 所示。

2）如果逻辑表达式不是最小项表达式，而是与 – 或表达式，可将其先化成最小项表达式，再填入卡诺图。也可直接填入，直接填入的具体方法是：分别找出每一个与项所包含的所有小方格，全部填入 1。

3）如果逻辑表达式不是与 – 或表达式，可先将其化成与 – 或表达式，再填入卡诺图，可参考例 6-25。

【例 6-25】用卡诺图表示逻辑函数 $G = A\overline{B} + B\overline{C}D$。

解：该函数有四个变量，对应卡诺图如图 6-29 所示。

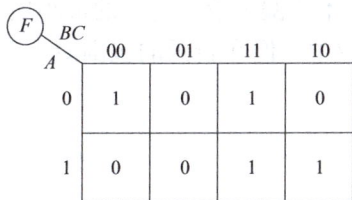

图 6-28　例 6-24 卡诺图

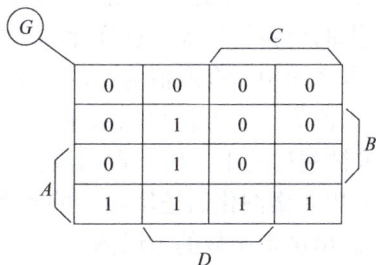

图 6-29　例 6-25 卡诺图

4. 逻辑函数卡诺图化简法

用卡诺图化简逻辑函数的基本原理就是把"相邻的最小项之和可以合并成一个与项，

并消去因子"的逻辑依据和卡诺图的图形特征结合起来，通过把卡诺图上表征相邻最小项的相邻小方格圈在一起进行合并，达到用一个简单"与"项代替若干最小项的目的。

（1）卡诺图化简逻辑函数规则

1）2 相邻项结合（用一个包围圈表示），可消去 1 个变量，如图 6-30 所示。

2）4 相邻项结合（用一个包围圈表示），可以消去 2 个变量，如图 6-31 所示。

3）8 相邻项结合（用一个包围圈表示），可以消去 3 个变量，如图 6-32 所示。

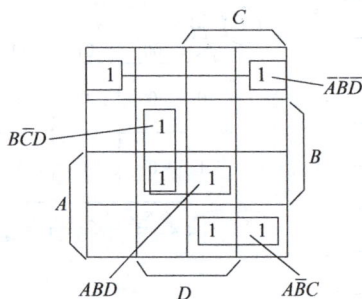

图 6-30　2 个相邻的最小项合并　　　　　　图 6-31　4 个相邻的最小项合并

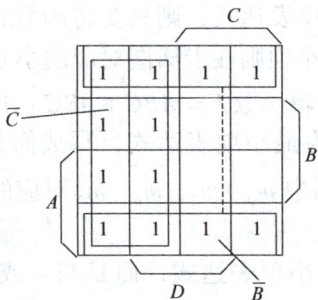

图 6-32　8 个相邻的最小项合并

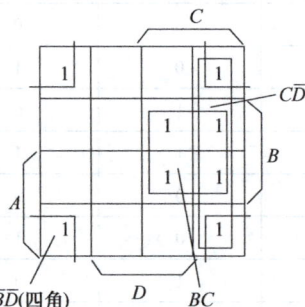

总之，2^n 个相邻的最小项结合，可以消去 n 个取值不同的变量而合并为 1 项。

（2）用卡诺图合并最小项的原则　用卡诺图化简逻辑函数，就是在卡诺图中找相邻的最小项，即画圈。为了保证将逻辑函数化到最简，画圈时必须遵循以下原则：

1）圈要尽可能大，这样消去的变量就多。但每个圈内只能含有 2^n（n=0，1，2，…）个相邻项。要特别注意对边相邻性和四角相邻性。

2）圈的个数尽量少，这样化简后的逻辑函数的与项就少。

3）卡诺图中所有取值为 1 的方格均要被圈过，即不能漏下取值为 1 的最小项。

4）取值为 1 的方格可以被重复圈在不同的包围圈中，但在新画的包围圈中至少要含有 1 个未被圈过的 1 方格，否则该包围圈是多余的。

（3）用卡诺图化简逻辑函数的步骤

1）画出逻辑函数的卡诺图。

2）合并相邻的最小项，即根据前述原则画圈。

3）写出化简后的表达式。每一个圈写一个最简与项，规则是，取值为 1 的变量用原变量表示，取值为 0 的变量用反变量表示，将这些变量相与。然后将所有与项进行逻辑加，即得最简与 - 或表达式。

【例 6-26】用卡诺图化简逻辑函数：$F = AD + A\overline{B}\overline{D} + \overline{A}B\overline{C}D + \overline{A}B\overline{C}\overline{D}$。

解：（1）由表达式画出卡诺图如图 6-33 所示。

（2）画包围圈合并最小项，得到简化的与 – 或表达式：

$$F = AD + \overline{B}\overline{D}$$

注意：图中的虚线圈是多余的，应去掉；图中的包围圈 $\overline{B}\overline{D}$ 是利用了四角相邻性。

【例 6-27】某逻辑函数的真值表见表 6-18，用卡诺图化简该逻辑函数。

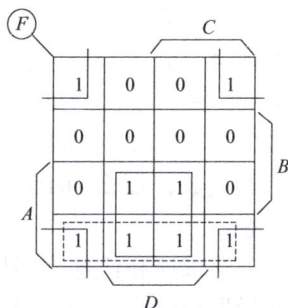

图 6-33　例 6-26 卡诺图

表 6-18　真值表

A	B	C	L
0	0	0	0
0	0	1	1
0	1	0	1
0	1	1	1
1	0	0	1
1	0	1	1
1	1	0	1
1	1	1	0

解法 1：（1）由真值表画出卡诺图，如图 6-34 所示。

（2）画包围圈合并最小项，如图 6-34a 所示，得到简化的与 – 或表达式：

$$L = \overline{B}C + \overline{A}B + A\overline{C}$$

解法 2：（1）由表达式画出卡诺图，如图 6-34 所示。

（2）画包围圈合并最小项，如图 6-34b 所示，得到简化的与 – 或表达式：

$$L = A\overline{B} + B\overline{C} + \overline{A}C$$

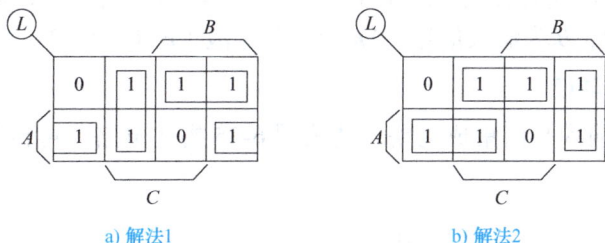

a) 解法1　　　　　　　　　b) 解法2

图 6-34　例 6-27 卡诺图

通过例 6-27 可以看出，一个逻辑函数的真值表是唯一的，卡诺图也是唯一的，但化简结果有时不是唯一的。

5. 逻辑函数中的无关项

在逻辑函数式中，无关项是指那些在特定条件下函数值可以是任意的项，或者是那些在任何情况下都不会被使用的变量取值所对应的最小项。这些最小项有两种：约束项和任意项。约束项指在真值表中某些变量取值组合不允许出现的情况，它们的取值只能为 0。例如 A、B、C 表示电动机正转、反转与停止，那么 ABC 只可能是 001、010、100 三种中的一种，不可能出现 000、011、101、110、111。任意项指对应于变量的某些取值，函数的值可以是任意的，也就是说不影响函数值的输入。例如判断一位十进制数 $ABCD$ 是否为偶数，那么 1010、1011、1100、1101、1110、1111 不会出现，其输出 Y 取值可以是任意。

约束项和任意项都是一种不会在逻辑函数中出现的最小项，所以对应于这些最小项的变量取值组合视为 1 或视为 0 都可以（因为实际上不存这些变量取值），这样的最小项统称为无关项。

6. 利用无关项化简逻辑函数

在真值表或卡诺图中，无关项通常用"d"表示，或者在某些情况下使用"×"号或"Φ"表示，可以看作 1 或 0。用卡诺图化简时，无关项方格是作为 1 方格还是作为 0 方格，要根据化简需要灵活确定，下面举例说明。

【例 6-28】 用卡诺图化简含有无关项的逻辑函数。

$$Y(A,B,C,D)=\sum m(0,1,4,6,9,13)+\sum d(2,3,5,7,10,11,15)$$

式中，$\sum d(2,3,5,7,10,11,15)$ 表示最小项 m_2、m_3、m_5、m_7、m_{10}、m_{11}、m_{15} 为无关项。

解： ①画四变量逻辑函数卡诺图，如图 6-35 所示；在最小项方格中填 1，在无关项方格中填 ×。

②合并相邻最小项，与 1 方格圈在一起的无关项被作为 1 方格，没有圈的无关项是丢弃不用的（1 方格不能遗漏，"×"方格可以丢弃）。

③写出逻辑函数的最简与–或表达式：

$$Y = \overline{A} + D$$

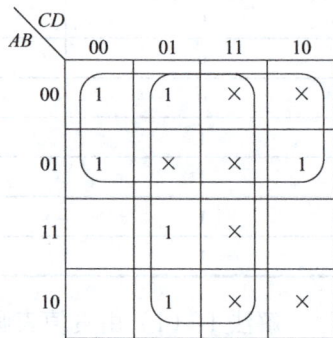

图 6-35　例 6-28 卡诺图

电路仿真 6：实用集成门电路设计

将基本门电路输出端与负载灯泡相连，门电路如输出高电平则灯亮，如输出低电平则灯灭。图 6-36 中，A、B 为输入信号，Xn 为负载灯泡（$n=1,2,3$）。

1. 测试与门逻辑功能

74LS08 是四 2 输入与门集成电路，请按图 6-35 搭建电路，再检测与门的逻辑功能，结果填入表 6-19 中。

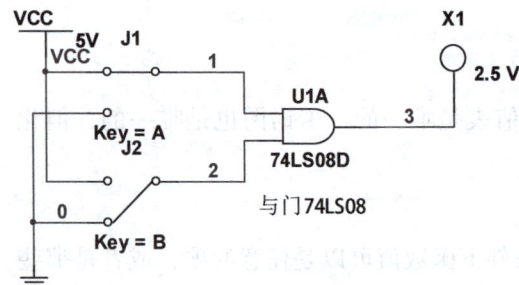

图 6-36　测试与门逻辑功能电路仿真图

表 6-19　与门真值表

A	B	$X1$
0	0	0
0	1	0
1	0	0
1	1	1

2. 测试或门逻辑功能

74LS32 是四 2 输入或门集成电路，请按图 6-37 搭建电路，再检测或门的逻辑功能，结果填入表 6-20 中。

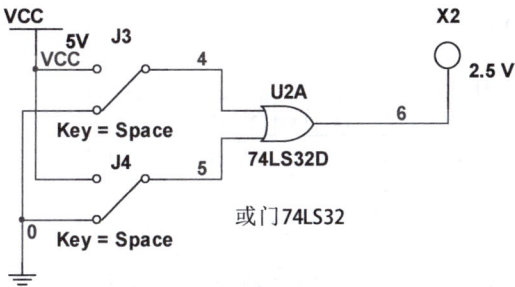

图 6-37 测试或门逻辑功能电路仿真图

表 6-20 或门真值表

A	B	X2
0	0	0
0	1	1
1	0	1
1	1	1

3. 测试非门逻辑功能

74HC04 是 6 单输入非门集成电路，请按图 6-38 搭建电路，再检测非门的逻辑功能，结果填入表 6-21 中。

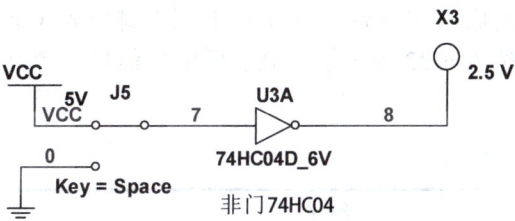

图 6-38 测试非门逻辑功能电路仿真图

表 6-21 非门真值表

A	X3
0	1
1	0

技能训练 6：集成门电路设计与调试

一、实践目的

1. 认识并熟练使用数字电子技术实验的仪器、设备。
2. 逐步熟悉常用的集成电路芯片。
3. 了解逻辑代数的物理意义。

二、实践仪器及设备

数字逻辑实验台　1 台
元器件：
74LS08　1 片
74LS00　1 片
74LS32　1 片
导线若干

三、实践内容

1. 测试 74LS08 的逻辑功能。

2. 测试 74LS00 的逻辑功能。

3. 测试 74LS32 的逻辑功能。

四、74LS08、74LS00、74LS32 引脚图

74LS08、74LS00、74LS32 引脚图如图 6-39 所示。

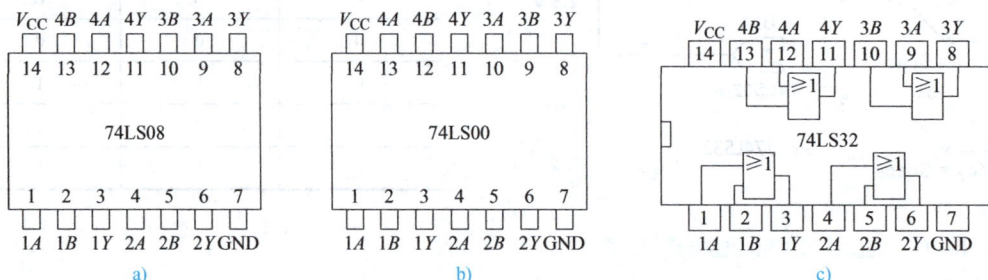

图 6-39　引脚图

五、实践要求

分别将 74LS08、74LS00、74LS32 芯片正确插入实验台，并注意识别 1 脚位置（集成块正面放置且缺口向左，则左下角为 1 脚）。按表 6-22 要求输入高、低电平信号，测出相应的输出逻辑电平，填入表 6-22 中。

表 6-22　技能训练 6 记录表

输入		输出		
A	B	74LS00	74LS08	74LS32
0	0			
0	1			
1	0			
1	1			
门电路的类型				

本章小结

1. 数字信号在时间上和数值上均是离散变化的，工作于数字信号下的电路就是数字电路。在数字电路中采用高、低电平来表示数字信号的 1 和 0 两种状态，适用于完成复杂的信号处理工作，在信号的存储、处理和传输上占有很大的优势。但是信号的放大、转换和功能的执行却离不开模拟电路，因此，数字电路和模拟电路的发展总是相辅相成、互相促进的。

2. 数制是人们对计数进位的简称，生活中人们常用十进制数；而在数字电路中，则采用二进制数，它只使用 0 和 1 两个数码，遵从"逢二进一"的计数规律。除此之外，常用的数制还有八进制、十六进制等，它们与二进制、十进制都可以互相转换。

3. 逻辑代数又称布尔代数，是分析和设计逻辑电路的数学工具，逻辑变量是用来表示逻辑关系的一种二值变量，取值范围只有 0 和 1。

4.代入、反演与对偶规则是逻辑电路分析的三个重要规则,有助于人们利用已知定律推演其他公式。

5.化简逻辑函数是分析解决逻辑问题的重要过程。常用的逻辑函数的化简主要有代数化简法和卡诺图化简法。

6.卡诺图是一种能直观表示最小项逻辑关系的方格图,是逻辑函数的图形表示。卡诺图化简法利用了几何相邻的特点,化简过程简单直观,对于复杂的逻辑关系式,容易得到最简式。

习　题

6-1　将下列十进制数转换为二进制数、八进制数、十六进制数。

(1) 30;(2) 55;(3) 77;(4) 101

6-2　将下列十六进制数转换为十进制数。

(1) FD;(2) 2FD;(3) AC;(4) 12AC

6-3　将下列二进制数转换为十进制数。

(1) 1110.01;(2) 1010.11;(3) 1100.101;(4) 1001.0101

6-4　将下列十进制数转换为二进制数。

(1) 20.7;(2) 10.2;(3) 5.8;(4) 101.71

6-5　写出下列二进制数对应的八进制数及十六进制数。

(1) 11001100;(2) 11101110;(3) 01101100;(4) 11010001

6-6　将下列十进制数转换成8421BCD码。

(1) 35;(2) 43;(3) 88;(4) 117

6-7　试画出图 6-40a 所示电路在输入图 6-40b 所示波形时的输出端 B、C 的波形。

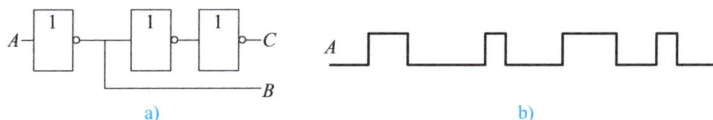

图 6-40　题 6-7 图

6-8　试画出图 6-41a 所示电路在输入图 6-41b 所示波形时的输出端 X、Y 的波形。

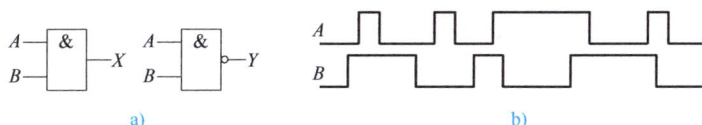

图 6-41　题 6-8 图

6-9　试画出图 6-42a 所示电路在输入图 6-42b 所示波形时的输出端 X、Y 的波形。

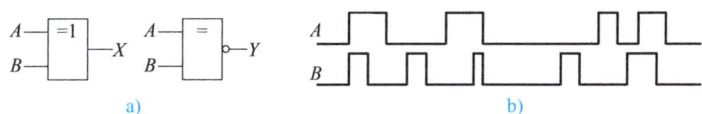

图 6-42　题 6-9 图

6-10　某运动传感装置在垂直加速度信号 A 或水平加速度信号 B 中有一个出现高电

平时，输出低电平信号，试画出该传感器所适用的门电路。

6-11　如果如下乘积项的值为 1，试写出该乘积项中每个逻辑变量的取值。

（1）BC；（2）$AB\overline{D}$；（3）$\overline{AB}\overline{D}$；（4）$\overline{AB\overline{D}}$

6-12　如果如下和项的值为 0，试写出该和项中每个逻辑变量的取值。

（1）$A+B$；（2）$A+\overline{B+C}$；（3）$\overline{A}+B+\overline{C}$；（4）$A+B+\overline{\overline{C}}$

6-13　试证明如下逻辑函数等式。

（1）$A\overline{B}+A\overline{B}C=A\overline{B}$；（2）$AB(C+\overline{C})+AC=AB+AC$；

（3）$A(BC+BC)+AC=A(BC)+AC$

6-14　试用代数法化简如下逻辑函数式。

（1）$Y_1=A(A+B)$；（2）$Y_2=BC+\overline{B}C$；（3）$Y_3=A(A+\overline{A}B)$

6-15　试用代数法将如下逻辑函数式化简成最简与或式。

（1）$Y_1=\overline{A}B+\overline{A}BC+\overline{A}BCD+\overline{A}B\overline{C}\,\overline{D}E$；（2）$Y_2=AB+\overline{A}\overline{B}C+A$；

（3）$Y_3=AB+(\overline{A}+\overline{B})C+AB$

6-16　试用卡诺图化简如下逻辑函数式。

（1）$Y_1=ABC+AB\overline{C}+\overline{B}$；（2）$Y_2=A+\overline{A}\overline{B}C+AB$；

（3）$Y_3=F(A,B,C,D)=\sum m(0,1,2,8,9,10,12,13,14,15)$；

（4）$Y_4=F(A,B,C,D)=\sum m(0,2,4,6,7,8,12,14,15)$

第7章

门电路和组合逻辑电路

▶ 学习目标

1. 掌握集成门电路的功能，了解 MOS 集成门电路和双极型集成门电路的优、缺点，能够进行门电路类型区分。

2. 通过 CMOS、TTL 非门电路结构和工作原理学习，理解非门的电压传输特性、电流传输特性、输入特性和输出特性，理解 TTL 电路的输入端负载特性。了解 CMOS、TTL 电路的工作电源电压、输入输出电平、阈值电压、噪声容限、扇出系数等静态参数，理解门电路的传输延迟时间、功耗 – 延迟积等动态参数。

3. 了解 CMOS、TTL 集成门电路的各个系列特点，理解选用集成门电路的一些原则，掌握使用集成门电路的注意事项，了解 CMOS 和 TTL 电路之间的接口问题，能够根据数字电路的技术参数来选择合适的逻辑器件。

▶ 素养目标

学习逻辑门电路的工作原理，同时认识到技术应用对社会伦理的挑战。培养伦理意识，学会在技术决策中考虑社会公平和正义。理解组合逻辑电路的设计原理，通过团队合作项目实践，培养集体主义精神。强调团队合作的重要性，鼓励在集体中发挥各自优势，共同解决问题。

▶ 实例引导

随着我国经济的发展，工业生产用水需求量增大。若采用手工控制抽水过程，不仅操作麻烦，人工成本高，而且抽水电动机容易因频繁起动而过载报废。另外，抽水量的控制也无法精确，容易造成水资源的浪费。抽水电动机数控电路是典型的组合逻辑电路设计，如图 7-1 所示，学生学习了数字电子线路之后，可以设计一个简便、廉价的控制电路，使抽水电动机自动定量地进行抽水。

本章系统地讲述了数字集成电路中的基本逻辑单元门电路，重点讨论了目前广泛使用的 CMOS 门电路和 TTL 门电路，系统讲解每一种门电路的工作原理和逻辑功能。另外，本章还将重点介绍组合逻辑电路的特点以及组合逻辑电路的分析方法和设计方法，介绍常用且经典的组合逻辑电路模块。最后解释说明竞争 – 冒险现象及其成因，并简要地介绍消除竞争 – 冒险现象的常用方法。

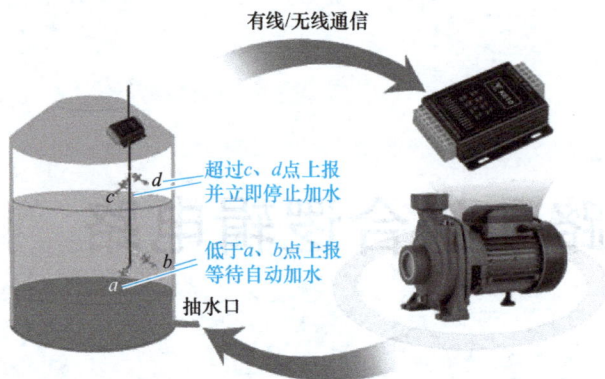

图 7-1 自动抽水功能示意图

7.1 基本逻辑门电路和常用复合逻辑门

门电路是数字电路中的一种基本逻辑单元电路。门电路可由分立器件组成，但广泛使用的是集成门电路。由于集成门电路都是在分立器件门电路的基础上发展、演变而来的，因此有必要首先介绍分立器件门电路，为学习集成门电路打下基础。

在数字电路中，用符号"0"和"1"表示两种相互对立的逻辑状态，这里的"0"和"1"并不表示具体数值的大小，只是一种符号，代表变量的状态，如电灯的亮和灭、信号的有和无、电位或电平的高和低等。用"1"表示高电平，"0"表示低电平，称为正逻辑；反之，用"1"表示低电平，用"0"表示高电平，则称为负逻辑。本书均采用正逻辑。

所谓"门"，就是开关，门电路就是开关稳压电路。逻辑是指条件与结果的关系。若把门电路的输入信号看作条件，把输出信号看作结果，输入信号与输出信号之间则存在一定的因果关系，即逻辑关系。所以，门电路也称为逻辑门电路。

基本逻辑关系有与逻辑、或逻辑和非逻辑三种。实现这些逻辑关系的电路分别称为与门、或门和非门。由这三种基本门电路可以组成其他多种复合门电路。

7.1.1 二极管与门

实现与逻辑关系的电路称为与门电路，简称与门。图 7-2a 是由二极管组成的与门电路，A、B 为输入端，Y 为输出端。

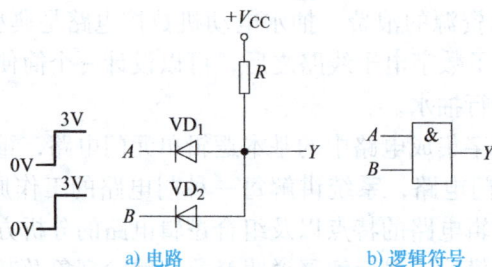

a) 电路   b) 逻辑符号

图 7-2 二极管与门电路及其逻辑符号

在图 7-2a 中，设 V_{CC}=5V，输入端 A、B 的低电平为 0V，高电平为 3V，二极管为理想器件。电路的工作原理如下：

1）当输入端 A、B 都为 0V 时，两个二极管都导通，输出端 Y 为 0V。

2）当输入端 A 为 0V、B 为 3V 时，二极管 VD_1 优先导通，输出端被钳制在 0V，即输出端 Y 为 0V。

3）当输入端 A 为 3V、B 为 0V 时，二极管 VD_2 优先导通，输出端被钳制在 0V，即输出端 Y 为 0V。

4）当输入端 A、B 都为 3V 时，两个二极管都导通，输出端 Y 为 3V。

由上述可知，与门的输入中只要有一个为低电平，输出就为低电平，只有输入全为高电平时，输出才为高电平。即与门的逻辑功能是"有 0 出 0，全 1 出 1"。

与门的逻辑表达式：

$$Y=A \cdot B \text{ 或 } Y=AB$$

式中，"·"表示逻辑变量相乘（逻辑乘号也可省略）。需指出，逻辑乘与普通代数中的乘不同，其变量仅表示某种逻辑状态（0 态或 1 态）而不表示具体的数值。

逻辑乘的基本运算规则如下：$0 \times 0=0$，$0 \times 1=0$，$1 \times 0=0$，$1 \times 1=1$。

若在图 7-2a 中增加一个输入端和一个二极管，就构成了三输入端与门。依此类推，与门有多个输入端。逻辑乘运算可以推广到多个逻辑变量，即

$$Y=A \cdot B \cdot C \cdot \cdots$$

与门的逻辑符号如图 7-2b 所示。

将逻辑电路输入变量所有可能的取值组合和对应的输出函数值列成的表格，称为逻辑电路的真值表。与门的真值表见表 7-1。

若已知输入波形，则可画出输出波形。由图 7-3 所示波形可知，当 A、B 均为高电平时，输出 Y 才为高电平；当 A、B 中有低电平时，输出 Y 为低电平。

表 7-1 与门真值表

A	B	Y
0	0	0
0	1	0
1	0	0
1	1	1

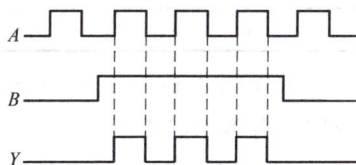

图 7-3 与门波形图

7.1.2 二极管或门

实现或逻辑关系的电路称为或门电路，简称或门。图 7-4a 是由二极管组成的或门电路，A、B 为输入端，Y 为输出端。

设 $-V_{CC}=-5V$，输入端 A、B 的低电平为 0V，高电平为 3V，二极管为理想器件。电路的工作原理如下：

1）当输入端 A、B 都为 0V 时，两个二极管都导通，输出端 Y 为 0V。

2）当输入端 A 为 0V、B 为 3V 时，二极管 VD_2 优先导通，输出端被钳制在 3V，即输出端 Y 为 3V。

3）输入端 A 为 3V、B 为 3V 时，二极管 VD_1 优先导通，输出端被钳制在 3V，即输出端 Y 为 3V。

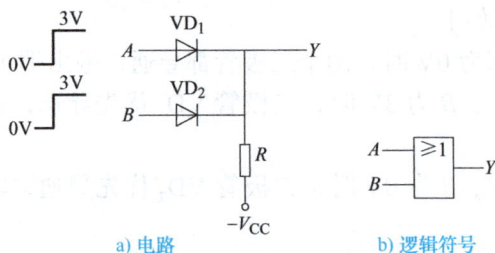

a) 电路　　　　　　b) 逻辑符号

图 7-4　二极管或门电路及其逻辑符号

4）当输入端 A、B 都为 3V 时，两个二极管都导通，输出端 Y 为 3V。

由上述可知，或门的输入中只要有一个为高电平，输出就为高电平，只有输入全为低电平时，输出才为低电平。即或门的逻辑功能是"有 1 出 1，全 0 出 0"。

或门的逻辑表达式：

$$Y=A+B$$

式中，符号"+"表示逻辑变量相加，又称逻辑加。逻辑加与普通代数中的加法运算有所区别，即 0+0=0，0+1=1，1+0=1，1+1=1。

图 7-4b 是或门的逻辑符号。或门的真值表见表 7-2。

若已知输入波形，则可画出输出波形。由图 7-5 所示波形可知，当 A、B 中有高电平时，输出 Y 为高电平；当 A、B 均为低电平时，输出 Y 才为低电平。

表 7-2　或门真值表

A	B	Y
0	0	0
0	1	1
1	0	1
1	1	1

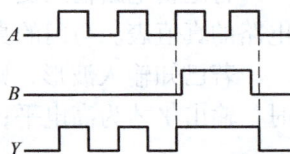

图 7-5　或门波形图

若在图 7-4a 中增加一个输入端和一个二极管，就构成了三输入端或门。依此类推，或门也有多个输入端。

7.1.3　晶体管非门

实现非逻辑关系的电路称为非门电路，简称非门。图 7-6a 是由晶体管组成的共发射极电路，如果电路工作在开关状态，就是非门电路。A 为输入端，Y 为输出端。

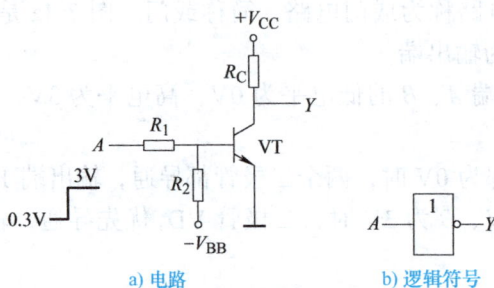

a) 电路　　　　　　b) 逻辑符号

图 7-6　非门电路及其逻辑符号

当输入 A 为高电平时，晶体管饱和导通，输出 Y 为低电平；当输入 A 为低电平时，晶体管截止，输出 Y 为高电平。可见，它符合非逻辑关系，非门也称为反相器。非门的逻辑功能是"入 0 出 1，入 1 出 0"。

非门的逻辑表达式为 $Y = \overline{A}$。非门的真值表见表 7-3。

表 7-3　非门真值表

A	Y
0	1
1	0

图 7-6b 是非门的逻辑符号，输出端上的小圆圈表示非。

字母上方没有非号的逻辑变量，如 A、B、C，称为原变量；字母上方有非号的逻辑变量，如 $\overline{A}$、$\overline{B}$、$\overline{C}$，称为反变量。

7.1.4　几种常用复合门

与门、或门和非门是基本逻辑门电路，其他复杂的逻辑门电路都是由这三种基本逻辑门组合而成。常用的复合门有与非门、或非门、与或非门、异或门等。

1. 与非门

将与门和非门按图 7-7a 所示连接，便可组成与非门，图 7-7b 是其逻辑符号。表 7-4 是与非门的真值表。与非门的逻辑功能是"全 1 出 0，有 0 出 1"。

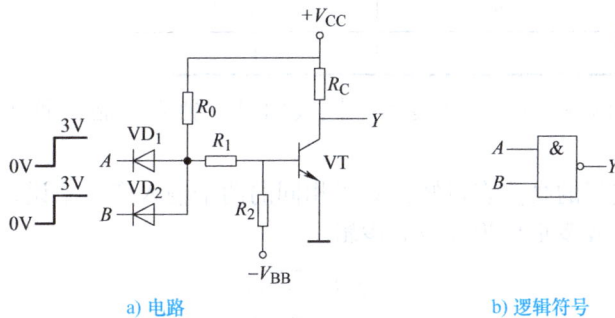

a) 电路　　　　　　　　b) 逻辑符号

图 7-7　与非门电路及其逻辑符号

表 7-4　与非门真值表

A	B	Y
0	0	1
0	1	1
1	0	1
1	1	0

2. 异或门

异或门是判断两个输入信号是否相异的电路，它也是复合门电路。

异或门的逻辑功能是：输入 A、B 相异，输出为 1；输入 A、B 相同，输出为 0，即

"不同出 1，相同出 0"。

异或门的逻辑表达式为 $Y = \overline{A}B + A\overline{B} = A \oplus B$。

"$\oplus$" 读作异或。异或门的真值表见表 7-5，其逻辑符号如图 7-8 所示。

表 7-5　异或门的真值表

A	B	Y
0	0	0
0	1	1
1	0	1
1	1	0

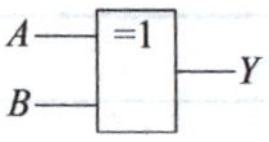

图 7-8　异或门逻辑符号

3. 同或门

同或门的逻辑功能是：输入 A、B 相同，输出为 1；输入 A、B 相异，输出为 0，即"相同出 1，不同出 0"。

同或门的逻辑表达式为 $Y = \overline{A}\overline{B} + AB = A \odot B$。

"$\odot$" 读作同或。同或门的真值表见表 7-6，其逻辑符号如图 7-9 所示。

表 7-6　同或门的真值表

A	B	Y
0	0	1
0	1	0
1	0	0
1	1	1

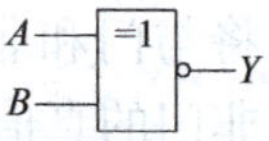

图 7-9　同或门逻辑符号

同或门和异或门只有两个输入变量，同或门没有独立产品，通常用异或门加反相器构成。

由异或门和同或门的真值表可知：对于相同的两个输入变量来说，同或与异或逻辑正好相反，有时又将同或逻辑称为异或非逻辑。

$$A \odot B = \overline{A \oplus B}$$

$$A \oplus B = \overline{A \odot B}$$

表 7-7 是几种常见的复合逻辑门电路。

表 7-7　几种常见的复合逻辑门电路

逻辑门	逻辑表达式	逻辑功能	图形符号
与非门	$Y = \overline{AB}$	全 1 出 0 有 0 出 1	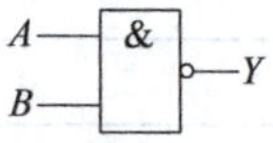
或非门	$Y = \overline{A+B}$	全 0 出 1 有 1 出 0	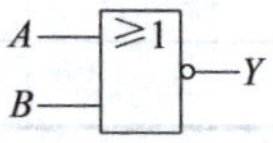
与或非门	$Y = \overline{AB+CD}$	任一组全 1 出 0 各组都有 0 出 1	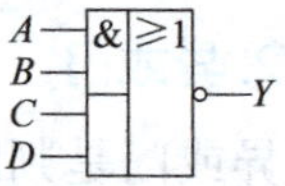

（续）

逻辑门	逻辑表达式	逻辑功能	图形符号
异或门	$Y = \bar{A}B + A\bar{B} = A \oplus B$	不同出 1 相同出 0	
同或门	$Y = \bar{A}\bar{B} + AB = \overline{A \oplus B}$	相同出 1 不同出 0	

7.2 TTL 集成逻辑门电路

前面讨论的门电路是由二极管或晶体管等器件组成的分立器件门电路。分立器件门电路的缺点是使用元器件多、体积大、工作速度低、可靠性差、带负载能力较差等。数字电路中广泛采用集成电路。集成电路具有体积小、可靠性高、工作速度快等许多优点。

按照所采用的电子器件的不同，集成门电路分为 TTL 和 MOS 两大类型。

TTL 数字集成电路内部由双极型晶体管组成。TTL 是晶体管 – 晶体管逻辑电路（Transistor Transistor Logic）的简称。由于 TTL 的结构简单，制造工艺成熟，因此性能稳定，可靠性高，在各种集成电路中生产量最高，应用范围很广。

7.2.1 TTL 与非门

1. 电路的组成

典型的 TTL 与非门电路如图 7-10 所示，它由输入级、中间放大级和输出级三部分组成。

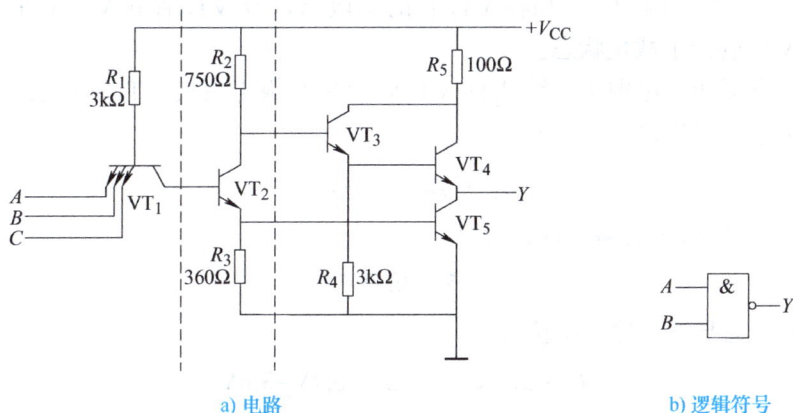

a) 电路　　　　　　　　　　　　　　　b) 逻辑符号

图 7-10　典型 TTL 与非门电路及逻辑符号

（1）输入级　输入级由多发射极晶体管 VT_1 和电阻 R_1 组成，实现与逻辑功能。其中 VT_1 是一个多发射极晶体管，如图 7-11a 所示。它相当于若干个发射极独立、基极和集电极分别并联在一起的晶体管。图 7-11b 是多发射极晶体管的等效电路。

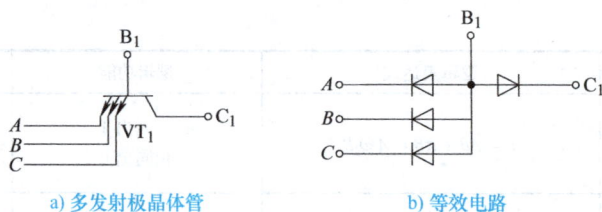

a) 多发射极晶体管　　　　b) 等效电路

图 7-11　多发射极晶体管及其等效电路

（2）中间放大级　中间放大级由 VT_2、R_2 和 R_3 组成。从 VT_2 管的集电极和发射极输出两个相位相反的信号，作为 VT_3 和 VT_5 的驱动信号。

（3）输出级　输出级由 VT_3、VT_4、VT_5 和 R_4、R_5 组成，这种电路形式称为推拉式电路。其中 VT_5 构成反相器，实现非逻辑功能，VT_3、VT_4 组成复合管，作为 VT_5 的有源负载。

2. 工作原理

1）当输入端全部接高电平（设为 3.6V）时，VT_1 管的所有发射结均为反向偏置，而集电结处于正向偏置。此时，电源 V_{CC} 通过 R_1 和 VT_1 的集电结向 VT_2 管提供足够的基极电流，使 VT_2 管饱和导通，VT_2 管的发射极电流在 R_3 上产生的电压降使 VT_5 管处于饱和状态，输出低电平，约为 0.3V。与此同时，VT_2 管的集电极电位为

$$U_{C2}=U_{CES2}+U_{BE5} \approx 0.3V+0.7V=1V$$

由于 $U_{B3}=U_{C2}$，此电位值使 VT_3 管导通，VT_3 管的发射极电位 $U_{E3} \approx 1V-0.7V=0.3V$，这也是 VT_4 管的基极电位，而 VT_4 管的发射极电位 $U_{E4}=U_{CES5} \approx 0.3V$，$VT_4$ 管必然截止。即输入全为高电平，输出为低电平。

2）当输入端任意一个或几个为低电平（设为 0.3V）时，VT_1 管中接低电平的输入端的发射结正偏导通，VT_1 管的基极电位等于输入端的低电平加上发射结的导通电压，即 $U_{B1} \approx 0.3V+0.7V=1V$。因为 U_{B1} 加在 VT_1 管的集电结以及 VT_2 管和 VT_5 管的发射结，所以 VT_2 管和 VT_5 管处于截止状态。

由于 VT_2 管截止，电源 V_{CC} 经 R_2 向 VT_3 管提供基极电流使 VT_3 管导通，VT_3 管的发射极电位也即 VT_4 管的基极电位为

$$U_{E3}=V_{CC}-I_{B3}R_2-U_{BE3}$$

因 I_{B3} 很小，$I_{B3}R_2$ 可忽略不计，所以

$$U_{E3} \approx 5V-0.7V=4.3V$$

该电位值使 VT_4 管导通。输出电位为

$$U_O=U_{E3}-U_{BE4}=4.3V-0.7V=3.6V$$

即输入端任意一个或几个为低电平，输出为高电平。

综上所述，图 7-10a 电路实现了与非逻辑关系，图 7-10b 是它的逻辑符号，它的逻辑表达式为

$$Y = \overline{ABC}$$

TTL 与非门的外形多数为双列直插式，也有做成扁平式的。图 7-12a 为双列直插式，图 7-12b 为扁平式。

图 7-12c、d 分别是 74LS00 和 74LS20 的引脚排列图。74LS00 内含 4 个 2 输入与非门，74LS20 内含 2 个 4 输入与非门。一片集成电路内的各个逻辑门互相独立，可以单独使用，但它们共用一根电源线和一根地线。74LS20 的 3 脚和 11 脚为空脚。

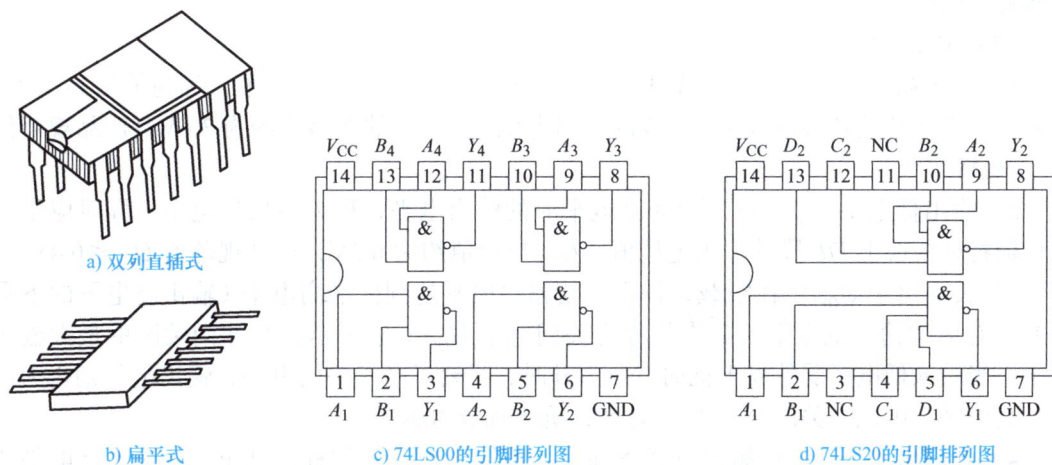

a) 双列直插式

b) 扁平式

c) 74LS00 的引脚排列图

d) 74LS20 的引脚排列图

图 7-12 集成电路的外形及引脚排列图

3. 电压传输特性及主要参数

（1）电压传输特性 电压传输特性描述的是输出电压 u_O 和输入电压 u_I 之间关系的特性曲线。图 7-13a 是测试与非门电压传输特性的电路，改变输入电压 u_I，读出相应的 u_O，并记录之，便可得到图 7-13b 所示的电压传输特性曲线。一般把它分为 4 段进行分析。

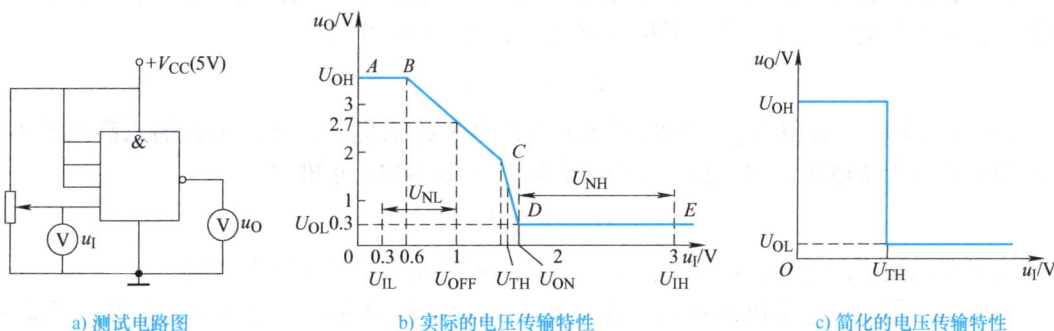

a) 测试电路图

b) 实际的电压传输特性

c) 简化的电压传输特性

图 7-13 TTL 与非门的电压传输特性

1）AB 段（截止区）。由图 7-10 可知：当 $0V \leqslant u_I < 0.6V$ 时，VT_1 管深饱和，VT_2 管和 VT_5 管截止，VT_3 管和 VT_4 管导通，输出为高电平 U_{OH}。由于 VT_5 管截止，AB 段被称为电压传输特性的截止区。

2）BC 段（线性区）。当 $0.6V \leqslant u_I < 1.3V$ 时，VT_2 管进入放大区而 VT_5 管仍保持截止，输出电压 u_O 随输入电压 u_I 的升高而线性下降。BC 段被称为电压传输特性的线性区。

3）CD 段（转折区）。当 $1.3V \leqslant u_I < 1.4V$ 时，VT_2、VT_5 管迅速饱和，输出电压急剧下降为低电平（一般在 0.3V 以下），CD 段被称为电压传输特性的转折区。

4）DE 段（饱和区）。$u_I \geqslant 1.4V$ 后，随着输入电压 u_I 的继续增加，VT_5 管饱和程度加深，输出不再随输入变化且保持为低电平。DE 段被称为电压传输特性的饱和区。

从以上分析可以看到，转折区可作为输出高、低电平的分界线，通常把转折区中点所对应的输入电压值称为阈值电压或门槛电压，用 U_{TH} 表示。

在实际应用中，为简化分析，通常把电压传输特性简化成如图 7-13c 所示的简化电压传输特性曲线。

（2）主要参数

1）输出高电平 U_{OH}。一个或几个输入端接低电平时的输出电平，称为输出高电平。即对应于电压传输特性曲线上 AB 段的输出电压值。U_{OH} 的典型值约为 3.6V，产品规范值 $U_{OH} \geqslant 2.4V$。

2）输出低电平 U_{OL}。输入全为高电平时的输出电平，称为输出低电平。即对应于电压传输特性曲线上 DE 段的输出电压值。U_{OL} 典型值约为 0.3V，产品规范值 $U_{OL} \leqslant 0.4V$。

3）关门电平 U_{OFF}。在空载条件下，使输出电平达到标准高电平（输出高电平的下限值）所对应的输入低电平的最大值称为关门电平 U_{OFF}。它表示使与非门关断的最大输入电平。当输入低电平受外界干扰而有所上升时，只要不高于关门电平，输出电平则仍为确定的高电平。因此，关门电平 U_{OFF} 越大，抗干扰能力越强。

4）开门电平 U_{ON}。在额定负载条件下，使输出电平达到标准低电平（输出低电平的上限值）所对应的输入高电平的最小值称为开门电平 U_{ON}。它表示使与非门开通的最小输入电平。当输入高电平受外界干扰而有所下降时，只要不低于开门电平，输出电平则仍为确定的低电平。因此，开门电平 U_{ON} 越小，抗干扰能力越强。

5）阈值电压 U_{TH}。阈值电压 U_{TH} 一般为 1.4V。这是一个很重要的参数，在近似分析中，当 $u_I > U_{TH}$ 时，就认为 TTL 与非门开门，输出低电平；当 $u_I < U_{TH}$ 时，则认为 TTL 与非门关门，输出高电平。

6）低电平噪声容限 U_{NL}。在保证输出为高电平的前提下，允许加在输入低电平 U_{IL} 上的最大正向干扰电压，称为低电平噪声容限。由图 7-13b 可知

$$U_{NL} = U_{OFF} - U_{IL}$$

7）高电平噪声容限 U_{NH}。在保证输出为低电平的前提下，允许加在输入高电平 U_{IH} 上的最大负向干扰电压，称为高电平噪声容限。由图 7-13b 可知

$$U_{NH} = U_{IH} - U_{ON}$$

为了提高集成门电路的抗干扰能力，应尽量提高输入信号的噪声容限。

8）扇出系数 N_O。扇出系数指 TTL 与非门在保证输出为额定电平的前提下，所能驱动同类型与非门的最大数目。它是反映门电路带负载能力的一个重要参数。一般 TTL 与非门的扇出系数 $N_O \geqslant 8$。

9）平均传输延迟时间 t_{pd}。平均传输延迟时间是用来表示电路开关速度的参数。由于各晶体管由导通到截止或由截止到导通都需要一定的时间，输出信号总有一定的延时。如图 7-14 所示，从输入波形上升沿的 50% 处到输出波形下降沿的 50% 处的时间延迟称为导通延迟时间 t_{PHL}；从输入波形下降沿的 50% 处到输出波形上升沿的 50% 处的时间延迟称为截止延迟时间 t_{PLH}，t_{PHL} 与 t_{PLH} 的平均值定义为平均传输延迟时间 t_{pd}，即

$$t_{pd} = \frac{t_{PHL} + t_{PLH}}{2}$$

t_{pd} 越小越好，TTL 的 t_{pd} 在 $10 \sim 40ns$ 之间。

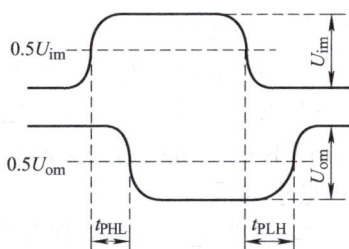

图 7-14　传输延迟时间图

10）功耗 – 延迟积。门电路的速度与功耗之间往往是矛盾的。降低功耗会增加延时，使门电路速度降低，而提高门电路速度又要以增加功耗为代价。因此，通常用功耗与平均传输延迟时间的乘积作为门电路的一个质量指标，称之为功耗 – 延迟积，用 M 表示，即

$$M = Pt_{pd}$$

M 值越小，表明门电路的性能越好。

4. TTL 集成电路系列

根据工作温度和电源电压允许工作范围不同，TTL 集成电路分为 54 系列和 74 系列两大类。54 系列和 74 系列具有完全相同的电路结构和电气性能参数，所不同的是它们的工作条件不同，由表 7-8 可知，54 系列更适合在温度条件恶劣、供电电源变化大的环境中工作，常用于军品；而 74 系列则适合在常规条件下工作，常用于民品。

表 7-8　54 系列和 74 系列的对比

参数	54 系列			74 系列		
	最小	一般	最大	最小	一般	最大
电源电压 /V	4.5	5.0	5.5	4.75	5	5.25
工作温度 /℃	−55	25	125	0	25	70

54 系列和 74 系列又分几个子系列。它们分别是 54/74 标准系列、54/74H 高速系列、54/74S 肖特基系列、54/74LS 低功耗肖特基系列、54/74AS 先进肖特基系列、54/74ALS 先进低功耗肖特基系列等。54 系列和 74 系列的几个子系列的主要区别反映在平均传输延迟时间和平均功耗这两个参数上，其他电参数和引脚排列图基本上是彼此相容的。所谓肖特基系列，是在集成电路中生成抗饱和二极管（或称肖特基二极管）以避免晶体管进入饱和状态，使传输延迟时间大幅度减小，用以提高 54/74 系列门电路的速度。下面以 74 系列为例来说明它的各子系列的主要区别。

（1）74 标准系列　74 标准系列又称标准 TTL 系列，和 CT1000 系列相对应，是 TTL 集成电路的早期产品，属于中速 TTL 器件。由于电路中晶体管的基极驱动电流过大，晶体管则工作在深饱和状态，故工作速度不高，每门功耗约为 10mW，平均传输延迟时间约为 10ns。

（2）74H 高速系列　74H 高速系列又称 HTTL 系列，和 CT2000 系列相对应。它的特点是工作速度较标准系列高，平均传输延迟时间约为 6ns，但每门功耗比较大，约为 20mW。

（3）74S 肖特基系列　74S 肖特基系列又称 STTL 系列，和 CT3000 系列相对应。它的电路结构采用抗饱和晶体管和有源泄放电路，使电路的工作速度和抗干扰能力都得到提

高。平均传输延迟时间约为 3ns，每门功耗约为 19mW。

（4）74LS 低功耗肖特基系列　74LS 低功耗肖特基系列又称 LSTTL 系列，和 CT4000 系列相对应。它的电路结构是在 STTL 的基础上，加大了电阻阻值，这样既提高了工作速度，又降低了功耗。LSTTL 与非门的每门功耗约为 2mW，平均传输延迟时间约为 5ns，这是 TTL 门电路中功耗 – 延迟积最小的系列。

（5）74AS 先进肖特基系列　74AS 先进肖特基系列又称 ASTTL 系列，它是 74S 系列的后继产品，是在 74S 系列的基础上大大降低了电路中的电阻阻值，从而提高了工作速度。其平均传输延迟时间约为 1.5ns，但每门功耗比较大，约为 20mW。

（6）74ALS 先进低功耗肖特基系列　74ALS 先进低功耗肖特基系列又称 ALSTTL 系列，它是 74LS 系列的后继产品，是在 74LS 系列的基础上通过增大电路中的电阻阻值、改进生产工艺和缩小内部器件的尺寸等措施，降低了电路的平均功耗，提高了工作速度。其平均传输延迟时间约为 4ns，每门功耗约为 1mW。

不同子系列的主要区别主要在于功耗、速度、抗干扰能力等，表 7-9 列出了各子系列的主要参数，不同系列同型号的器件引脚排列完全相同。

表 7-9　TTL74 系列各子系列的主要参数

74 子系列	平均传输延迟时间 /（ns/ 门）	平均功耗 /（mW/ 门）	典型噪声容限 /V	扇出系数
74 × ×	10	10	1	10
74L × ×	33	1	1	10
74H × ×	6	22	1	10
74S × ×	3	19	0.5	10
74LS × ×	9	2	0.6	10
74AS × ×	1.5	20	0.5	40
74ALS × ×	4	1	0.5	20

对以上各系列的电路结构及工作原理不做具体介绍，只要求掌握各系列的特点，应用时可查阅有关资料或手册，根据实际要求选择合适的产品型号。

7.2.2　其他类型的 TTL 与非门

TTL 门电路除与非门外，还有其他多种门电路，常用的有与门、或门、非门、或非门、与或非门、异或门等，它们的逻辑功能与分立元器件对应的门电路相同，下面介绍两种特殊的 TTL 门电路：集电极开路门（OC 门）和三态门（TSL 门）。

1. 集电极开路（OC）与非门

在实际应用中，有时需要将几个与非门的输出端并联，实现线与功能。从逻辑关系上看，最简单的办法是把各个与非门的输出端直接相连，如图 7-15 所示。电路中，只要 Y_1 或 Y_2 中有一个是低电平，Y 即为低电平；只有当 Y_1、Y_2 均为高电平时，Y 才为高电平。因此，这个电路实现的功能是 $Y=Y_1Y_2$，即它实现的是两输出端线与功能。

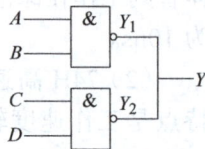

图 7-15　两个输出端并联的与非门

但普通的 TTL 与非门的输出端是不能直接相连的。因为性能良好的 TTL 与非门的输出电阻很小，如果将它们的输出端相连，就可能出现图 7-16 所示的情形。当一个门的输出为高电平（如 Y_1），另一个门的输出为低电平（如 Y_2）时，将有一个很大的电流从 V_{CC} 经 Y_1 到 Y_2，到导通的与非门的输出级，使输出低电平升高，造成输出逻辑的混乱，同时还可能因功耗过大而损坏与非门。因此，普通的 TTL 与非门不能采用线与连接，而要采用集电极开路门。

图 7-17a 是集电极开路（OC）与非门的内部电路，图 7-17b 是其逻辑符号。由于将典型 TTL 与非门电路输出级晶体管的集电极开路，故可以实现线与连接。

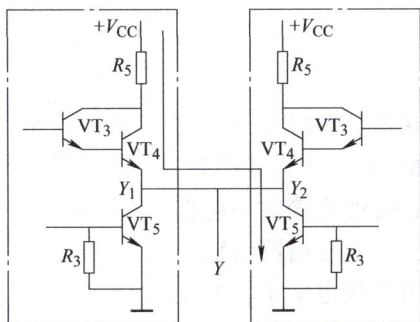

图 7-16　两个输出端直接连接的 TTL 与非门

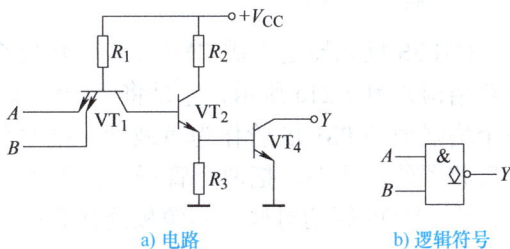

a) 电路　　　　b) 逻辑符号

图 7-17　集电极开路与非门

OC 门工作时，需要在输出端 Y 和电源 V_{CC} 间外接一个上拉负载电阻 R_L。

将多个 OC 门的输出端并联，实现的是线与功能。如图 7-18 所示，$Y = Y_1 Y_2 = \overline{AB} \cdot \overline{CD} = \overline{AB + CD}$。线与功能可用于数据总线系统中。此外，OC 门还可用于驱动显示电路、驱动继电器电路和实现电平转换等。

2. 三态门（TSL 门）

在数字系统中，为了使各逻辑部件在总线上能相互分时传送信号，就必须有三状态输出门电路（简称三态门），即输出有 "0" 态、"1" 态和高阻态三种逻辑状态。三态门的逻辑符号如图 7-19 所示，EN、$\overline{EN}$ 为控制端，又称使能端。

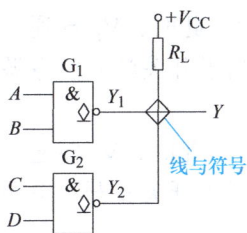

图 7-18　OC 门用于线与功能

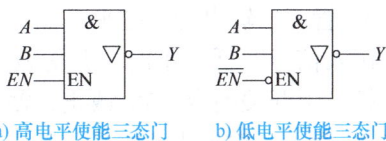

a) 高电平使能三态门　　b) 低电平使能三态门

图 7-19　三态门逻辑符号

图 7-19a 是高电平使能三态门。它的逻辑功能是：当使能端 EN 接高电平时，输入端 A、B 与输出端 Y 之间实现与非逻辑功能，三态门处于工作状态；EN 为低电平时，三态门处于高阻状态，其输出端相当于与所连接的电路断开。

图 7-19b 是低电平使能三态门。它的逻辑功能是：当使能端 $\overline{EN}$ 为低电平时，三态门处于工作状态；$\overline{EN}$ 为高电平时，三态门处于高阻状态。

三态门主要用于构成计算机接口电路，它可以用一根导线轮流传送几组不同的数据或信号，如图 7-20 所示，这根导线称为总线。这种用总线来传送数据或信号的方法，在计算机中被广泛采用。

7.2.3 CMOS 集成逻辑门

CMOS 集成逻辑门电路是互补金属－氧化物－半导体场效应晶体管门电路的简称。它是由增强型 NMOS 管和增强型 PMOS 管组成的互补对称 MOS 门电路。CMOS 电路除了工作速度比 TTL 电路略低外，CMOS 电路的优点是微功耗、高抗干扰能力、电压范围宽（3 ～ 18V）、噪声容限大、扇出系数大等。因此，它在中、大规模数字集成电路中有着广泛的应用。

图 7-20　三态门用于总线传输

1. CMOS 反相器

CMOS 反相器是组成 CMOS 数字集成系统最基本的逻辑单元，其电路结构如图 7-21a 所示，它是将一个增强型的 NMOS 管作为驱动管，一个增强型的 PMOS 管作为负载管，把两个管子的栅极连接在一起作为反相器的输入端，把两个管子的漏极连接在一起作为反相器的输出端，将 PMOS 管的衬底与其源极连接在一起的引出线接电源 V_{DD} 的正端，将 NMOS 管的衬底与其源极连接在一起的引出线接地。

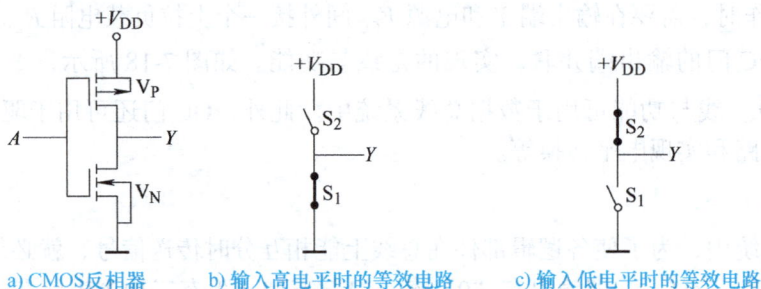

a) CMOS反相器　　　b) 输入高电平时的等效电路　　　c) 输入低电平时的等效电路

图 7-21　CMOS 反相器及其等效电路

当输入信号为高电平时，其等效电路如图 7-21b 所示。此时，V_N 导通，其导通电阻很小，相当于开关闭合；V_P 截止，截止电阻非常大，相当于开关断开。电源电压几乎全部降在 V_P 管上，输出为低电平。

当输入信号为低电平时，其等效电路如图 7-21c 所示。此时，V_P 导通，其导通电阻很小，相当于开关闭合；V_N 截止，截止电阻非常大，相当于开关断开。电源电压几乎全部降在 V_N 管上，输出为高电平。

综上所述，CMOS 反相器具有非门的逻辑功能，工作时总是只有一个管子导通，而另一个管子截止，故称为互补 MOS 电路，简称为 CMOS 门电路。

因为工作时总是只有一个管子导通，而另一个管子截止，因此，静态功耗很低，低到微瓦以下，这对提高集成度非常重要。

CMOS 反相器的电压传输特性如图 7-22 所示。由于 CMOS 反相器中 V_N、V_P 两管的特性对称，因此具有很好的电压传输特性，其阈值电压高，$U_{TH} = \frac{1}{2} V_{DD}$。这种形式的电压传输特性使 CMOS 门获得了最大限度的输入噪声容限，因此 CMOS 门的抗干扰能力强。CMOS 门与 TTL 门的性能比较见表 7-10。

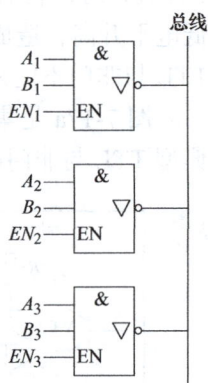

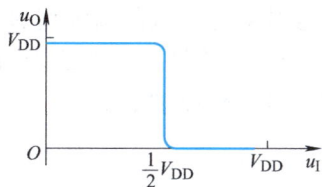

图 7-22　CMOS 反相器的电压传输特性

表 7-10　CMOS 门与 TTL 门的性能比较

性能名称	TTL	CMOS
主要特点	高速	微功耗、高抗干扰能力
集成度	中	极高
电源电压 /V	5	3 ～ 18
平均延迟时间 /ns	3 ～ 10	40 ～ 60
最高计数频率 /MHz	35 ～ 125	2
平均导通功耗 /mW	2 ～ 22	0.001 ～ 0.01
输出高电平 /V	3.4	电源电压
输出低电平 /V	0.4	0

2. 其他类型的 CMOS 门电路

（1）CMOS 与非门　CMOS 与非门电路如图 7-23 所示，两个串联的增强型 NMOS 管 V_{N1} 和 V_{N2} 为驱动管，两个并联的增强型 PMOS 管 V_{P1} 和 V_{P2} 为负载管。其工作原理如下：

当输入端 A、B 中有低电平时，P 沟道管 V_{P1}、V_{P2} 中必有导通的，N 沟道管 V_{N1}、V_{N2} 必有截止的，则输出为高电平；当输入端 A、B 全为高电平时，V_{N1}、V_{N2} 都导通，V_{P1}、V_{P2} 都截止，则输出为低电平。因此，这个电路为与非门，即 $Y = \overline{AB}$。

（2）CMOS 或非门　CMOS 或非门电路如图 7-24 所示，两个并联的增强型 NMOS 管 V_{N1} 和 V_{N2} 为驱动管，两个串联的增强型 PMOS 管 V_{P1} 和 V_{P2} 为负载管。其工作原理如下：

当输入端 A、B 中有高电平时，N 沟道管 V_{N1}、V_{N2} 中必有导通的，而 P 沟道管 V_{P1}、V_{P2} 中必有截止的，此时输出低电平；当输入端 A、B 全为低电平时，V_{N1}、V_{N2} 都截止，V_{P1}、V_{P2} 都导通，则输出为高电平。因此，这个电路为或非门，即

$$Y = \overline{A + B}$$

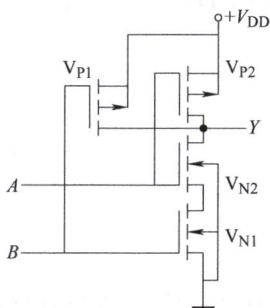

图 7-23　CMOS 与非门

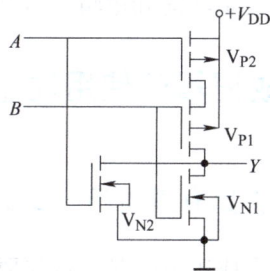

图 7-24　CMOS 或非门

（3）CMOS 传输门　将两个参数对称一致的增强型 NMOS 管 V_N 和 PMOS 管 V_P 并联就可构成 CMOS 传输门，其电路和逻辑符号如图 7-25 所示。它有一个输入端和一个输出端，有两个互补的控制端 C 和 $\bar{C}$。其工作原理如下：

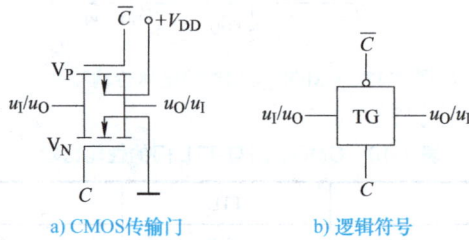

a) CMOS传输门　　　　　b) 逻辑符号

图 7-25　CMOS 传输门及其逻辑符号

设控制信号的高、低电平分别是 V_{DD} 和 0。

当 $C=0$、$\bar{C}=1$ 时，只要输入信号的变化范围在 $0 \sim V_{DD}$ 内，则 V_N 和 V_P 同时截止，输入和输出之间呈现高阻态，相当于开关断开。

当 $C=1$、$\bar{C}=0$ 时，且 $0 \leqslant u_I \leqslant V_{DD}-U_{GS(th)N}$，则 V_N 导通；若 $|U_{GS(th)P}| \leqslant u_I \leqslant V_{DD}$，则 V_P 导通。因此，只要输入信号的变化范围在 $0 \sim V_{DD}$ 内，至少有一个管子是导通的，输出与输入之间形成导电通路，相当于开关闭合。

因为 MOS 管结构对称，源、漏极可以互换，所以 CMOS 传输门的输入和输出端也是可以互换的，故 CMOS 传输门是一种传输信号的双向开关。

用 CMOS 传输门和反相器可构成双向模拟开关，如图 7-26a 所示，图 7-26b 是其逻辑符号。当 $C=1$ 时，传输门开启，开关接通，$u_O=u_I$；当 $C=0$ 时，传输门关断，即开关断开，u_I 的信号不能送到 u_O 端。

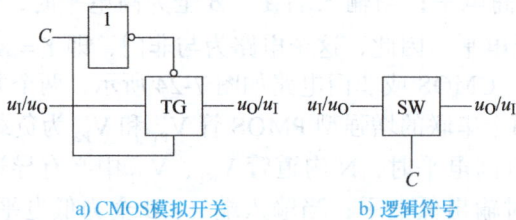

a) CMOS模拟开关　　　　　b) 逻辑符号

图 7-26　CMOS 模拟开关及其逻辑符号

除了上述列举的几种 CMOS 门之外，CMOS 电路也可以做成其他逻辑门，如与或非门、异或门等。从结构上来讲，也可以做成漏极开路门（OD 门）和三态门（TSL）等。CMOS 门的逻辑功能和逻辑符号与 TTL 门是对应一致的。

7.3　集成逻辑门使用注意事项

7.3.1　各类集成逻辑门电路的性能比较

在使用集成逻辑门时，首先要根据工作速度、功耗指标等要求，合理选择逻辑门的类型，然后确定合适的集成逻辑门型号。在许多电路中，TTL 和 CMOS 门电路会混合使用。

因此，应熟悉各类集成逻辑门电路的性能。表 7-11 列出了 TTL 和 CMOS 门电路主要系列的主要参数的数据范围。由于产品种类繁多，生产厂家不同，不同型号的产品，乃至同一型号产品的主要参数都有相当大的差异，使用时应以产品说明书为准。

表 7-11　TTL 和 CMOS 门电路主要参数的比较（电源电压为 5V 时）

参数名称	TTL		COMS	
	74	74LS	4000	74HC
输出高电平 $U_{OH(min)}$/V	2.4	2.7	4.95	4.95
输出低电平 $U_{OL(max)}$/V	0.4	0.5	0.05	0.05
输出高电平电流 $I_{OH(max)}$/mA	0.4	0.4	0.51	4
输出低电平电流 $I_{OL(max)}$/mA	16	8	0.51	4
输入高电平 $U_{IH(min)}$/V	2	2	3.5	3.5
输入低电平 $U_{IL(max)}$/V	0.8	0.8	1.5	1
输入高电平电流 $I_{IH(max)}$/μA	40	20	0.1	1
输入低电平电流 $I_{IL(max)}$/mA	−1.6	−0.4	−0.001	−0.001
平均传输延迟时间 t_{pd}/ns	9.5	8	45	10
功耗 P/mW	10	4	0.005	0.005
电源电压 V_{CC} 或 V_{DD}/V	4.75 ～ 5.25		3 ～ 18	2 ～ 6

7.3.2　TTL 与 CMOS 之间的连接问题

在数字系统中，经常会遇到 TTL 电路和 CMOS 电路相互连接的问题，这就要求驱动电路能为负载提供符合要求的高电平、低电平和驱动电流。通常采用相应的接口电路解决这类问题。

1）TTL 电路驱动 CMOS4000 系列和高速 CMOS 电路 CC74HC 系列。用 TTL 电路驱动 CMOS 电路时，主要是考虑 TTL 电路输出的电平是否符合 CMOS 电路输入电平的要求。在电源电压都为 5V 时，CT74S 和 CT74LS 系列 TTL 电路输出的高电平下限值为 2.7V，而 CMOS4000 系列和 CC74HC 系列的输入高电平下限值为 3.5V，这时，TTL 电路不能驱动 CMOS 电路。为了解决它们之间的接口问题，可在 TTL 电路的输出端和电源之间接一个上拉电阻 R_U，如图 7-27a 所示。

如 TTL 电路的电源电压 V_{CC} 和 CMOS 电路的电源电压 V_{DD} 不同时，仍需用上拉电阻 R_U，但需用 OC 门，如图 7-27b 所示。

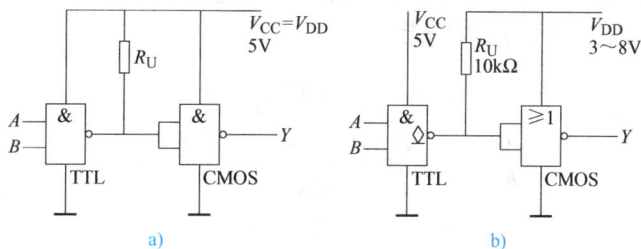

图 7-27　TTL 与 CMOS 的连接

2）TTL 电路驱动高速 CMOS 电路 CC74HCT 系列。由于 CC74HCT 系列在制造时已考虑了与 TTL 电路的兼容问题，因此 TTL 的输出端可直接与 CC74HCT 系列的输入端相连。

3）高速 CMOS 电路驱动 TTL 电路。当高速 CMOS 电路和 TTL 电路的电源电压 $V_{DD}=V_{CC}=5V$ 时，CC74HC 和 CC74HCT 系列的输出端和 TTL 电路的输入端可直接相连。

7.3.3　集成门电路多余输入端的处理

集成门电路多余的输入端在实际使用时一般不悬空，主要是防止干扰信号串入，造成逻辑错误。对于 MOS 门电路是绝对不允许悬空的。这是因为 MOS 管的输入阻抗很高，更容易接受干扰信号，在外界静电干扰时，还会在悬空的输入端积累高电压，造成栅极击穿。

多余的输入端的处理一般有以下几种方法：

1）对于与门、与非门，多余输入端应接高电平。比如，直接接电源的正端，或通过一个数千欧的电阻接电源的正端；在前级驱动能力允许时，可以与有用输入端并联；对于 TTL 门电路，在外界干扰很小时，与门、与非门的多余输入端可以悬空。

2）对于或门、或非门，多余输入端应接低电平。比如直接接地，也可以与有用的输入端并联。

3）对于与或非门中不使用的与门应至少有一个输入端接地。

7.4　组合逻辑电路的分析和设计

组合逻辑电路的特点是：电路在任一时刻的输出状态仅取决于当时的输入状态，而与电路原来的状态无关。组合逻辑电路是由各种门电路组成的，不含记忆元件，且电路输出端和输入端之间无反馈。

7.4.1　组合逻辑电路的分析

组合逻辑电路的分析目的是：根据已知逻辑电路，分析出逻辑功能。

组合逻辑电路分析的一般步骤如下：

1）根据已知的逻辑电路写出各输出端的逻辑表达式。

2）对逻辑表达式进行化简，得出最简与或式。

3）根据最简与或式列出真值表。

4）根据最简式或者真值表，确定电路的逻辑功能。

【例 7-1】分析图 7-28 的逻辑功能。

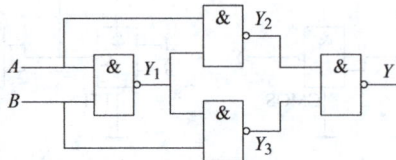

图 7-28　例 7-1 的逻辑电路

解：①逐级写出输出端的逻辑表达式。

$$Y_1 = \overline{AB}$$

$$Y_2 = \overline{AY_1} = \overline{A\,\overline{AB}}$$

$$Y_3 = \overline{Y_1 B} = \overline{\overline{AB}B}$$

$$Y = \overline{Y_2 Y_3} = \overline{\overline{A\,\overline{AB}}\,\overline{\overline{AB}B}}$$

② 化简逻辑表达式。

$$Y = \overline{\overline{A\,\overline{AB}}\,\overline{\overline{AB}B}}$$
$$= A\overline{AB} + \overline{AB}B$$
$$= A(\overline{A} + \overline{B}) + (\overline{A} + \overline{B})B$$
$$= A\overline{B} + \overline{A}B$$
$$= A \oplus B$$

③ 确定电路的逻辑功能。从逻辑表达式可以看出，该电路具有异或功能。所以，可以直接用异或门实现。

7.4.2 组合逻辑电路的设计

组合逻辑电路的设计目的是：根据逻辑功能的要求，设计出逻辑电路。

组合逻辑电路设计的一般步骤如下：

1）根据设计要求，确定输入、输出变量的数目，并对它们进行逻辑赋值。

2）列出真值表。

3）由真值表写出逻辑表达式，并化简为最简逻辑表达式。

4）根据所选择的集成芯片的类型变换逻辑表达式，并画出逻辑电路图。

【例 7-2】用与非门设计一个三人表决器，多数人同意，表决通过。

解：①设变量、赋值。

设变量：设三人的意见为输入变量 A、B、C，表决结果为输出变量 Y。

赋值：对于输入变量 A、B、C，设同意为 1，不同意为 0；对于输出变量 Y，设通过为 1，不通过为 0。

② 列真值表。根据题意，列出表 7-12 所示的真值表。

表 7-12 例 7-2 的真值表

A	B	C	Y
0	0	0	0
0	0	1	0
0	1	0	0
0	1	1	1
1	0	0	0
1	0	1	1
1	1	0	1
1	1	1	1

③ 写逻辑表达式、化简。

$$Y = \overline{A}BC + A\overline{B}C + AB\overline{C} + ABC$$
$$= AB + BC + AC$$

④ 用与非门画逻辑电路图。

$$Y = \overline{\overline{AB + BC + AC}}$$
$$= \overline{\overline{AB}\,\overline{BC}\,\overline{AC}}$$

与门与或门构成的逻辑电路如图 7-29 所示。图 7-30 是由与非门构成的逻辑电路。

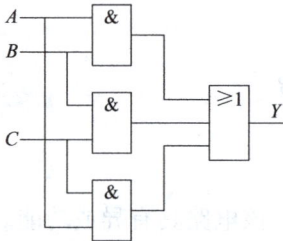

图 7-29　例 7-2 的逻辑电路　　　　　图 7-30　由与非门构成的例 7-2 的逻辑电路

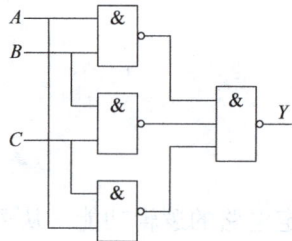

7.5 常用组合逻辑部件及其应用

组合逻辑部件是指具有某种逻辑功能的中规模集成组合逻辑电路芯片。组合逻辑部件的种类很多，常用的有编码器、译码器、数据选择器、分配器、加法器等。组合逻辑部件的体积小、适用性强、兼容性好、功耗低、可靠性高，应用广泛。本节主要介绍它们的逻辑功能和应用。

7.5.1 编码器

用数字、符号或文字表示特定对象的过程称为编码。

编码器是能够实现编码的逻辑电路。例如计算机的键盘就是由编码器组成的，每按一个键，编码器就将该键的信号编成一个二进制代码送到计算机中，以便计算机对信号进行传送、运算处理和存储。又如，对学生的编号、电话号码等都是一种编码方式。

常用的编码器有二进制编码器、二 – 十进制编码器、优先编码器等。

1. 二进制编码器

用 n 位二进制代码对 $N=2^n$ 个信号进行编码的电路，称为二进制编码器。

若编码器输入为 4 个信号，输出为 2 位代码，则称为 4 线 – 2 线编码器。常见的二进制编码器有 4 线 – 2 线、8 线 – 3 线、16 线 – 4 线等。

【例 7-3】试设计一个编码器，要求将 0、1、2、…、7 这八个十进制数编成二进制代码。

解：①确定输入、输出变量个数。由题意知，输入为 8 个需要编码的信号，分别用 I_0、I_1、…、I_7 表示，输出是用来进行编码的 3

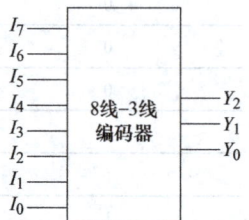

图 7-31　3 位二进制编码器

位二进制代码，分别用 Y_0、Y_1、Y_2 表示，3 位二进制编码器框图如图 7-31 所示。

②列真值表。由于任何时刻只能对其中一个输入信号进行编码。因此，真值表可以采用简化形式编码表，见表 7-13。

表 7-13　3 位二进制编码器的编码表

输入	输出		
I	Y_2	Y_1	Y_0
I_0	0	0	0
I_1	0	0	1
I_2	0	1	0
I_3	0	1	1
I_4	1	0	0
I_5	1	0	1
I_6	1	1	0
I_7	1	1	1

③写逻辑表达式。

$$Y_2 = I_4 + I_5 + I_6 + I_7$$

$$Y_1 = I_2 + I_3 + I_6 + I_7$$

$$Y_0 = I_1 + I_3 + I_5 + I_7$$

④画逻辑电路如图 7-32 所示。

这种编码器在任何时刻只允许输入一个编码信号。例如，当 $I_5 = 1$，其余均为 0 时，输出为 101。二进制代码 001～111 分别表示输入信号 $I_1 \sim I_7$，而当 $I_1 \sim I_7$ 均为 0 时，输出为 000，即表示 I_0。

2. 二–十进制编码器

将十进制数的 10 个数字 0～9 编成二进制代码的电路，称为二–十进制编码器，也称 10 线–4 线编码器。4 位二进制代码共有 $2^4 = 16$ 种状态，任选其中 10 种状态都可以表示 0～9 这 10 个数字。二–十进制编码方案很多，最常用的是 8421BCD 码。设计 8421BCD 码编码器的步骤与二进制编码器大体相同。

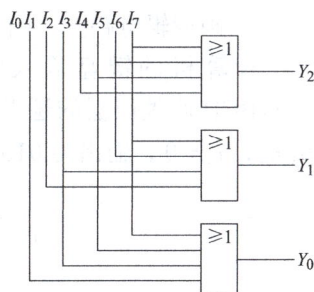

图 7-32　3 位二进制编码器的框图

【例 7-4】试设计一个 8421BCD 码编码器，要求将 0、1、2、…、9 这 10 个十进制数编成二进制代码。

解： ①确定输入、输出变量个数。由题意知，输入为 10 个需要编码的信号，分别用 I_0、I_1、…、I_9 表示，输出是用来进行编码的 4 位二进制代码，分别用 Y_0、Y_1、Y_2、Y_3 表示。

②列真值表。真值表仍采用简化形式编码表，见表 7-14。

表 7-14　8421BCD 码编码器编码表

十进制数	输入	输出			
		Y_3	Y_2	Y_1	Y_0
0	I_0	0	0	0	0
1	I_1	0	0	0	1
2	I_2	0	0	1	0
3	I_3	0	0	1	1
4	I_4	0	1	0	0
5	I_5	0	1	0	1
6	I_6	0	1	1	0
7	I_7	0	1	1	1
8	I_8	1	0	0	0
9	I_9	1	0	0	1

③ 写逻辑表达式

$$Y_3 = I_8 + I_9 = \overline{\overline{I_8}\,\overline{I_9}}$$

$$Y_2 = I_4 + I_5 + I_6 + I_7 = \overline{\overline{I_4}\,\overline{I_5}\,\overline{I_6}\,\overline{I_7}}$$

$$Y_1 = I_2 + I_3 + I_6 + I_7 = \overline{\overline{I_2}\,\overline{I_3}\,\overline{I_6}\,\overline{I_7}}$$

$$Y_0 = I_1 + I_3 + I_5 + I_7 + I_9 = \overline{\overline{I_1}\,\overline{I_3}\,\overline{I_5}\,\overline{I_7}\,\overline{I_9}}$$

④ 画逻辑电路图。图 7-33 是 8421BCD 码编码器。

计算机的键盘输入电路就是由编码器组成。图 7-33 也就是具有 10 个按键的 8421BCD 码编码器的逻辑图。按下某个按键，输入相应的一个十进制数码。例如，按下 S_5 键，$\overline{I_5} = 0$，输出为 0101，即十进制数码 5 被编成二进制代码 0101。

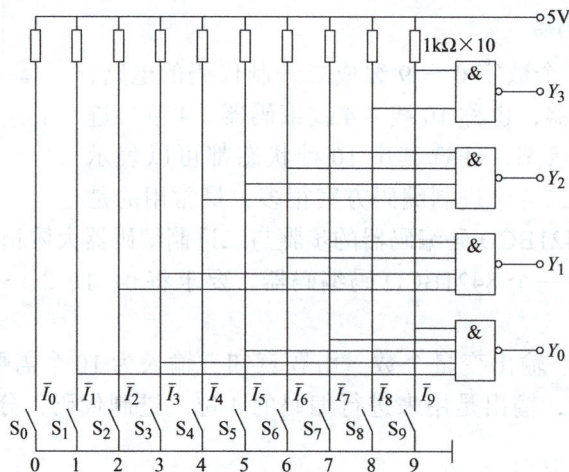

图 7-33　8421BCD 码编码器的逻辑图

3. 优先编码器

前面所介绍的编码器在任何时刻只允许输入一个编码信号，否则，输出端的逻辑功能会发生混乱。但在实际应用中，往往有多个信号同时要求编码的情况，优先编码器就是允许两个或两个以上信号同时要求编码的编码器。优先编码器只对优先级别最高的输入信号编码，故逻辑功能不会混乱。

常用的集成 8 线 – 3 线优先编码器有 74LS148，10 线 – 4 线 8421BCD 优先编码器则有 74LS147、CC40147 等。

下面介绍 8 线 – 3 线优先编码器 74LS148 的工作原理及其应用。74LS148 的引脚排列图、示意框图如图 7-34 所示，其编码表见表 7-15。

表 7-15　74LS148 编码表

输入									输出				
$\overline{ST}$	$\overline{IN_0}$	$\overline{IN_1}$	$\overline{IN_2}$	$\overline{IN_3}$	$\overline{IN_4}$	$\overline{IN_5}$	$\overline{IN_6}$	$\overline{IN_7}$	$\overline{Y_2}$	$\overline{Y_1}$	$\overline{Y_0}$	$\overline{Y_{EX}}$	Y_S
1	×	×	×	×	×	×	×	×	1	1	1	1	1
0	1	1	1	1	1	1	1	1	1	1	1	1	0
0	×	×	×	×	×	×	×	0	0	0	0	0	1
0	×	×	×	×	×	×	0	1	0	0	1	0	1
0	×	×	×	×	×	0	1	1	0	1	0	0	1
0	×	×	×	×	0	1	1	1	0	1	1	0	1
0	×	×	×	0	1	1	1	1	1	0	0	0	1
0	×	×	0	1	1	1	1	1	1	0	1	0	1
0	×	0	1	1	1	1	1	1	1	1	0	0	1
0	0	1	1	1	1	1	1	1	1	1	1	0	1

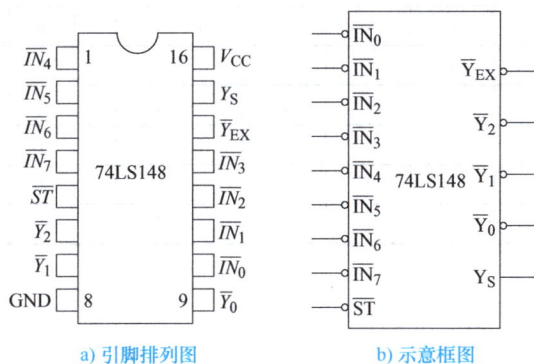

a) 引脚排列图　　　b) 示意框图

图 7-34　8 线 – 3 线优先编码器 74LS148

由示意框图可见，优先编码器 74LS148 有 8 个信号输入端 $\overline{IN_7}$ ～ $\overline{IN_0}$，输入低电平有效。3 个二进制码输出端 $\overline{Y_0}$ ～ $\overline{Y_2}$，采用反码输出，所谓反码是指它的数值原定输出为 1 时，现在输出为 0。如原定为 101，那么它的反码是 010。输入优先级别的顺序由高到低依次为 $\overline{IN_7}$、$\overline{IN_6}$、…、$\overline{IN_0}$。此外，电路还设有输入 $\overline{ST}$、输出 Y_S 和 $\overline{Y_{EX}}$，它们的功能是：

$\overline{ST}$ 为输入使能端，低电平有效。当 $\overline{ST}=0$ 时，编码器工作；而 $\overline{ST}=1$ 时，则不论 8 个输入端为何种状态，三个编码器均为高电平，且 Y_S 和 $\overline{Y}_{EX}$ 也为高电平。编码器处于不工作状态。

Y_S 为输出使能端（选通输出）。Y_S 只有在 $\overline{ST}=0$ 时，且所有输入端都为 1（即无效状态）时，输出为 0。在两片集成电路串接应用时，高位片的 Y_S 与低位片 $\overline{ST}$ 串接，以便扩展优先编码功能。

$\overline{Y}_{EX}$ 为优先编码工作状态标志，低电平有效。当 $\overline{ST}=0$ 时，且至少有 1 个输入端有编码请求信号时，$\overline{Y}_{EX}=0$，表明编码器处于工作状态，否则为 1。利用 $\overline{Y}_{EX}$ 的状态可以区别：8 个输入端均为无效电平和只有输入 $\overline{IN}_0$ 端有低电平输入时，$\overline{Y}_2\overline{Y}_1\overline{Y}_0$ 均为 111 的两种情况。

【例 7-5】 对于优先编码器 74LS148，当输入 $\overline{IN}_7 \sim \overline{IN}_0 = 11101101$、$\overline{ST}=0$ 时，试由表 7-16 确定 $\overline{Y}_2\overline{Y}_1\overline{Y}_0$ 的编码输出和 $\overline{Y}_{EX}$、Y_S 的状态。

解： $\overline{ST}=0$，允许编码器工作。输入 $\overline{IN}_4$ 和 $\overline{IN}_1$ 为 0，即为有效低电平，且 $\overline{IN}_4$ 的优先级高于 $\overline{IN}_1$，所以，输出应为 $\overline{IN}_4$ 的编码，即 $\overline{Y}_2\overline{Y}_1\overline{Y}_0 = 011$。据编码表可知 $\overline{Y}_{EX}=0$，表示编码器处于工作状态，此时输出有效编码，且 $Y_S=1$。

表 7-16　74LS148 编码表

输入									输出				
$\overline{ST}$	$\overline{IN}_0$	$\overline{IN}_1$	$\overline{IN}_2$	$\overline{IN}_3$	$\overline{IN}_4$	$\overline{IN}_5$	$\overline{IN}_6$	$\overline{IN}_7$	$\overline{Y}_2$	$\overline{Y}_1$	$\overline{Y}_0$	$\overline{Y}_{EX}$	Y_S
1	×	×	×	×	×	×	×	×	1	1	1	1	1
0	1	1	1	1	1	1	1	1	1	1	1	1	0
0	×	×	×	×	×	×	×	0	0	0	0	0	1
0	×	×	×	×	×	×	0	1	0	0	1	0	1
0	×	×	×	×	×	0	1	1	0	1	0	0	1
0	×	×	×	×	0	1	1	1	0	1	1	0	1
0	×	×	×	0	1	1	1	1	1	0	0	0	1
0	×	×	0	1	1	1	1	1	1	0	1	0	1
0	×	0	1	1	1	1	1	1	1	1	0	0	1
0	0	1	1	1	1	1	1	1	1	1	1	0	1

7.5.2　译码器

1. 译码器概述

译码是编码的逆过程。它是将某代码"翻译"成一个相应的输出信号。能实现译码功能的逻辑电路称为译码器。

假设译码器有 n 个输入信号和 N 个输出信号，如果 $N=2^n$，就称为全译码器。全译码器即为二进制译码器，常用的有 2 线 – 4 线译码器、3 线 – 8 线译码器、4 线 – 16 线译码器等。如果 $N<2^n$，就称为部分译码器，如 4 线 – 10 线译码器（即二 – 十进制译码器）等。

译码器按其功能可分为二进制译码器、二 – 十进制译码器和显示译码器。

下面以 2 位二进制译码器即 2 线 - 4 线译码器为例来说明译码器电路的组成和工作原理。

【例 7-6】设计一个 2 位二进制译码器。

解：①确定输入、输出变量个数。由题意知：输入是 2 位二进制代码，分别用 A_1、A_0 表示，它有 00、01、10、11 四种状态，输出是与四种状态——对应的高、低电平，分别用 Y_0、Y_1、Y_2、Y_3 表示。

② 列真值表。真值表见表 7-17。

表 7-17　2 位二进制译码器真值表

输入		输出			
A_1	A_0	Y_3	Y_2	Y_1	Y_0
0	0	0	0	0	1
0	1	0	0	1	0
1	0	0	1	0	0
1	1	1	0	0	0

③ 写逻辑表达式

$$Y_3 = A_1 A_0 = m_3$$

$$Y_2 = A_1 \overline{A}_0 = m_2$$

$$Y_1 = \overline{A}_1 A_0 = m_1$$

$$Y_0 = \overline{A}_1 \overline{A}_0 = m_0$$

不难看出，译码器的每一个输出端对应一个最小项。因此，译码器可以用作函数发生器。

④ 画逻辑电路图。如果要使输出端为低电平有效，则将上述各等式两边取反，这样就可全部用与非门来实现，如图 7-35 所示。

2. 集成译码器

（1）二进制译码器

1）二进制译码器 74LS139。74LS139 集成二进制译码器是双 2 线 - 4 线译码器，它内部有两个功能完全相同、各自独立的译码器，与图 7-35 相比多了一个使能端 $\overline{S}$。74LS139 引脚排列图如图 7-36 所示，表 7-18 是它的功能表。

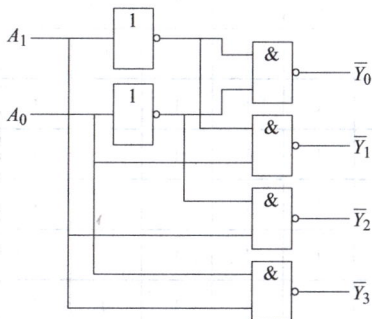

图 7-35　2 位二进制译码器

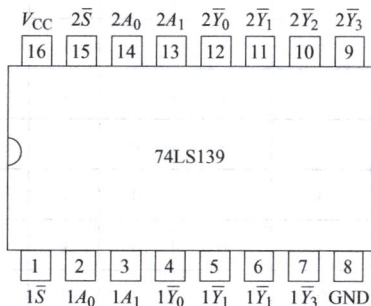

图 7-36　74LS139 引脚排列图

表 7-18　74LS139 译码器功能表

输入			输出			
$\overline{S}$	A_1	A_0	$\overline{Y_3}$	$\overline{Y_2}$	$\overline{Y_1}$	$\overline{Y_0}$
1	×	×	1	1	1	1
0	0	0	1	1	1	0
0	0	1	1	1	0	1
0	1	0	1	0	1	1
0	1	1	0	1	1	1

2）二进制译码器 74LS138。74LS138 的引脚排列图及示意框图分别如图 7-37 所示，功能表见表 7-19。

由示意框图（见图 7-37b）可知，74LS138 有 3 个输入端 A_0、A_1、A_2，8 个输出端 $\overline{Y_0} \sim \overline{Y_7}$，它是 3 线 – 8 线译码器，属于全译码器，输出低电平有效。使能端 ST_A 为高电平有效、$\overline{ST}_B$ 和 $\overline{ST}_C$ 为低电平有效。由真值表可知，只要三个使能端中有一个不满足，其输出端将全部为 1，即要保证 74LS138 正常译码，必须满足 $ST_A = 1$，$\overline{ST}_B = \overline{ST}_C = 0$。

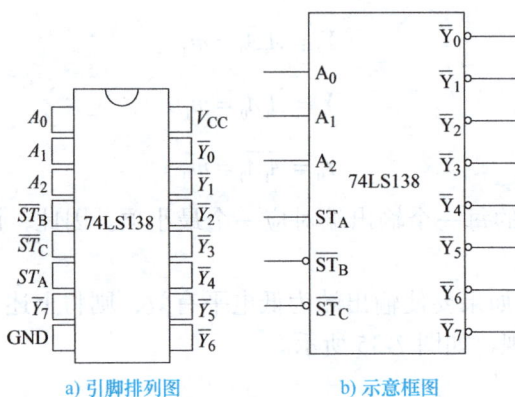

a) 引脚排列图　　　　b) 示意框图

图 7-37　74LS138 译码器功能表

表 7-19　74LS138 译码器功能表

输入						输出							
ST_A	$\overline{ST}_B$	$\overline{ST}_C$	A_2	A_1	A_0	$\overline{Y_7}$	$\overline{Y_6}$	$\overline{Y_5}$	$\overline{Y_4}$	$\overline{Y_3}$	$\overline{Y_2}$	$\overline{Y_1}$	$\overline{Y_0}$
×	1	×	×	×	×	1	1	1	1	1	1	1	1
×	×	1	×	×	×	1	1	1	1	1	1	1	1
0	×	×	×	×	×	1	1	1	1	1	1	1	1
1	0	0	0	0	0	1	1	1	1	1	1	1	0
1	0	0	0	0	1	1	1	1	1	1	1	0	1
1	0	0	0	1	0	1	1	1	1	1	0	1	1

（续）

输入						输出							
ST_A	$\overline{ST}_B$	$\overline{ST}_C$	A_2	A_1	A_0	$\overline{Y}_7$	$\overline{Y}_6$	$\overline{Y}_5$	$\overline{Y}_4$	$\overline{Y}_3$	$\overline{Y}_2$	$\overline{Y}_1$	$\overline{Y}_0$
1	0	0	0	1	1	1	1	1	1	0	1	1	1
1	0	0	1	0	0	1	1	1	0	1	1	1	1
1	0	0	1	0	1	1	1	0	1	1	1	1	1
1	0	0	1	1	0	1	0	1	1	1	1	1	1
1	0	0	1	1	1	0	1	1	1	1	1	1	1

当 $ST_A = 1$、$\overline{ST}_B = \overline{ST}_C = 0$ 时，由表 7-19 可得

$\overline{\overline{Y}}_0 = \overline{\overline{A}_2\overline{A}_1\overline{A}_0}$，即　　　　　$Y_0 = \overline{A}_2\overline{A}_1\overline{A}_0 = m_0$

$\overline{\overline{Y}}_1 = \overline{\overline{A}_2\overline{A}_1 A_0}$，即　　　　　$Y_1 = \overline{A}_2\overline{A}_1 A_0 = m_1$

$\overline{\overline{Y}}_7 = \overline{A_2 A_1 A_0}$，即　　　　　$Y_7 = A_2 A_1 A_0 = m_7$

　　（2）二 – 十进制译码器　二 – 十进制译码器是将 4 位 BCD 码的 10 组输入代码翻译成 10 个对应输出信号的电路，由于它有 4 个输入端、10 个输出端，所以又称为 4 线 – 10 线译码器。

　　二 – 十进制译码器 74LS42 为 8421BCD 码。其引脚排列图如图 7-38 所示。由表 7-20 真值表看出，74LS42 输出低电平有效。它的 10 组输入代码为 0000 ～ 1001，其输出端 $\overline{Y}_0 \sim \overline{Y}_9$ 中，只有对应的一个输出为 0，其余均为 1。例如，当 $A_3 A_2 A_1 A_0 = 0101$ 时，输出 $\overline{Y}_5 = 0$，其余均为 1，对应于十进制 5。当译码器的输入从 1010 变到 1111 时，$\overline{Y}_0 \sim \overline{Y}_9$ 中无低电平信号产生，译码器拒绝"翻译"，这些没有被采用的代码称伪码。可见，这种电路结构具有拒绝伪码的功能。74LS42 没有使能输入控制端。

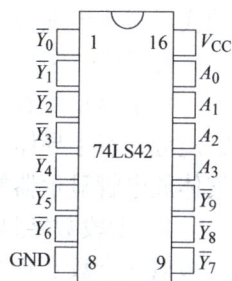

图 7-38　74LS42 译码器的引脚排列

表 7-20　74LS42 译码器真值表

十进制数	输入				输出									
	A_3	A_2	A_1	A_0	$\overline{Y}_9$	$\overline{Y}_8$	$\overline{Y}_7$	$\overline{Y}_6$	$\overline{Y}_5$	$\overline{Y}_4$	$\overline{Y}_3$	$\overline{Y}_2$	$\overline{Y}_1$	$\overline{Y}_0$
0	0	0	0	0	1	1	1	1	1	1	1	1	1	0
1	0	0	0	1	1	1	1	1	1	1	1	1	0	1
2	0	0	1	0	1	1	1	1	1	1	1	0	1	1
3	0	0	1	1	1	1	1	1	1	1	0	1	1	1
4	0	1	0	0	1	1	1	1	1	0	1	1	1	1
5	0	1	0	1	1	1	1	1	0	1	1	1	1	1
6	0	1	1	0	1	1	1	0	1	1	1	1	1	1
7	0	1	1	1	1	1	0	1	1	1	1	1	1	1

（续）

十进制数	输入				输出									
	A_3	A_2	A_1	A_0	$\overline{Y_9}$	$\overline{Y_8}$	$\overline{Y_7}$	$\overline{Y_6}$	$\overline{Y_5}$	$\overline{Y_4}$	$\overline{Y_3}$	$\overline{Y_2}$	$\overline{Y_1}$	$\overline{Y_0}$
8	1	0	0	0	1	0	1	1	1	1	1	1	1	1
9	1	0	0	1	0	1	1	1	1	1	1	1	1	1
伪码	1	0	1	0	1	1	1	1	1	1	1	1	1	1
	1	0	1	1	1	1	1	1	1	1	1	1	1	1
	1	1	0	0	1	1	1	1	1	1	1	1	1	1
	1	1	0	1	1	1	1	1	1	1	1	1	1	1
	1	1	1	0	1	1	1	1	1	1	1	1	1	1
	1	1	1	1	1	1	1	1	1	1	1	1	1	1

（3）数字显示译码器　在数字系统中，常需要将数字、文字或符号等直观地显示出来。能够显示数字、文字或符号的器件称为数字显示器。数字电路中的数字量都是以一定的代码形式出现的，所以这些数字量要先经过译码，才能送到显示器去显示。这种能把数字量翻译成数字显示器所能识别的信号的译码器为数字显示译码器。

数字显示器有多种类型。按显示方式分，有字形重叠式、点阵式、分段式等。按发光物质分，有半导体显示器 [又称发光二极管（LED）显示器]、荧光显示器、液晶显示器、气体放电管显示器等。目前应用较广泛的是由发光二极管构成的七段数字显示器。

1）七段数字显示器。图 7-39 为发光二极管构成的七段数字显示器。它是将 7 个发光二极管（小数点也是一个发光二极管，共 8 个）按一定的方式排列起来，七段 a、b、c、d、e、f、g（小数点 DP）各对应一个发光二极管，利用不同发光段的组合，显示不同的阿拉伯数字。

a) 数字显示器　　b) 显示的数字

图 7-39　七段数字显示器

根据 7 个发光二极管的连接形式不同，七段数字显示器分为共阴极和共阳极接法两种。

图 7-40a 所示为共阳极接法，它是将 7 个发光二极管的阳极连在一起作公共端，使用时要接高电平。发光二极管的阴极经过限流电阻接到输出低电平有效的七段译码器相应的输出端。

图 7-40b 所示为共阴极接法，它是将 7 个发光二极管的阴极连在一起作公共端，使用时要接低电平。发光二极管的阳极经过限流电阻接到输出高电平有效的七段译码器相应的输出端。

改变限流电阻的阻值，可改变发光二极管电流的大小，从而控制显示器的发光亮度。

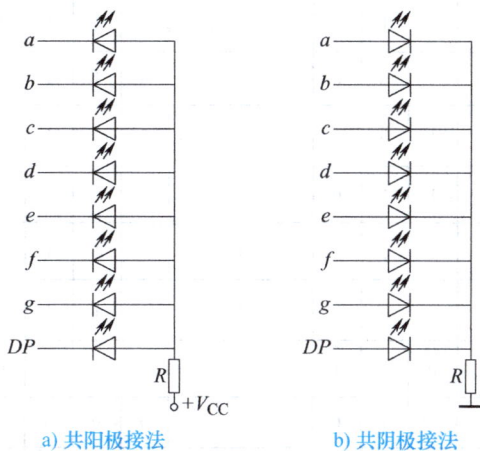

a) 共阳极接法　　　　　b) 共阴极接法

图 7-40　七段数字显示器的内部接法

2）七段显示译码器 74LS48。由七段显示器可知，要显示十进制数字，就必须将十进制数的代码进行译码，译码后的输出电流点亮相应的字段。七段显示译码器可以完成上述的译码功能。

配合各种七段显示器有多种七段显示译码器。适用于共阴极显示器的有 74LS48、74LS49 等；适用于共阳极显示器的有 74LS47 等。

七段显示译码器 74LS48 是常用的、具有驱动能力的集成七段显示译码器。图 7-41 是 74LS48 的引脚排列图，图 7-42 是其示意图，表 7-21 是其功能表。

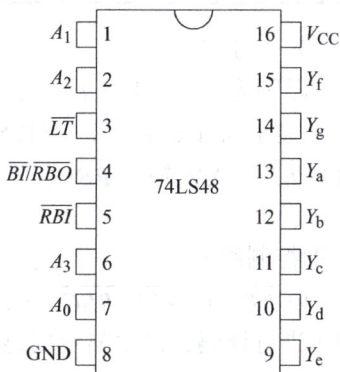

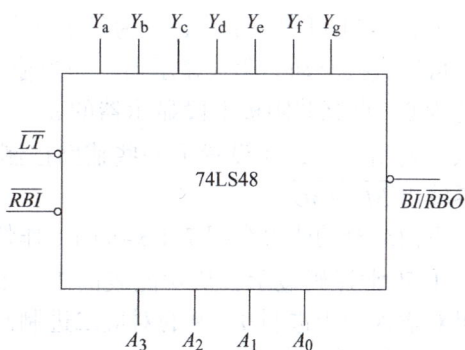

图 7-41　74LS48 引脚排列图　　　　　图 7-42　74LS48 示意图

表 7-21　七段显示译码器 74LS48 功能表

十进制或功能	输入						输入/输出	输出							显示字形
	$\overline{LT}$	$\overline{RBI}$	A_3	A_2	A_1	A_0	$\overline{BI}/\overline{RBO}$	Y_a	Y_b	Y_c	Y_d	Y_e	Y_f	Y_g	
0	1	1	0	0	0	0	1	1	1	1	1	1	1	0	０
1	1	×	0	0	0	1	1	0	1	1	0	0	0	0	１
2	1	×	0	0	1	0	1	1	1	0	1	1	0	1	２
3	1	×	0	0	1	1	1	1	1	1	1	0	0	1	３
4	1	×	0	1	0	0	1	0	1	1	0	0	1	1	４
5	1	×	0	1	0	1	1	1	0	1	1	0	1	1	５
6	1	×	0	1	1	0	1	0	0	1	1	1	1	1	６
7	1	×	0	1	1	1	1	1	1	1	0	0	0	0	７
8	1	×	1	0	0	0	1	1	1	1	1	1	1	1	８
9	1	×	1	0	0	1	1	1	1	1	0	0	1	1	９
10	1	×	1	0	1	0	1	0	0	0	1	1	0	1	⊏
11	1	×	1	0	1	1	1	0	0	1	1	0	0	1	⊐
12	1	×	1	1	0	0	1	0	1	0	0	0	1	1	∪
13	1	×	1	1	0	1	1	1	0	0	1	0	1	1	⊏
14	1	×	1	1	1	0	1	0	0	0	1	1	1	1	⊏
15	1	×	1	1	1	1	1	0	0	0	0	0	0	0	全暗
灭灯	×	×	×	×	×	×	0	0	0	0	0	0	0	0	全暗
灭零	1	0	0	0	0	0	0	0	0	0	0	0	0	0	全暗
试灯	0	×	×	×	×	×	1	1	1	1	1	1	1	1	８

　　由表 7-21 可知，$A_3A_2A_1A_0$ 为显示译码器的输入端，$Y_a \sim Y_g$ 为输出端，输出高电平有效，可以直接驱动共阴极显示器。如当输入为 0101 时，译码输出 Y_a、Y_c、Y_d、Y_f、Y_g 为 1，其他为 0，点亮共阴极七段显示器的 a、c、d、f、g 段，显示器显示数字 5。74LS48 除了输入、输出端外，还设置了一些辅助控制端：试灯输入 $\overline{LT}$、灭零输入 $\overline{RBI}$、灭灯输入/灭零输出 $\overline{BI}/\overline{RBO}$。

　　下面结合功能表介绍 74LS48 的工作情况及这些辅助控制端的作用。

　　① 正常译码显示：从功能表的 1 ～ 10 行可见，只要 $\overline{LT}=1$、$\overline{BI}/\overline{RBO}=1$，译码器就可对输入为十进制 0 ～ 9 的对应二进制码 0000 ～ 1001 进行译码，产生显示器显示 0 ～ 9 所需的七段显示码。

　　② 试灯输入 $\overline{LT}$：本输入端用于测试显示器的好坏，低电平有效。从功能表的最后 1 行可见，当 $\overline{LT}=0$、$\overline{BI}/\overline{RBO}=1$ 时，无论输入怎样，若七段均完好，$Y_a \sim Y_g$ 输出全为 1，

显示器的七段应全亮。

③ 灭零输入端 $\overline{RBI}$：本输入端用于消隐无效的 0，低电平有效。比较功能表的第 1 行和倒数第 2 行可见：当 $\overline{LT}=1$，而输入为 0 的二进制码 0000 时，只有当 $\overline{RBI}=1$ 时，才产生 0 的七段显示码；如果此时 $\overline{RBI}=0$，则译码器的 $Y_a \sim Y_g$ 输出全为 0，该位输出不显示，即 0 字被熄灭，且使 $\overline{BI}/\overline{RBO}=0$。当输入不为 0 时，该位正常显示。

④ 灭灯输入 / 灭零输出 $\overline{BI}/\overline{RBO}$：这是一个双功能的输入 / 输出端，可以作输入端，也可以作输出端使用。作输入端使用时，$\overline{BI}=0$，不管输入如何，显示器不显示数字；作输出端使用时，当 $\overline{LT}=1$，且 $\overline{RBI}=0$，译码输入 $A_3A_2A_1A_0=0000$ 时，$\overline{RBO}=0$，用以指示该位正处于灭零状态。

将 $\overline{BI}/\overline{RBO}$ 和 $\overline{RBI}$ 配合使用，可以实现多位数码显示系统的灭 0 控制。图 7-43 所示的多位数码显示系统中，只需在整数部分把高位的 $\overline{RBO}$ 与低位的 $\overline{RBI}$ 相连，在小数部分将低位的 $\overline{RBO}$ 与高位的 $\overline{RBI}$ 相连，就可以把前后多余的 0 熄灭。

整数部分只有高位是 0，且被熄灭的情况下，次高位才有灭 0 输入信号。同理，小数部分只有低位是 0，且被熄灭的情况下，次低位才有灭 0 输入信号，如 090.50 可显示为 90.5。

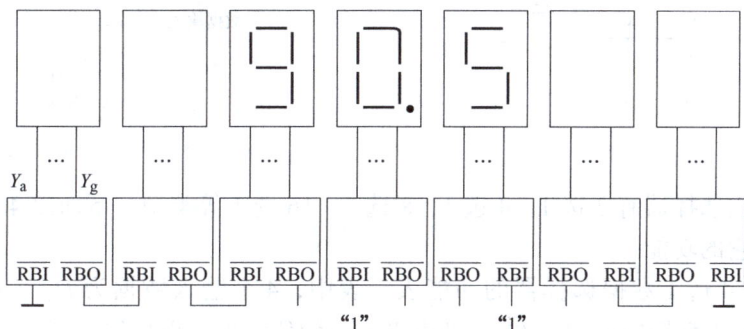

图 7-43　具有灭零控制的数字显示系统

3. 译码器的应用——实现逻辑函数

由于译码器的每个输出端都表示一个最小项，而任何逻辑函数都可以写成最小项表达式。因此，译码器辅以适当的门电路，便可实现任何逻辑函数。

【例 7-7】用译码器和门电路实现逻辑函数 $Y = \overline{A}B + AC$。

解： 将逻辑函数转换为最小项表达式，再转换为与非 – 与非形式。

$$
\begin{aligned}
Y &= \overline{A}B + AC \\
&= \overline{A}B(\overline{C}+C) + A(\overline{B}+B)C \\
&= \overline{A}B\overline{C} + \overline{A}BC + A\overline{B}C + ABC \\
&= m_2 + m_3 + m_5 + m_7 \\
&= \overline{\overline{m_2}\,\overline{m_3}\,\overline{m_5}\,\overline{m_7}}
\end{aligned}
$$

该函数有 3 个变量，所以选用 3 线 – 8 线译码器 74LS138。设 $A=A_2$、$B=A_1$、$C=A_0$，根据 74LS138 的功能，$\overline{Y}_2=\overline{m}_2$、$\overline{Y}_3=\overline{m}_3$、$\overline{Y}_5=\overline{m}_5$、$\overline{Y}_7=\overline{m}_7$，所以

$$
Y = \overline{\overline{Y}_2\,\overline{Y}_3\,\overline{Y}_5\,\overline{Y}_7}
$$

用一片 74LS138 加一个与非门，就能实现逻辑函数 Y，逻辑电路图如图 7-44 所示。

7.5.3 数据选择器

1. 数据选择器的基本概念

数据选择器又称为多路开关，其英文缩写为 MUX。数据选择器是从多路数据输入中选择与地址信号所对应的一路传送到输出端。它的功能类似于图 7-45 所示的单刀多掷开关，通过开关的转换，把输入信号 D_3、D_2、D_1、D_0 中的一个信号传送到输出端。

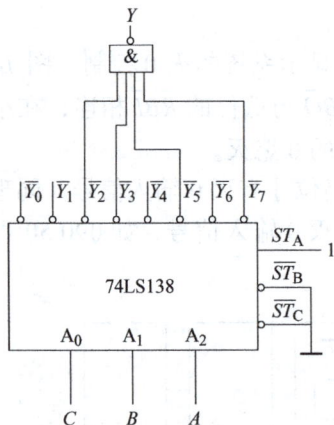

图 7-44　例 7-7 逻辑电路图　　　　　图 7-45　数据选择器示意框图

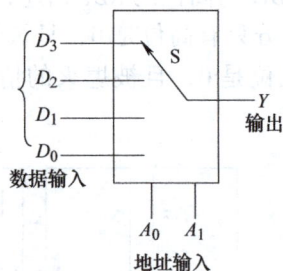

常用的数据选择器有 2 选 1、4 选 1、8 选 1、16 选 1 等类型。下面以 4 选 1 数据选择器为例，说明它的功能。

表 7-22 是 4 选 1 数据选择器的功能表。表中，4 个输入数据为 $D_3 \sim D_0$，A_1、A_0 为地址输入端，Y 为数据输出端，$\overline{ST}$ 为低电平有效的使能端。由功能表可见，当 $\overline{ST}$ =1 时，数据选择器不工作，禁止数据输入；当 $\overline{ST}$ =0 时，根据不同的输入地址，与其对应的一路输入数据送到输出端。例如，当地址输入端 A_1A_0=01 时，$Y=D_1$，即 D_1 被送到输出端。

表 7-22　4 选 1 数据选择器的功能表

	输入			输出
$\overline{ST}$	A_1		A_0	Y
1	×		×	0
0	0		0	D_0
0	0		1	D_1
0	1		0	D_2
0	1		1	D_3

由表 7-22 可写出输出端的逻辑表达式：

$$Y = (\overline{A_1}\,\overline{A_0}D_0 + \overline{A_1}A_0D_1 + A_1\overline{A_0}D_2 + A_1A_0D_3) \cdot ST$$

当 $\overline{ST}$ =1 时，输出 Y=0，数据选择器不工作。

当 $\overline{ST}$ =0 时，数据选择器工作，其输出为

$$Y = \overline{A_1}\overline{A_0}D_0 + \overline{A_1}A_0D_1 + A_1\overline{A_0}D_2 + A_1A_0D_3$$
$$= m_0D_0 + m_1D_1 + m_2D_2 + m_3D_3$$

由上式则可画出图 7-46 所示的 4 选 1 数据选择器的逻辑电路。

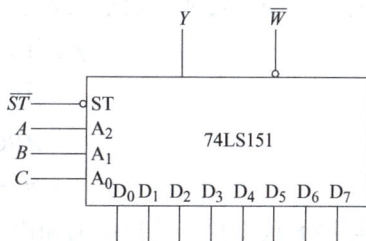

2. 集成数据选择器

集成数据选择器的种类较多，常用的数据选择器有 2 选 1（74LS157）、4 选 1（74LS153）、8 选 1（74LS151）、16 选 1（74LS150）等类型。下面以 8 选 1 数据选择器 74LS151 为例，说明它的功能。

8 选 1 数据选择器 74LS151 是一种典型的集成数据选择器。图 7-47 是 74LS151 的示意框图。它有 8 个数据输入端 $D_7 \sim D_0$，3 个地址输入端 A_2、A_1、A_0，2 个互补输出端 Y 和 $\overline{W}$，使能端 $\overline{ST}$ 为低电平有效。74LS151 的功能表见表 7-23。

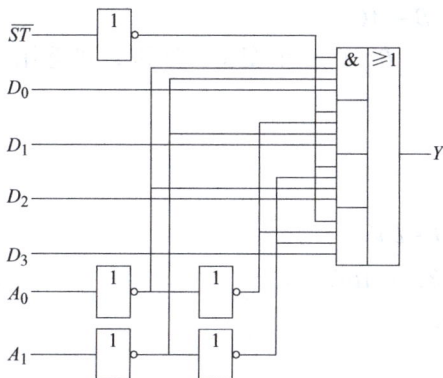

图 7-46　4 选 1 数据选择器的逻辑电路　　　图 7-47　74LS151 示意框图

表 7-23　74LS151 的功能表

输入				输出	
$\overline{ST}$	A_2	A_1	A_0	Y	$\overline{W}$
1	×	×	×	0	1
0	0	0	0	D_0	$\overline{D_0}$
0	0	0	1	D_1	$\overline{D_1}$
0	0	1	0	D_2	$\overline{D_2}$
0	0	1	1	D_3	$\overline{D_3}$
0	1	0	0	D_4	$\overline{D_4}$
0	1	0	1	D_5	$\overline{D_5}$
0	1	1	0	D_6	$\overline{D_6}$
0	1	1	1	D_7	$\overline{D_7}$

将 3 个地址输入端 A_2、A_1、A_0 分别输入 3 个变量 A、B、C，由表 7-23 可写出 8 选 1 数据选择器输出端的逻辑表达式：

$$Y = (\overline{A}\overline{B}\overline{C}D_0 + \overline{A}\overline{B}CD_1 + \overline{A}B\overline{C}D_2 + \overline{A}BCD_3 + A\overline{B}\overline{C}D_4 +$$
$$A\overline{B}CD_5 + AB\overline{C}D_6 + ABCD_7) \cdot ST$$
$$= (m_0D_0 + m_1D_1 + m_2D_2 + m_3D_3 + m_4D_4 + m_5D_5 + m_6D_6 + m_7D_7) \cdot ST$$

当 $\overline{ST}$ =1 时，输出 Y=0，数据选择器不工作。

当 $\overline{ST}$ =0 时，数据选择器工作，其输出为

$$Y = \overline{A}\,\overline{B}\,\overline{C}D_0 + \overline{A}\,\overline{B}CD_1 + \overline{A}B\overline{C}D_2 + \overline{A}BCD_3 + A\overline{B}\,\overline{C}D_4 +$$
$$A\overline{B}CD_5 + AB\overline{C}D_6 + ABCD_7$$

3. 数据选择器的应用——实现逻辑函数

由数据选择器输出端的逻辑表达式可见，当数据选择器的输入数据全部为 1 时，输出为地址输入变量全体最小项的和，因此，它是一个逻辑函数的最小项输出器。任何逻辑函数都可以写成最小项表达式，所以，用数据选择器也可以实现逻辑函数。

当逻辑函数变量的个数和数据选择器的地址输入变量个数相同时，可直接用数据选择器实现逻辑函数。

【**例 7-8**】试用数据选择器实现逻辑函数 $Y = \overline{A}B + AC$ 。

解：选用数据选择器。由于逻辑函数 Y 中有 A、B、C 三个变量，所以，可选用 8 选 1 数据选择器，现选用 74LS151。

① 将逻辑函数转换为最小项表达式。

$$Y = \overline{A}B + AC$$
$$= \overline{A}B(\overline{C} + C) + A(\overline{B} + B)C$$
$$= \overline{A}B\overline{C} + \overline{A}BC + A\overline{B}C + ABC$$
$$= m_2 + m_3 + m_5 + m_7$$

② 写出 8 选 1 数据选择器的输出表达式。

$$F = \overline{A}\,\overline{B}\,\overline{C}D_0 + \overline{A}\,\overline{B}CD_1 + \overline{A}B\overline{C}D_2 + \overline{A}BCD_3 +$$
$$A\overline{B}\,\overline{C}D_4 + A\overline{B}CD_5 + AB\overline{C}D_6 + ABCD_7$$
$$= m_0D_0 + m_1D_1 + m_2D_2 + m_3D_3 + m_4D_4 + m_5D_5 + m_6D_6 + m_7D_7$$

③ 比较 Y 与 F 两式中最小项的对应关系：

$$D_0 = D_1 = D_4 = D_6 = 0, \; D_2 = D_3 = D_5 = D_7 = 1$$

④ 画逻辑电路图。根据上式可画出图 7-48 所示的逻辑电路图。

7.5.4 数据分配器

数据分配是数据选择的逆过程。数据分配器是将一路输入数据分配到与地址信号对应的多路输出的某一个输出端。数据分配器的功能类似于图 7-49 所示的单刀多掷开关。

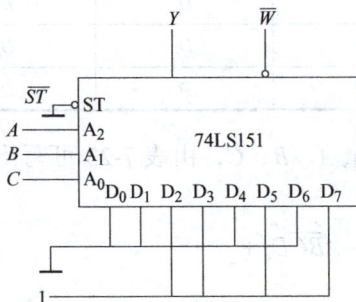

图 7-48 例 7-8 的电路

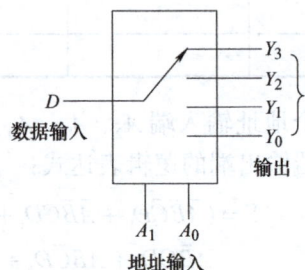

图 7-49 数据分配器示意框图

通常数据分配器有 1 个数据输入端，n 个地址控制端，2^n 个输出端，称为 2^n 路数据分配器。根据输出端个数不同，可分为 4 路数据分配器、8 路数据分配器等。

表 7-24 所示为 4 路数据分配器的功能表。

表 7-24　4 路数据分配器的功能表

地址		输出			
A_1	A_0	Y_3	Y_2	Y_1	Y_0
0	0	0	0	0	D
0	1	0	0	D	0
1	0	0	D	0	0
1	1	D	0	0	0

由表 7-24 可得

$$Y_0 = \overline{A}_1 \overline{A}_0 D , \quad Y_1 = \overline{A}_1 A_0 D , \quad Y_2 = A_1 \overline{A}_0 D , \quad Y_3 = A_1 A_0 D$$

应当注意，厂家并不生产专门的数据分配器，由 $Y_0 \sim Y_3$ 端的表达式可知，如将译码器的使能端作为数据输入端，二进制代码输入端作为地址码的输入端使用，则译码器便成为一个数据分配器。

图 7-50 所示是用 74LS138 译码器作为 8 路数据分配器的逻辑原理图。其中，$A_0 \sim A_2$ 为地址信号输入端，$\overline{Y}_0 \sim \overline{Y}_7$ 为数据输出端，从使能端 ST_A、$\overline{ST}_B$、$\overline{ST}_C$ 中选出一个作为数据输入端 D。如 $\overline{ST}_B$ 或 $\overline{ST}_C$ 作为数据输入端 D 时，输出原码，接法如图 7-50a 所示；如 ST_A 作为数据输入端 D 时，输出反码，接法如图 7-50b 所示。

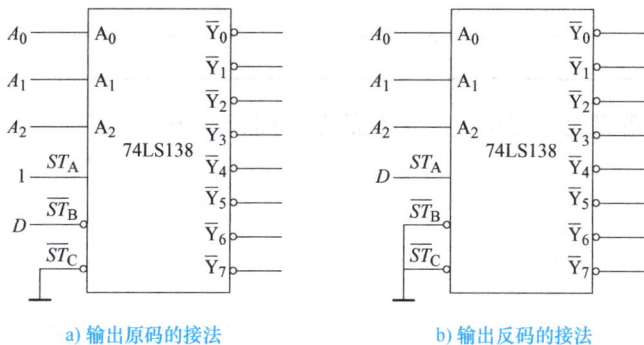

a) 输出原码的接法　　　　　　　b) 输出反码的接法

图 7-50　用 74LS138 译码器作为 8 路数据分配器的逻辑原理图

7.5.5　加法器

加法器的功能是实现二进制数的加法运算。加法器有半加器和全加器之分。

两个 1 位二进制数 A_i 和 B_i 相加时，不考虑低位来的进位，称为半加。实现半加功能的逻辑电路称为半加器。

实际应用中，两个多位二进制数相加时，必须用全加器来实现。因此，本书不具体讨论半加器的内容。

1. 全加器

所谓全加器，是指两个多位二进制数相加时，第 i 位的被加数 A_i、加数 B_i 及来自相邻低位的进位 C_{i-1} 三者相加，输出则是本位和 S_i 及向高位的进位 C_i 的运算电路。

全加器的真值表见表 7-25。根据真值表，可得全加器的本位和 S_i 及进位 C_i 的逻辑表达式如下：

$$S_i = \overline{A_i}\overline{B_i}C_{i-1} + \overline{A_i}B_i\overline{C_{i-1}} + A_i\overline{B_i}\overline{C_{i-1}} + A_iB_iC_{i-1}$$
$$= (A_i \oplus B_i)\overline{C_{i-1}} + \overline{A_i \oplus B_i}C_{i-1}$$
$$= A_i \oplus B_i \oplus C_{i-1}$$

$$C_i = \overline{A_i}B_iC_{i-1} + A_i\overline{B_i}C_{i-1} + A_iB_i\overline{C_{i-1}} + A_iB_iC_{i-1}$$
$$= (A_i \oplus B_i)C_{i-1} + A_iB_i(\overline{C_{i-1}} + C_{i-1})$$
$$= (A_i \oplus B_i)C_{i-1} + A_iB_i$$

表 7-25　全加器的真值表

输入			输出	
A_i	B_i	C_{i-1}	S_i	C_i
0	0	0	0	0
0	0	1	1	0
0	1	0	1	0
0	1	1	0	1
1	0	0	1	0
1	0	1	0	1
1	1	0	0	1
1	1	1	1	1

根据 S_i、C_i 的逻辑表达式可得全加器的逻辑图，如图 7-51a 所示，图 7-51b 是全加器的逻辑符号。

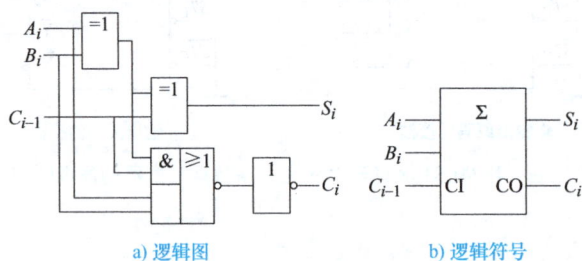

a) 逻辑图　　　　　　b) 逻辑符号

图 7-51　全加器的逻辑图和逻辑符号

2. 多位加法器

多位数相加时，可以采用全加器并行相加串行进位的方式。图 7-52 是 4 位串行进位加法器。低位全加器输出的进位信号依次接到相邻高位全加器的进位输入端，最低位的进位输入端接地。因此，任一位的加法运算必须在低一位的进位信号产生后才能建立起来，这种方式称为串行进位。这种加法器的逻辑电路比较简单，但它的运算速度比较慢。

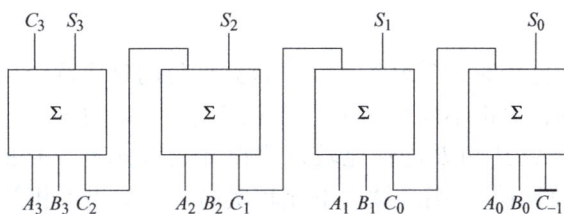

图 7-52　4 位串行进位加法器

当要求运算速度较高时，可采用超前进位加法器，使每位的进位只由被加数和加数决定，而与低位的进位无关。关于超前进位加法器，读者可查阅有关资料。

7.5.6　数值比较器

数值比较器用于比较两个数大小或相等的电路。

1. 1 位数值比较器

当两个 1 位二进制数 A 和 B 比较时，其结果有以下三种情况：$A>B$、$A=B$ 和 $A<B$。比较结果分别用 $Y_{(A>B)}$、$Y_{(A=B)}$ 和 $Y_{(A<B)}$ 表示。设 $A>B$ 时，$Y_{(A>B)}=1$；$A=B$ 时，$Y_{(A=B)}=1$；$A<B$ 时，$Y_{(A<B)}=1$。由此可列表 7-26 所示的 1 位数值比较器的真值表。

表 7-26　1 位数值比较器的真值表

输入		输出		
A_i	B_i	$Y_{(A>B)}$	$Y_{(A=B)}$	$Y_{(A<B)}$
0	0	0	1	0
0	1	0	0	1
1	0	1	0	0
1	1	0	1	0

根据表 7-26 可写出逻辑函数表达式为

$$Y_{(A>B)} = A\overline{B}$$

$$Y_{(A=B)} = \overline{A}\,\overline{B} + AB = A \odot B = \overline{\overline{A}B + A\overline{B}}$$

$$Y_{(A<B)} = \overline{A}B$$

图 7-53 所示为 1 位数值比较器的逻辑图。

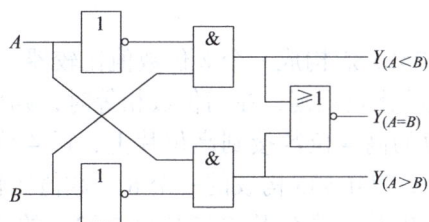

图 7-53　1 位数值比较器逻辑图

2. 4 位数值比较器

在进行二进制数的比较时，需要按照从高位到低位的顺序逐个比较每一位。这是因为在二进制中，每一位的权值都不同，高位对结果产生的影响更大。

将两个 4 位二进制数 A 和 B 进行比较，假设 $A=A_4A_3A_2A_1$，$B=B_4B_3B_2B_1$。首先比较最高位 A_4 和 B_4。如果它们相等，则继续向下比较次高位；如果不相等，则根据大小关系可以得出整体的大小关系。接着，在已经确定了最高位相等的情况下，继续比较次高位 A_3 和 B_3。如果它们相等，则再向下比较更低一级的位置；如果不相等，则根据大小关系可以直接判断出整体大小。依此类推，逐渐向低位进行比较，并根据每一位置上数字之间的大小关系来判断整体大小。只有当所有位置上数字都完全相等时，才能得出两个 4 位二进制数完全相等。

通过以上步骤，可以准确地确定两个 4 位二进制数之间的大小关系。这种方法也可以应用于其他多位二进制数或者更长长度的二进制数之间进行比较。总结起来，在进行二进制数之间的比较时，需要从高到低逐个位置进行对应数字之间的大小判断，并根据结果得出最终结论。这种方法简单易懂且具有普遍性，在计算机科学领域中被广泛应用于数据处理与排序算法中。

图 7-54 是 4 位数值比较器 CT74LS85 的逻辑功能示意图。图中，$A_3A_2A_1A_0$ 和 $B_3B_2B_1B_0$ 分别表示两组输入端，用于比较两个 4 位二进制数；$Y_{(A>B)}$、$Y_{(A=B)}$、$Y_{(A<B)}$ 为比较结果输出端；而 $I_{(A>B)}$、$I_{(A=B)}$、$I_{(A<B)}$ 则是级联输入端，可用于扩展超过 4 位的两个二进制数的比较。当最高位上的两个 4 位二进制数相等时，根据来自低位的比较结果 $Y_{(A>B)}$、$Y_{(A=B)}$、$Y_{(A<B)}$，可以确定这两个数的大小关系。通过利用该数值比较器的级联输入端，可以方便地构建具有更多位数的数字比较器。

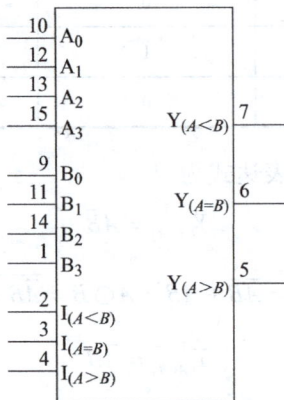

图 7-54　CT74LS85 逻辑功能示意图

【例 7-9】试用两片 CT74LS85 构成一个 8 位数值比较器。

解：根据多位二进制数的比较规则，在高位数相等时，则比较结果取决于低位数。因此，应将两个 8 位二进制数的高 4 位数接到高位片上，低 4 位数接到低位片上。图 7-55 所示为根据上述要求用两片 CT74LS85 构成的一个 8 位数值比较器。两个 8 位二进制数的高 4 位数 $A_7A_6A_5A_4$ 和 $B_7B_6B_5B_4$ 接到高位片 CT74LS85（2）的数据输入端上，而低 4 位数 $A_3A_2A_1A_0$ 和 $B_3B_2B_1B_0$ 接到低位片 CT74LS85（1）的数据输入端上，并将低位片的比较输

出端 $Y_{(A>B)}$、$Y_{(A=B)}$、$Y_{(A<B)}$ 和高位片的级联输入端 $I_{(A>B)}$、$I_{(A=B)}$、$I_{(A<B)}$ 对应相连。

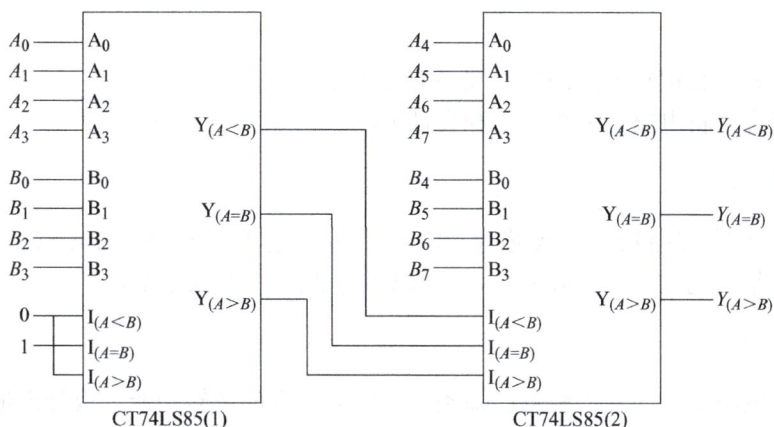

图 7-55　两片 CT74LS85 级联的 8 位数值比较器

低位数值比较器的级联输入端应取 $Y_{(A=B)}=1$，$Y_{(A>B)}=Y_{(A<B)}=0$，这样，当两个 8 位二进制数相等时，比较器的总输出 $Y_{(A=B)}=1$。

电路仿真 7：实用组合逻辑电路设计

在数字系统中，常需要将数字、文字或符号等直观地显示出来。能够显示数字、文字或符号的器件称为显示器。数字电路中的数字量都是以一定的代码形式出现的，所以这些数字量要先经过译码，才能送到显示器去显示。这种能把数字量翻译成数字显示器所能识别的信号的译码器为数字显示译码器。目前应用较广泛的是由发光二极管构成的七段数字显示器。

七段显示译码器功能电路原理仿真图如图 7-56 所示。

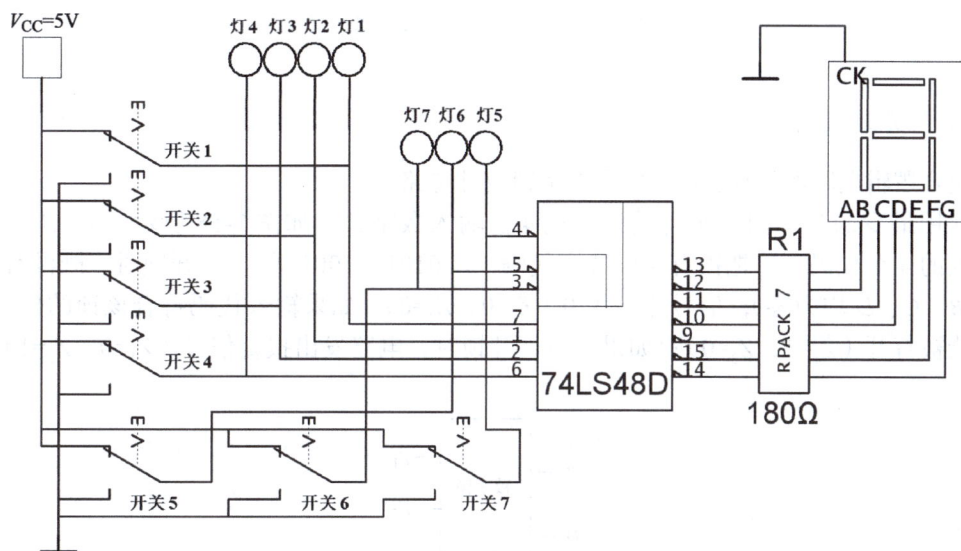

图 7-56　七段显示译码器功能电路原理仿真图

技能训练 7：组合逻辑电路设计与调试

一、实践目的

1. 加深理解组合逻辑电路的特点和一般分析方法。
2. 掌握组合逻辑电路的分析方法和设计方法。

二、实践设备及材料

数字逻辑电路实验箱、集成芯片 74LS00（四 2 输入与非门）、74LS04（六反相器）、74LS10（三 3 输入与非门）、74LS20（二 4 输入与非门）和导线若干。

三、理论原理

组合逻辑电路的设计是指根据已知条件和所需实现的逻辑功能，设计出最简单的逻辑电路图。设计思想如图 7-57 所示，用门电路设计组合逻辑电路的步骤为：

1）根据题目逻辑问题的要求，确定输入变量和输出变量"0"和"1"的含义，列出真值表。

2）由于真值表写出逻辑函数表达式，或者直接画出函数的卡诺图。

3）对逻辑函数化简或变换，得到所需的最简表达式。

4）由最简表达式用给定的或相应的逻辑门构成电路，画出逻辑电路图。

5）验证设计的正确性。

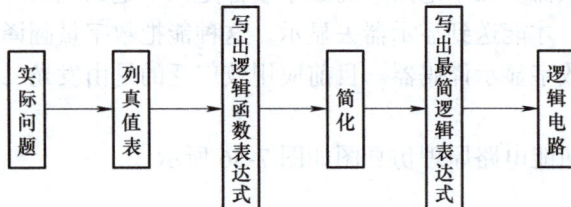

图 7-57　组合逻辑电路的设计思路与步骤

四、实践内容

组合逻辑电路的设计：4 位代码数字锁设计电路。

使用最少的与非门、非门设计一把 4 位输入数字锁，如图 7-58 所示，A、B、C、D 为输入的 4 个代码。每把锁有 4 位数字代码（如 0101、1001 等）。不开锁时，既没有输入（A、B、C、D 均为零），信号输出为 0（$Z_1=0$，$Z_2=0$）。如果输入代码符合该锁的代码时，锁才能被打开（$Z_1=1$，$Z_2=0$）；如果不符，开锁时，电路发出报警信号（$Z_1=0$，$Z_2=1$）。

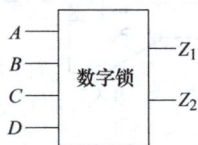

图 7-58　4 位代码数字锁设计电路

五、实践要求

1. 复习各种基本门电路的功能。

2. 设计 4 位代码数字锁设计电路，要求写出步骤（真值表、卡诺图、逻辑表达式），用实验给定的集成芯片实现逻辑电路。

本章小结

1. 熟练掌握三种基本门电路和常用复合门电路的逻辑功能、逻辑符号及逻辑表达式。逻辑函数常用的表示方法，分别是真值表、逻辑函数式、逻辑图和波形图等。它们之间可以相互转换，在逻辑电路的分析和设计中会经常用到这些方法。

2. 为了更好地使用数字集成芯片，应熟悉 TTL 和 CMOS 各个系列产品的外部特性、主要参数、主要优缺点及其使用注意点

3. 组合逻辑电路的分析和设计方法是本章的重点。通过对组合逻辑电路的分析可以确定其电路的功能；通过对组合逻辑电路的设计可以设计出所需的电路。

4. 目前各种中规模集成组合逻辑器件使用较广泛。常用的一些组合逻辑电路包括编码器、译码器、数据选择器、数据分配器、加法器等。熟悉这些器件的逻辑功能，学会查阅手册，看懂其逻辑符号，从而正确使用是本章学习的重点。

习　题

7-1　请查阅 74HC04 的手册，查明在 4.5V 电源下，该设备的高电平和低电平噪声容限是多少。

7-2　请查阅 74HC04 手册，确定该器件在拉电流 4mA 负载时，可否保持 $V_{OHmin}>4V$（$V_{CC}=4.5V$）。

7-3　请查阅 74HC00 芯片手册，确定工作温度范围，并回答如下问题：

（1）电源电压范围。

（2）输出高电平电压范围。

（3）输出低电平电压范围。

（4）输入高电平电压范围。

（5）输入低电平电压范围。

7-4　试判断图 7-59 所示电路中哪个晶体管是导通或是截止的。

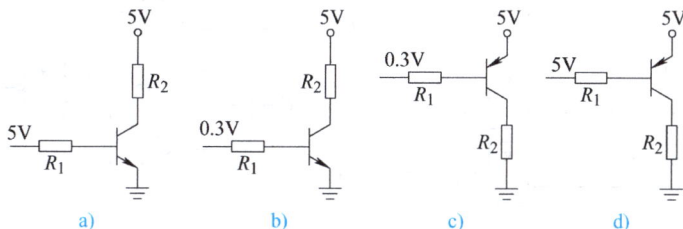

图 7-59　题 7-4 图

7-5　试确定图 7-60 所示 74LS 门电路的输出状态（设电源 V_{CC} 为 5V）。

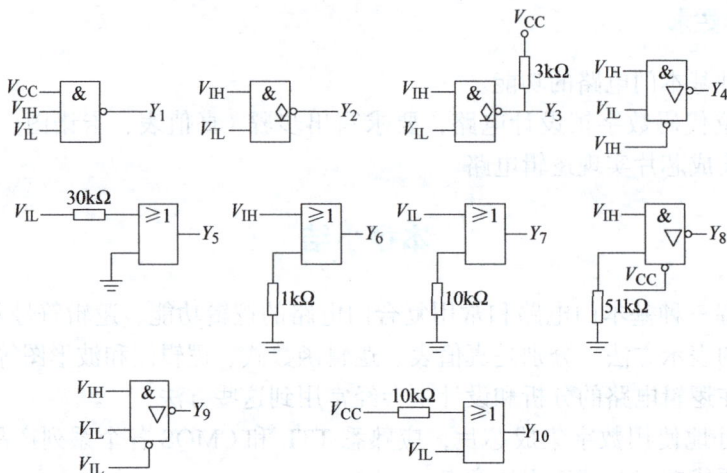

图 7-60 题 7-5 图

7-6 试确定图 7-61 所示 74HC 门电路的输出状态（设电源 V_{CC} 为 5V）。

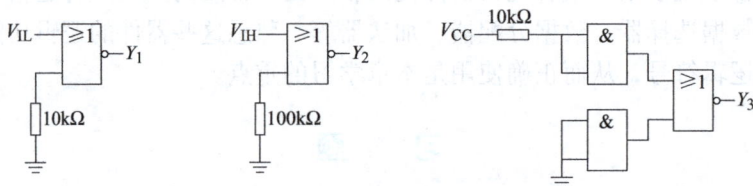

图 7-61 题 7-6 图

7-7 图 7-62 所示的 74LS00 电路中，若是 V_{I1} 为下列情况时，V_{I2} 为多少？（这里假设电压表内阻为 70kΩ）

（1）V_{I1} 悬空。

（2）V_{I1} 接低电平（0.3V）。

（3）V_{I1} 接高电平（3.6V）。

（4）V_{I1} 经过 68Ω 电阻接地。

（5）V_{I1} 经过 10kΩ 电阻接地。

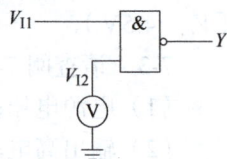

图 7-62 题 7-7 图

7-8 写出图 7-63 所示的输出逻辑函数式。

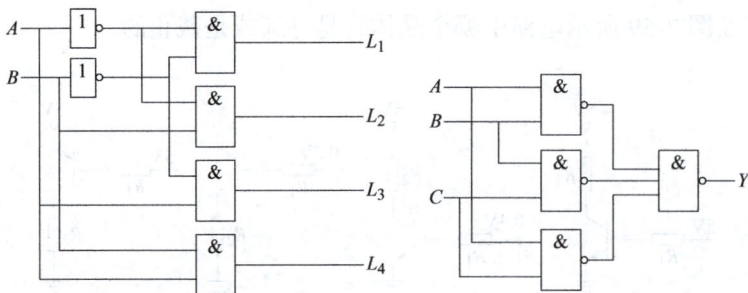

图 7-63 题 7-8 图

7-9 使用与门、或门、非门或它们的组合实现以下逻辑函数式。

（1）$L = A \cdot B + \overline{A} \cdot \overline{B}$；（2）$Y_2 = (A+B)(A+C)$；（3）$Y_3 = \overline{ABC} + D(EF + \overline{G})$

7-10　试写出图 7-64 所示电路的逻辑函数式，列出真值表，并分析该电路的逻辑功能。

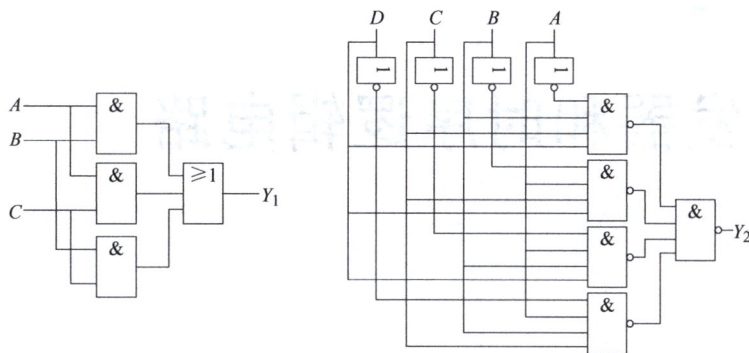

图 7-64　题 7-10 图

7-11　两逻辑运算门电路波形如图 7-65 所示，输入信号为 A、B 和输出信号为 F，求 F 的逻辑表达式，并画出逻辑电路。

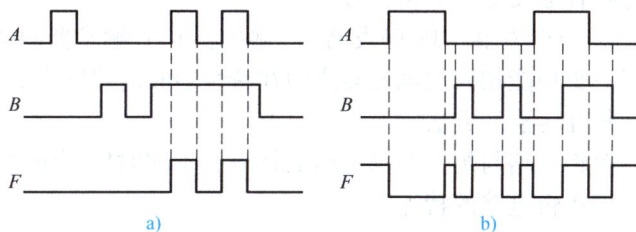

图 7-65　题 7-11 图

7-12　逻辑函数 F_1、F_2 如下，请用 3 线 – 8 线译码器 74LS138 实现两个函数的运算（利用与非门搭建）。

$$F_1(A,B,C) = AB + BC + AC$$

$$F_2(A,B,C) = \sum m(2,4,5,7)$$

7-13　逻辑函数 F_1、F_2、F_3、F_4 如下，请用 8 选 1 数据选择器 74LS151 实现四个函数的运算。

$$F_1(C,B,A) = AB + BC \qquad F_2(D,C,B,A) = \overline{A}BD + \overline{A}B\overline{C}$$

$$F_3(D,C,B,A) = A\overline{C}D + \overline{A}\,\overline{B}CD + BC + B\overline{C}\,\overline{D} \qquad F_4(D,C,B,A) = \sum m(0,2,3,5,7)$$

第8章

触发器和时序逻辑电路

▶ 学习目标

1. 熟悉触发器输出端自行保持的性质和触发器根据输入信号置 1 或置 0 的原理。

2. 掌握基本 RS 触发器、同步触发器、主从触发器和边沿触发器的电路结构、工作原理和动作特点，熟悉各种触发器的逻辑符号。

3. 熟悉 RS 触发器、D 触发器、JK 触发器、T 触发器和 T′ 触发器的特性方程和状态图，掌握触发方式不同但逻辑功能相同的触发器之间在特性表和时序图上的区别，掌握不同逻辑功能的触发器之间相互转换的方法。

4. 能够区分时序逻辑电路与组合逻辑电路的特点，了解时序逻辑电路的分类方法，熟悉摩尔型和米勒型时序逻辑电路的特点。

▶ 素养目标

掌握时序逻辑电路的工作原理，同时了解我国科技发展的历史和成就。培养历史责任感，为国家的科技进步和现代化建设贡献力量。

▶ 实例引导

内存是计算机中的一种重要硬件设备，其功能是为计算机系统提供临时数据存储空间。与硬盘等长期存储设备不同，内存的特点是读写速度快，但断电后数据会立即丢失。目前，市面上常见的计算机内存有两种类型：动态随机存储器（Dynamic Random Access Memory，DRAM）和静态随机存储器（Static Random Access Memory，SRAM）。DRAM 的特点是存储单元由电容和晶体管构成，需要定期刷新电容的电荷以保持数据的稳定性，而 SRAM 则由触发器组成，不需要定期刷新。在硬件级别上，计算机内存由大量触发器组成，如图 8-1 所示。每个触发器包含几个晶体管，能够存储一个位。单个触发器可以通过唯一标识符寻址，因此可以读取和覆盖它们。因此，本质上内存电路属于时序逻辑电路。

本章将介绍半导体存储电路的结构、工作原理和使用方法。首先介绍基本的触发器单元，然后介绍由这些触发器组成的寄存器和随机存储器，包括静态随机存储器和动态随机存储器。除此之外，本章还将讲授时序逻辑电路的工作原理和分析方法、设计方法，简述时序逻辑电路在逻辑功能和电路结构上的特点，并介绍分析时序逻辑电路的具体方法和步骤，最后分别介绍了移位寄存器、计数器、顺序脉冲发生器等各类常用时序逻辑电路的工作原理和使用方法。

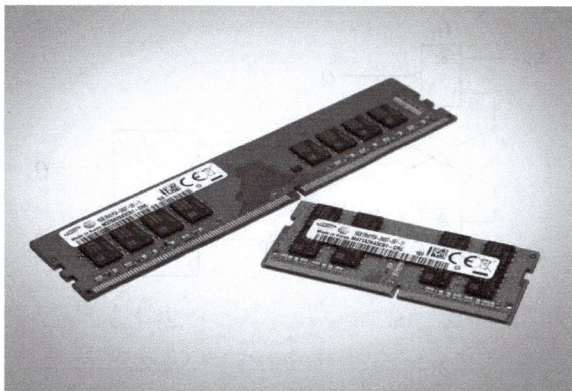

图 8-1　内存与时序逻辑电路

8.1　双稳态触发器

前面介绍了组合逻辑电路，它没有记忆功能。在数字系统中，还需要具有记忆功能的时序逻辑电路。双稳态触发器是一种具有记忆功能，可以存储二进制信息的电路，它是构成时序逻辑电路的基本单元。双稳态触发器有 0、1 两个稳定状态，双稳态触发器简称为触发器。一个触发器能记忆 1 位代码。

触发器种类很多，根据电路结构，可分为基本触发器、同步触发器、主从触发器和边沿触发器等；根据逻辑功能，又可分为 RS 触发器、JK 触发器、D 触发器和 T 触发器、T′ 触发器等。

8.1.1　基本 RS 触发器

基本 RS 触发器可以由与非门组成，也可以由或非门组成。

1. 由与非门组成的基本 RS 触发器

（1）电路的组成　与非门组成的基本 RS 触发器是由两个与非门交叉耦合而成。其逻辑电路及逻辑符号如图 8-2 所示。由图可见，它有两个输入端 $\overline{R}_D$、$\overline{S}_D$，两个互补的输出端 Q、$\overline{Q}$。通常规定以触发器 Q 端的状态作为触发器的状态。当 $Q=0$、$\overline{Q}=1$ 时，表示触发器处于 0 状态；反之，当 $Q=1$、$\overline{Q}=0$ 时，触发器处于 1 状态。触发器接收输入信号之前的状态称为现态，用 Q^n 表示。触发器接收输入信号之后的状态称为次态，用 Q^{n+1} 表示。

（2）工作原理

1）当 $\overline{R}_D=0$、$\overline{S}_D=1$ 时，触发器置 0。这是因为 $\overline{R}_D=0$，G_2 门的输出为高电平，即 $\overline{Q}=1$，这时 G_1 门输入都为高电平，输出则为低电平，即 $Q=0$，触发器被置 0。使触发器置为 0 状态的输入端 $\overline{R}_D$ 称为置 0 端，也称复位端或清零端，低电平有效。

2）当 $\overline{R}_D=1$、$\overline{S}_D=0$ 时，触发器置 1。这是因为 $\overline{S}_D=0$，G_1 门的输出为高电平，即

$Q=1$，这时 G_2 门输入都为高电平，输出则为低电平，即 $\bar{Q}=0$，触发器被置 1。使触发器置为 1 状态的输入端 $\bar{S}_D$ 称为置 1 端，也称置位端，也是低电平有效。

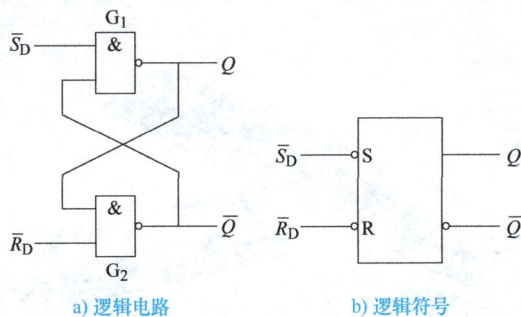

a) 逻辑电路　　　　　　b) 逻辑符号

图 8-2　与非门组成的基本 RS 触发器

3）当 $\bar{R}_D=1$、$\bar{S}_D=1$ 时，触发器保持原状态不变。这是因为：如果触发器原来处在 $Q=0$，$\bar{Q}=1$ 的 0 状态，则 $Q=0$ 反馈到 G_2 门的输入端，G_2 门因输入有低电平 0，输出 $\bar{Q}=1$，$\bar{Q}=1$ 又反馈到 G_1 门的输入端，G_1 门输入都为高电平 1，输出 $Q=0$。电路保持 0 状态不变；如果触发器原来处在 $Q=1$、$\bar{Q}=0$ 的 1 状态时，电路将同样保持 1 状态不变。

4）当 $\bar{R}_D=0$、$\bar{S}_D=0$ 时，触发器状态不定。这是因为触发器输出 Q 和 $\bar{Q}$ 将均被置为 1，这既不是 1 状态，又不是 0 状态，这种情况是被禁止的。原因有两个：一是当 Q 和 $\bar{Q}$ 同为 1，违背了 Q 和 $\bar{Q}$ 必须互补的规定；二是当 $\bar{R}_D$ 和 $\bar{S}_D$ 同时由 0 变为 1 时，由于 G_1 门、G_2 门电气性能上的差异，触发器的状态可能稳定在 0，也可能稳定在 1，出现了不定状态，这是不允许的，故应避免出现 $\bar{R}_D$ 和 $\bar{S}_D$ 同为 0 的情况。

（3）特性表　反映触发器次态 Q^{n+1} 与现态 Q^n 和输入 $\bar{R}_D$、$\bar{S}_D$ 之间对应关系的表格叫特性表。与非门组成的基本 RS 触发器的特性表见表 8-1。

表 8-1　与非门组成的基本 RS 触发器特性表

$\bar{R}_D$	$\bar{S}_D$	Q^n	Q^{n+1}	功能
0	0	0	×	不定
		1	×	
0	1	0	0	置0
		1		
1	0	0	1	置1
		1		
1	1	0	Q^n	保持
		1		

【例 8-1】设与非门组成的基本 RS 触发器的输入信号波形如图 8-3 所示，试画出 Q、$\bar{Q}$ 端的输出波形。设触发器初态 $Q=0$。

解：根据与非门组成的基本 RS 触发器的逻辑功能，可直接画出 Q、$\bar{Q}$ 端输出波形，其输出波形如图 8-3 所示。

2. 由或非门组成的基本 RS 触发器

（1）电路的组成　由或非门组成的基本 RS 触发器的逻辑图、逻辑符号如图 8-4 所示。

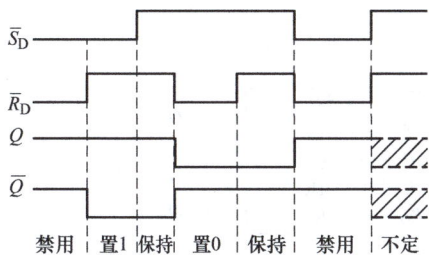

图 8-3　例 8-1 波形图

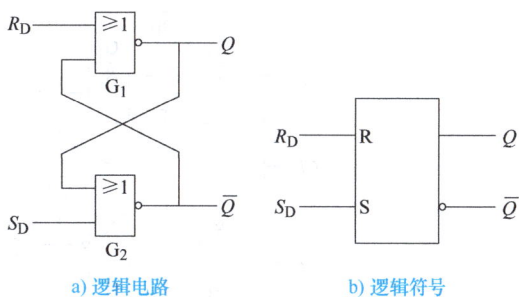

图 8-4　或非门组成的基本 RS 触发器

a) 逻辑电路　　　　b) 逻辑符号

（2）特性表　或非门组成的基本 RS 触发器的特性表见表 8-2。

表 8-2　或非门组成的基本 RS 触发器特性表

R_D	S_D	Q^n	Q^{n+1}	功能
0	0	0	0	保持
		1	1	
0	1	0	1	置 1
		1	1	
1	0	0	0	置 0
		1	0	
1	1	0	×	不定
		1	×	

3. 基本 RS 触发器的主要特点

基本 RS 触发器结构简单，具有记忆功能，也是组成功能更完善的其他触发器的基本部分。但由于基本 RS 触发器的输出状态直接受输入信号控制，这不仅给触发器的使用带来了不方便，而且导致电路抗干扰能力下降；另外基本 RS 触发器 R、S 存在禁用的不定状态，即 R、S 之间存在约束。

8.1.2　同步触发器

由于基本 RS 触发器的输入信号直接控制着其输出端的状态，这样就使得电路的抗干扰能力下降，而且也不便于多个触发器同步工作。在实际数字系统中，通常要求触发器要按一定的时间节拍同步工作。为此，产生了由时钟脉冲 CP 控制的同步触发器。只有在时钟脉冲 CP 有效时，此触发器的输出才根据输入信号改变状态，故称为同步触发器。

1. 同步 RS 触发器

（1）电路的组成　同步 RS 触发器是在基本 RS 触发器的基础上，增加了两个由时钟

脉冲 CP 控制的门 G_3 和 G_4，如图 8-5a 所示，图 8-5b 为其逻辑符号。图中 R、S 端为信号输入端，CP 为时钟脉冲输入端，$\overline{R}_D$、$\overline{S}_D$ 是直接置 0、置 1 端，用来设置触发器的初始状态。

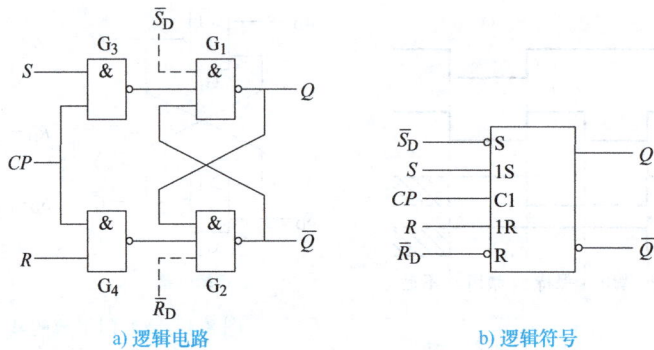

a) 逻辑电路   b) 逻辑符号

图 8-5 同步 RS 触发器

（2）工作原理

1）当 $CP=0$ 时，G_3、G_4 门被封锁，输出都为 1，此时 R、S 端的输入信号不会影响触发器的状态，触发器保持原状态不变。

2）当 $CP=1$ 时，G_3、G_4 门打开，R、S 端的输入信号传送到由 G_1、G_2 门组成的基本 RS 触发器的输入端，触发器触发翻转。

同步 RS 触发器在 $CP=1$ 时，其逻辑功能与由或非门组成的基本 RS 触发器相同。与由或非门组成的基本 RS 触发器的区别是：同步 RS 触发器在 $CP=1$ 时才接收信号，故它是电平触发方式的触发器。

（3）特性表 同步 RS 触发器的特性表见表 8-3。

表 8-3 同步 RS 触发器的特性表

CP	R	S	Q^n	Q^{n+1}	功能
0	×	×	×	Q^n	保持
1	0	0	0	0	保持
1	0	0	1	1	
1	0	1	0	1	置1
1	0	1	1	1	
1	1	0	0	0	置0
1	1	0	1	0	
1	1	1	0	×	不定
1	1	1	1	×	

（4）特性方程 根据特性表，同步 RS 触发器的逻辑功能可用式（8-1）表示：

$$
\begin{cases}
Q^{n+1} = S + \overline{R}Q^n \\
RS = 0(约束条件)
\end{cases}
\tag{8-1}
$$

式（8-1）反映了触发器的次态 Q^{n+1} 与现态 Q^n 及输入信号 R、S 之间的逻辑关系，称为触发器的特性方程。

（5）主要特点　与基本 RS 触发器相比，同步 RS 触发器抗干扰能力比基本 RS 触发器强了。但它也存在两个问题：同步 RS 触发器一般要求在 $CP=1$ 期间，触发器只能翻转一次，而同步触发器的触发方式为电平触发，在 $CP=1$ 期间，当 R、S 端的信号多次变化时，触发器的输出状态也随之发生多次变化，出现所谓的空翻现象。另外，同步 RS 触发器 R、S 之间仍然存在约束。

【例 8-2】在同步 RS 触发器中，若 CP 和 R、S 的输入信号的波形如图 8-6 所示，试画出 Q 和 $\overline{Q}$ 的输出波形，假定触发器的初态为 0。

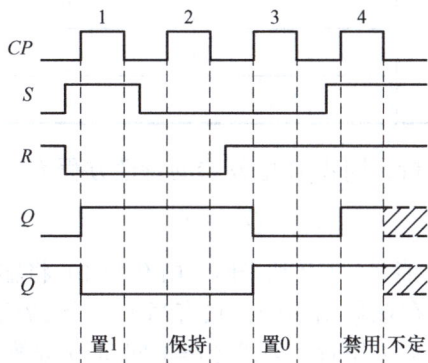

图 8-6　例 8-2 波形图

解：由 CP、R、S 的输入波形，根据同步 RS 触发器的特性表可画出 Q 和 $\overline{Q}$ 的输出波形，如图 8-6 所示。

2. 同步 D 触发器

R、S 之间有约束限制了同步 RS 触发器的使用，为了解决该问题，对电路进行改进，这就产生了同步 D 触发器，又称 D 锁存器。

（1）电路的组成　为了从根本上避免同步 RS 触发器 R、S 同时为 1 的情况出现，可以在 R 和 S 之间接一个非门，如图 8-7a 所示。其逻辑符号如图 8-7b 所示。

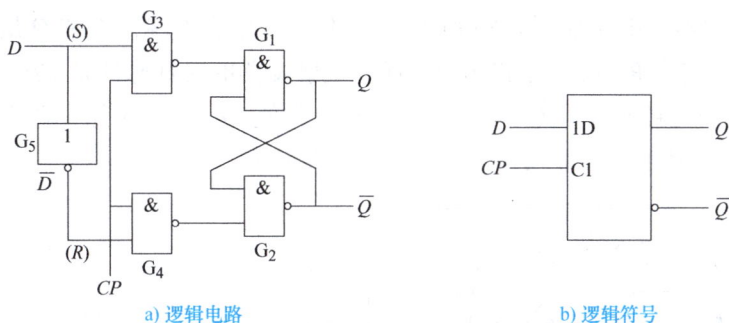

a) 逻辑电路　　　　　　　　　　b) 逻辑符号

图 8-7　同步 D 触发器

（2）工作原理

1）当 $CP=0$ 时，G_3、G_4 门被封锁，输出都为 1，与 D 信号无关，这时触发器保持。

2）当 $CP=1$ 时，G_3、G_4 门解除封锁，触发器接收输入端 D 的信号。当 $D=1$ 时，$\overline{D}=0$，触发器翻转到 1 状态，即 $Q^{n+1}=1$；当 $D=0$ 时，$\overline{D}=1$，触发器翻转到 0 状态，

即 $Q^{n+1}=0$。

（3）特性表　同步 D 触发器的特性表见表 8-4。

表 8-4　同步 D 触发器的特性表

CP	D	Q^n	Q^{n+1}	功能
0	×	0	0	保持
		1	1	
1	0	0	0	置 0
		1	0	
1	1	0	1	置 1
		1	1	

（4）特性方程　经过分析，同步 D 触发器的特性方程为

$$Q^{n+1}=D \tag{8-2}$$

同步 D 触发器的逻辑功能是：CP 到来时（由 0 变 1）将输入数据 D 存入触发器，CP 过后（由 1 变 0），触发器保存该数据不变，只有当下一个 CP 到来时，才将新的数据存入触发器而改变原存数据。正常工作时，要求 CP=1 期间 D 端数据保持不变，即 CP=1 时跟随，下降沿到来时锁存。

（5）主要特点　与同步 RS 触发器相比，同步 D 触发器不存在禁用的不定状态了。但因为同步 D 触发器触发方式仍为电平触发，在 CP=1 期间，当 D 端的信号多次变化时，触发器的输出状态也随之发生多次变化，同样存在空翻现象。

8.1.3　主从 JK 触发器

为了解决因电平触发引起的空翻现象及输入端之间存在的约束现象，对同步触发器进行了改进，从而设计出了主从触发器。

1. 电路的组成

主从 JK 触发器的电路如图 8-8a 所示。J、K 是信号输入端，Q 和 $\overline{Q}$ 是输出端。主从 JK 触发器由两个同步 RS 触发器和非门组成。主触发器的时钟脉冲是 CP，通过一个非门 G，使从触发器的时钟脉冲为 $\overline{CP}$。因此，只有首先使 CP=1，主触发器先动作，然后使 CP=0，$\overline{CP}$=1 时从触发器才动作，主从之名由此而来。

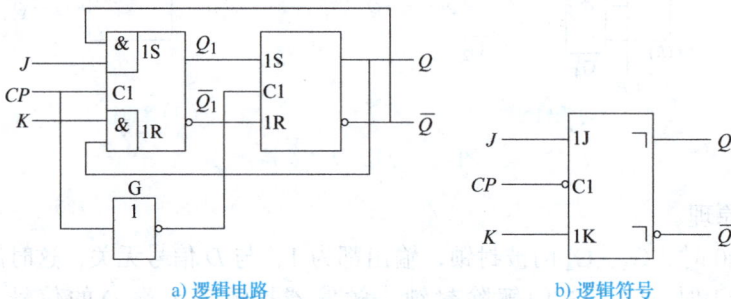

a) 逻辑电路　　　　　　　　　b) 逻辑符号

图 8-8　主从 JK 触发器的逻辑电路及逻辑符号

2. 工作原理

当 $J=0$、$K=1$，时钟脉冲 $\overline{CP}$ 的上升沿到来时，不论触发器原状态如何，主触发器输出必定为 $Q_1=0$，$\overline{Q}_1=1$。从触发器被 $\overline{CP}=0$ 封锁，保持原状态不变。时钟脉冲下降沿到来时，主触发器被 $CP=0$ 封锁，从触发器状态为 $Q=0$、$\overline{Q}=1$。所以，当 $J=0$、$K=1$ 时，触发器具有置 0 功能，即 $Q^{n+1}=0$。

当 $J=1$、$K=0$ 时，若触发器初态为 0，则主触发器的 $S=\overline{Q}\cdot J=1$，$R=Q\cdot K=0$。当时钟脉冲 $\overline{CP}$ 的上升沿到来后，$CP=1$，$\overline{CP}=0$，主触发器翻转为 1 态，即 $Q_1=1$，$\overline{Q}_1=0$。若触发器初态为 1，则主触发器 $S=0$，$R=0$，主触发器仍保持 1 态，$Q_1=1$，$\overline{Q}_1=0$。当时钟脉冲下降沿到来时，$CP=0$，$\overline{CP}=1$，主触发器被封锁，从触发器的 $S=Q_1=1$，$R=\overline{Q}_1=0$，则输出 1 态，即 $Q=1$，$\overline{Q}=0$。所以，$J=1$、$K=0$ 时，具有置 1 功能，即 $Q^{n+1}=1$。

以上两种情况表明，当 $J=\overline{K}$ 时，触发器状态总是与 J 端状态一致，即 $Q^{n+1}=J$。

当 $J=K=0$ 时，主触发器被封锁，不论时钟脉冲到来与否，也不论 Q 端和 $\overline{Q}$ 端的反馈信号如何，都不能改变主、从触发器原来的状态。这说明触发器具有保持原状态不变的功能，即 $Q^{n+1}=Q^n$。

当 $J=K=1$ 时，若触发器的初态为 0，则主触发器的 $S=\overline{Q}\cdot J=1$，$R=Q\cdot K=0$。第一个时钟脉冲作用后触发器翻转为 1 态，即 $Q=1$，$\overline{Q}=0$。同时反馈到输入端的信号状态变为 $S=0$，$R=1$，因此第二个时钟脉冲作用后，触发器又翻转为 0 态。以后每来一个时钟脉冲，触发器状态就翻转一次。如果在 CP 端输入一串脉冲，则触发器状态翻转次数就等于 CP 端输入的脉冲个数，这样 JK 触发器就具有计数的功能。即当 CP 的下降沿到来时，触发器总是翻转到与现态相反的状态。

主从 JK 触发器的逻辑符号如图 8-8b 所示。CP 端上的小圆圈表示触发器状态在时钟脉冲下降沿到来时触发。"⌐" 称为延迟符号，表示在 CP 上升沿时接收信号，延迟到 CP 下降沿时，输出状态变化。

3. 特性方程

由图 8-8a 可得

$$S=J\overline{Q}$$
$$R=KQ$$

将上式代入同步 RS 触发器的特性方程得 JK 触发器的特性方程如下：

$$\begin{aligned}Q^{n+1}&=J\overline{Q^n}+\overline{KQ^n}Q^n\\&=J\overline{Q^n}+\overline{K}Q^n\end{aligned}\qquad(8\text{-}3)$$

4. 特性表

主从 JK 触发器的特性表见表 8-5。

表 8-5　主从 JK 触发器的特性表

J	K	Q^n	Q^{n+1}	功能
0	0	0	0	保持
0	0	1	1	
0	1	0	0	置 0
0	1	1	0	
1	0	0	1	置 1
1	0	1	1	
1	1	0	1	翻转
1	1	1	0	

5. 主要特点

主从 JK 触发器功能完善，J、K 之间没有约束，使用方便。但它存在一次变化现象。主从 JK 触发器在 $CP = 1$ 期间，主触发器的状态能且只能变化一次，这种现象称为一次变化现象。

为避免一次变化现象，比较简单的办法是在使用主从 JK 触发器时，保证在 $CP = 1$ 期间，J、K 保持不变。

【例 8-3】 图 8-8 所示的主从 JK 触发器中，若 CP 和 J、K 的输入信号如图 8-9 所示，试画出 Q 的输出波形图，假定触发器的初态为 0。

解： 由 CP 和 J、K 的输入波形及 JK 触发器的特性表可画出 Q 端的波形。

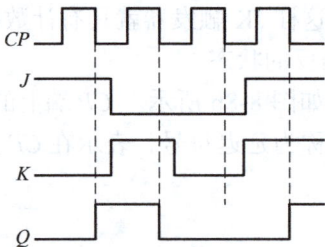

图 8-9　例 8-3 波形图

8.1.4　边沿触发器

为了解决主从 JK 触发器的一次变化问题，增强电路工作的可靠性，便产生了边沿触发器。边沿触发器只有在时钟脉冲 CP 的上升沿或下降沿到来时刻，才根据输入信号改变输出状态，而在其他时间内，触发器将保持输出状态不变。因此，边沿触发器既没有空翻现象，也没有一次变化问题，从而大大提高了触发器工作的可靠性和抗干扰能力。

边沿触发器主要有 TTL 维持阻塞 D 触发器、边沿 JK 触发器和 CMOS 边沿触发器等。

1. 维持阻塞 D 触发器

（1）逻辑符号　图 8-10 所示为维持阻塞 D 触发器的逻辑符号，D 为信号输入端，符号 "⊳" 表示动态输入，它表示用时钟

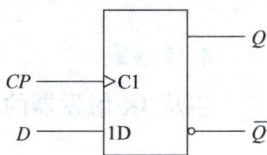

图 8-10　维持阻塞 D
触发器逻辑符号

脉冲 CP 的上升沿触发，故维持阻塞 D 触发器又称为边沿 D 触发器，它的逻辑功能与前面讨论过的同步 D 触发器相同，所不同的是维持阻塞 D 触发器只有 CP 的上升沿到达时才有效。

（2）特性表　维持阻塞 D 触发器的特性表见表 8-6。

表 8-6　维持阻塞 D 触发器的特性表

CP	D	Q^n	Q^{n+1}	功能
↑	0	0	0	置 0
↑	0	1	0	
↑	1	0	1	置 1
↑	1	1	1	

（3）特性方程　维持阻塞 D 触发器的特性方程为

$$Q^{n+1} = D \quad (CP\ 的上升沿到达时有效) \tag{8-4}$$

维持阻塞 D 触发器的逻辑功能是：在时钟脉冲的上升沿到来时，触发器的状态与时钟脉冲到来前 D 端的状态一致，即 $D=1$，$Q^{n+1}=1$；$D=0$，$Q^{n+1}=0$。图 8-11 所示为维持阻塞 D 触发器的波形图。

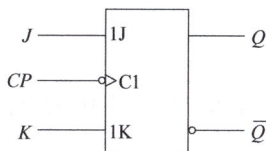

（4）主要特点

1）维持阻塞 D 触发器是用时钟脉冲 CP 边沿触发的。

2）抗干扰能力极强。由于是边沿触发，只要在触发沿附近一个极短暂的时间内，加在 D 端的输入信号保持稳定，触发器就能够可靠地接收，在其他时间里输入信号对触发器不会起作用。

3）在一个时钟脉冲 CP 作用时间内，只有一个上升沿，电路状态只能改变一次。因此，它没有空翻问题及一次变化现象。

4）具有置 0、置 1 功能。

2. 边沿 JK 触发器

边沿 JK 触发器是利用门电路的传输延迟时间实现边沿触发的。

（1）符号　边沿 JK 触发器的逻辑符号如图 8-12 所示。

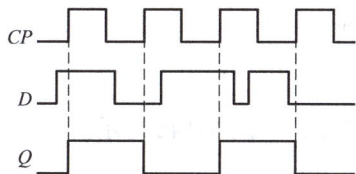

图 8-11　维持阻塞 D 触发器的波形图　　　　图 8-12　边沿 JK 触发器逻辑符号

（2）特性方程　特性方程如下：

$$Q^{n+1} = J\bar{Q}^n + \bar{K}Q^n \quad (CP\ 下降沿到达时有效) \tag{8-5}$$

（3）主要特点　在一个时钟脉冲 CP 作用时间内，只有一个下降沿，电路状态只能改变一次。

8.1.5 触发器逻辑功能的转换

在实际应用中，常将 JK 触发器和 D 触发器通过适当的外部连接进行相互转换。另外，在计数器中经常要用到 T 触发器和 T′ 触发器，但实际集成产品中没有这两种类型的触发器，这可以用 JK 触发器或 D 触发器来构成 T 或 T′ 触发器。

1. JK 触发器转换成 T、T′ 触发器

（1）JK 触发器转换成 T 触发器　将 JK 触发器的 J 和 K 相连作为 T 输入端，便转换成 T 触发器，电路如图 8-13a 所示。

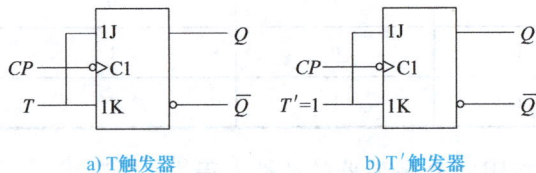

a) T触发器　　　　　b) T′触发器

图 8-13　JK 触发器转换成的 T 触发器和 T′ 触发器

将 T 代入 JK 触发器特性方程中的 J 和 K 便得到 T 触发器的特性方程如下：

$$Q^{n+1} = T\overline{Q^n} + \overline{T}Q^n \tag{8-6}$$

根据特性方程可知，T 触发器的逻辑功能是：当 $T=0$，输入时钟脉冲 CP 时，触发器仍保持原来的状态不变，即具有保持功能，$Q^{n+1}=Q^n$；当 $T=1$ 时，这时，每输入一个时钟脉冲 CP，触发器的状态变化一次，即具有翻转功能，$Q^{n+1}=\overline{Q^n}$。

（2）JK 触发器转换成 T′ 触发器　将 JK 触发器的 J 和 K 相连作为 T′ 输入端，并接高电平 1，便构成了 T′ 触发器，如图 8-12b 所示。

T′ 触发器实际上是 T 触发器输入 $T=1$ 时的一个特例，将 $T=1$ 代入式（8-6）中便得到 T′ 触发器的特性方程为

$$Q^{n+1} = \overline{Q^n} \tag{8-7}$$

2. D 触发器转换成 T、T′ 触发器

（1）D 触发器转换成 T 触发器　T 触发器的特性方程为 $Q^{n+1} = T\overline{Q^n} + \overline{T}Q^n$，D 触发器的特性方程为 $Q^{n+1}=D$，使这两个特性方程相等，由此得

$$\begin{aligned} Q^{n+1} = D &= T\overline{Q^n} + \overline{T}Q^n \\ &= T \oplus Q^n \end{aligned} \tag{8-8}$$

根据式（8-8）可画出由 D 触发器转换成的 T 触发器，如图 8-14a 所示。

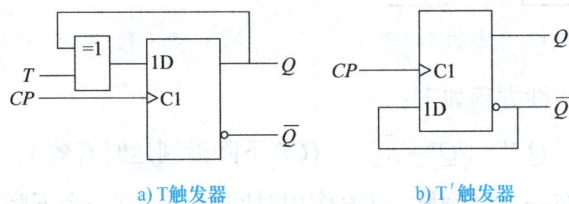

a) T触发器　　　　　b) T′触发器

图 8-14　由 D 触发器转换成的 T 触发器和 T′ 触发器

（2）D 触发器转换成 T′ 触发器　将 $T = 1$ 代入式（8-8）中便得由 D 触发器转换成的 T′ 触发器的特性方程为

$$Q^{n+1} = D = \overline{Q^n} \tag{8-9}$$

根据式（8-9）可画出由 D 触发器转换成的 T′ 触发器，如图 8-14b 所示。

3. JK 触发器和 D 触发器的相互转换

（1）JK 触发器转换成 D 触发器

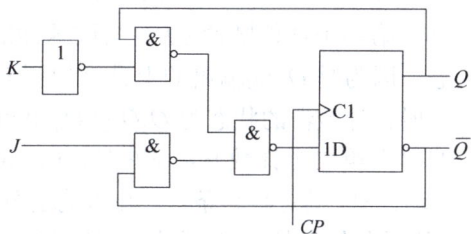

JK 触发器的特性方程为　　　　　　$Q^{n+1} = J\overline{Q^n} + \overline{K}Q^n$

D 触发器的特性方程为 $Q^{n+1} = D = D(\overline{Q^n} + Q^n) = D\overline{Q^n} + DQ^n$

由比较可得　　　　　　　　　　$\begin{cases} J = D \\ K = \overline{D} \end{cases}$

由此得到 JK 触发器转换成 D 触发器的逻辑图，如图 8-15 所示。

（2）D 触发器转换成 JK 触发器

D 触发器的特性方程为　　　　　　　　$Q^{n+1} = D$

JK 触发器的特性方程为　　　　　　$Q^{n+1} = J\overline{Q^n} + \overline{K}Q^n$

由此可见，只要令 D 触发器的输入信号 $D = J\overline{Q^n} + \overline{K}Q^n$ 就可得到 JK 触发器，如图 8-16 所示。

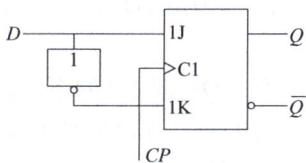

图 8-15　JK 触发器转换成 D 触发器　　　　　　图 8-16　D 触发器转换成 JK 触发器

8.2　计数器

计数器是用来累计输入脉冲个数的时序逻辑部件。它是数字系统中用途最广泛的基本部件之一，它不仅可以计数，还可以对某个频率的时钟脉冲进行分频，以及构成时间分配器或时序发生器，从而实现对数字系统进行定时、程序控制等的操作。

计数器的种类很多。按时钟脉冲输入方式的不同，可分为同步计数器和异步计数器；按进位体制的不同，可分为二进制计数器和非二进制计数器；按数字增减趋势的不同，可分为加法计数器、减法计数器和可逆计数器。

8.2.1　异步计数器

异步计数器有二进制计数器、非二进制计数器，有加法计数器、减法计数器等。下面以 4 位异步二进制加法计数器为例进行分析。

二进制只有 0 和 1 两个数码，二进制加法计数规律是"逢二进一"，即 0+1=1，

1+1=10。触发器有 0 和 1 两个状态，因此一个触发器可以表示 1 位二进制数，如果要表示 n 位二进制数，则要用 n 个触发器。

1. 电路的组成

图 8-17 所示是由 JK 触发器组成的 4 位异步二进制加法计数器。图中，JK 触发器的 J、K 端都接高电平，即都接成 T′ 触发器。计数脉冲 CP 由最低位触发器的时钟脉冲端加入，每个触发器都是下降沿触发，低位触发器的 Q 端依次接到相邻高位的时钟脉冲端，可见该计数器为异步计数器。

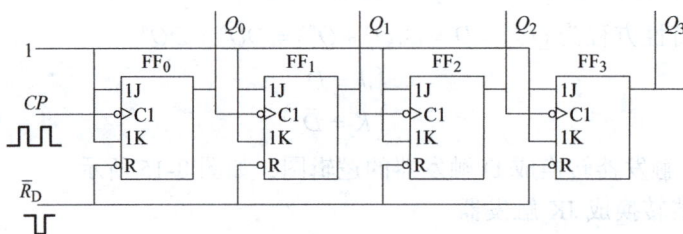

图 8-17　由 JK 触发器组成的 4 位异步二进制加法计数器

2. 工作原理

计数前在计数器的置 0 端 $\overline{R}_D$ 上加负脉冲，使各触发器都为 0 状态，即 $Q_3Q_2Q_1Q_0=0000$。在计数过程中，$\overline{R}_D$ 为高电平。

输入第一个计数脉冲 CP，当该脉冲的下降沿到来时，最低位触发器 FF_0 由 0 态翻转到 1 态，因为是 Q_0 端输出的上升沿加到 FF_1 的 CP 端，FF_1 不满足翻转条件，保持 0 态不变。这时，计数器的状态为 $Q_3Q_2Q_1Q_0=0001$。

当输入第二个计数脉冲 CP 时，FF_0 由 1 态翻转到 0 态，Q_0 端输出的下降沿加到 FF_1 的 CP 端，FF_1 满足翻转条件，由 0 态翻转到 1 态。Q_1 端输出的上升沿加到 FF_2 的 CP 端，FF_2 不满足翻转条件，FF_2 保持 0 态不变。这时，计数器的状态为 $Q_3Q_2Q_1Q_0=0010$。

当连续输入计数脉冲 CP 时，根据上述计数规律，只要低位触发器由 1 态翻转到 0 态，相邻高位触发器的状态即发生改变。计数器中各触发器的状态转换顺序见表 8-7。

表 8-7　4 位异步二进制加法计数器状态转换表

计数脉冲数	计数器状态				相应的十进制数
	Q_3	Q_2	Q_1	Q_0	
0	0	0	0	0	0
1	0	0	0	1	1
2	0	0	1	0	2
3	0	0	1	1	3
4	0	1	0	0	4
5	0	1	0	1	5
6	0	1	1	0	6
7	0	1	1	1	7
8	1	0	0	0	8
9	1	0	0	1	9

（续）

计数脉冲数	计数器状态				相应的十进制数
	Q_3	Q_2	Q_1	Q_0	
10	1	0	1	0	10
11	1	0	1	1	11
12	1	1	0	0	12
13	1	1	0	1	13
14	1	1	1	0	14
15	1	1	1	1	15
16	0	0	0	0	0

由此可见，在计数脉冲 CP 作用下，计数器状态符合二进制加法规律，故为异步二进制加法计数器。由状态转换表可以看出，从状态 0000 开始，每来一个脉冲，计数器中的数值加 1，当输入第 16 个计数脉冲 CP 时，计满归零，因此，该电路也称为 1 位十六进制计数器。

图 8-18 所示为 4 位异步二进制加法计数器的工作波形图，又称时序图或时序波形。由图可见：输入的计数脉冲每经一级触发器，其周期增加一倍，即频率降低一半。因此，1 位二进制计数器就是一个 2 分频器，所以，图 8-16 所示计数器是一个 16 分频器。

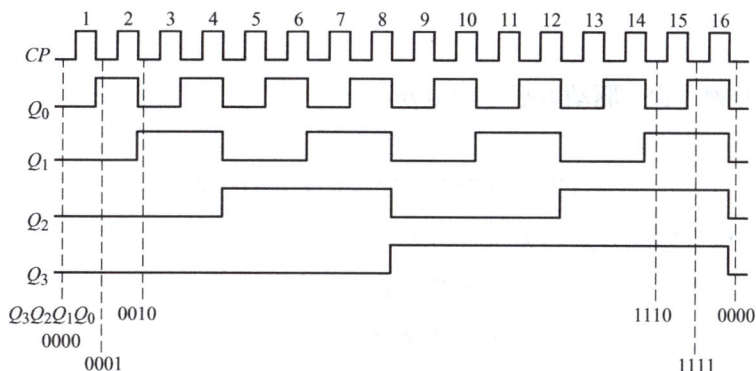

图 8-18 由 JK 触发器组成的 4 位异步二进制加法计数器工作波形图

若将图 8-17 所示逻辑图中各触发器的输出由 $\bar{Q}$ 端接出，再输入下一级触发器的 CP 端，则异步二进制加法计数器便成为异步二进制减法计数器。

二进制数的减法运算规则为：1-1=0，0-1 不够，向相邻高位借 1 作 2，即 (1) 0-1=1。如为二进制数 0000-1 时，可视为 (1) 0000-1=1111；1111-1=1110，其余减法运算以此类推。所以，4 位二进制减法计数器实现减法运算的关键是在输入第 1 个减法计数脉冲后，计数器的状态应由 0000 翻转到 1111。

异步二进制减法计数器的工作原理分析和异步二进制加法计数器类似，在此不再叙述。

8.2.2 同步计数器

同步计数器也有二进制计数器、非二进制计数器，有加法计数器、减法计数器等。下面我们以 8421BCD 码同步十进制加法计数器为例进行分析。

二进制计数器结构简单，但是不符合人们的日常习惯。在数字系统中，凡需直接观察计数结果的地方，几乎都用十进制计数。

1. 电路的组成

十进制计数器是在二进制计数器的基础上得到的，即用 4 位二进制数来表示十进制的 0 ~ 9 十个数，所以也称为二 – 十进制计数器。

一个 4 位二进制计数器可表示 16 个数，十进制只有 10 个数，要去掉 6 个数，可用不同的方法。前面已讲过最常用的 8421BCD 码，去掉的是 1010 ~ 1111 六个数。也就是，计数器计到第 9 个脉冲时，再来一个脉冲即由 1001 变为 0000，经过 10 个脉冲循环一次。

图 8-19 所示为 8421BCD 码同步十进制加法计数器。它由 4 个 JK 触发器组成，下降沿触发。

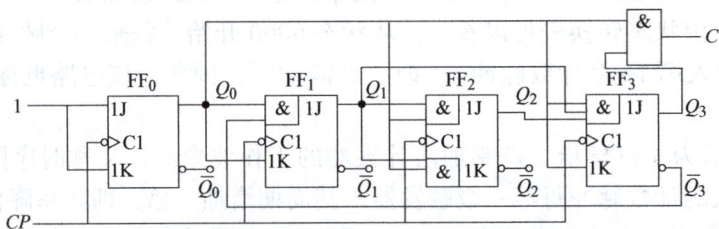

图 8-19 8421BCD 码同步十进制加法计数器

2. 工作原理

（1）写出时钟方程、驱动方程、输出方程

时钟方程：

$$CP_0 \downarrow = CP_1 \downarrow = CP_2 \downarrow = CP_3 \downarrow = CP \downarrow$$

驱动方程（触发器输入端的表达式）：

$$J_0 = K_0 = 1$$
$$J_1 = \bar{Q}_3^n Q_0^n, K_1 = Q_0^n$$
$$J_2 = Q_1^n Q_0^n, K_2 = Q_1^n Q_0^n$$
$$J_3 = Q_2^n Q_1^n Q_0^n, K_3 = Q_0^n$$

输出方程：

$$C = Q_3^n Q_0^n$$

（2）写状态方程 将各驱动方程代入触发器的特性方程，得各触发器的状态方程：

$$Q_0^{n+1} = J_0 \bar{Q}_0^n + \bar{K}_0 Q_0^n = \bar{Q}_0^n$$
$$Q_1^{n+1} = J_1 \bar{Q}_1^n + \bar{K}_1 Q_1^n = \bar{Q}_3^n \bar{Q}_1^n Q_0^n + Q_1^n \bar{Q}_0^n$$
$$Q_2^{n+1} = J_2 \bar{Q}_2^n + \bar{K}_2 Q_2^n = \bar{Q}_2^n Q_1^n Q_0^n + Q_2^n \overline{Q_1^n Q_0^n}$$
$$Q_3^{n+1} = J_3 \bar{Q}_3^n + \bar{K}_3 Q_3^n = \bar{Q}_3^n Q_2^n Q_1^n Q_0^n + Q_3^n \bar{Q}_0^n$$

（3）状态计算 从 $Q_3^n Q_2^n Q_1^n Q_0^n = 0000$ 开始，依次将 $Q_3^n Q_2^n Q_1^n Q_0^n$ 的不同取值代入状态方程和输出方程进行计算，并将计算结果填入状态转换表（见表 8-8）中。

表 8-8　8421BCD 码同步十进制加法计数器状态转换表

Q_3^n	Q_2^n	Q_1^n	Q_0^n	Q_3^{n+1}	Q_2^{n+1}	Q_1^{n+1}	Q_0^{n+1}	C
0	0	0	0	0	0	0	1	0
0	0	0	1	0	0	1	0	0
0	0	1	0	0	0	1	1	0
0	0	1	1	0	1	0	0	0
0	1	0	0	0	1	0	1	0
0	1	0	1	0	1	1	0	0
0	1	1	0	0	1	1	1	0
0	1	1	1	1	0	0	0	0
1	0	0	0	1	0	0	1	0
1	0	0	1	1	0	1	0	0
1	0	1	0	1	0	1	1	0
1	0	1	1	1	1	0	0	0
1	1	0	0	1	1	0	1	0
1	1	0	1	1	1	1	0	0
1	1	1	0	1	1	1	1	0
1	1	1	1	0	0	0	0	1

图 8-20 所示为 8421BCD 码同步十进制加法计数器的工作波形图。

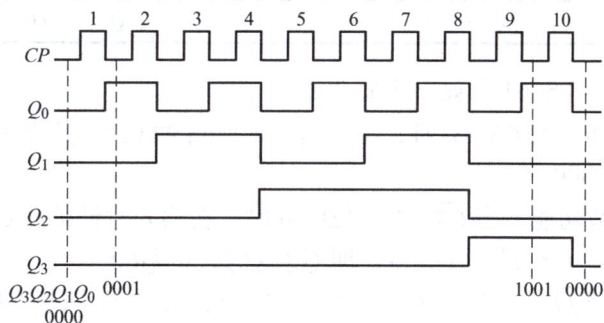

图 8-20　8421BCD 码同步十进制加法计数器的工作波形图

8.2.3　集成计数器

前面分析了用触发器组成的各种计数器的工作原理，这些原理是理解集成计数器的基础。所谓集成计数器，就是将整个计数器的电路集成在一个芯片上，为了增强集成计数器的适应能力，一般集成计数器设有更多的附加功能，如预置数、清除、保持、计数等多种功能。因此，它具有通用性强、便于功能扩展、使用方便等优点，应用十分普遍。

集成计数器的种类很多，下面主要介绍 74LS161、74LS90 两种中规模集成计数器的功能及其应用。

1. 4 位二进制同步加法计数器 74LS161

（1）74LS161 的功能　图 8-21 所示为 4 位同步二进制加法计数器 74LS161 的逻辑

功能示意图。图中，$\overline{LD}$ 为同步置数控制端，$\overline{CR}$ 为异步清零控制端，CT_P 和 CT_T 为计数控制端，$D_3 \sim D_0$ 为并行数据输入端，$Q_3 \sim Q_0$ 为输出端，CO 为进位输出端。表 8-9 为 74LS161 的功能表。

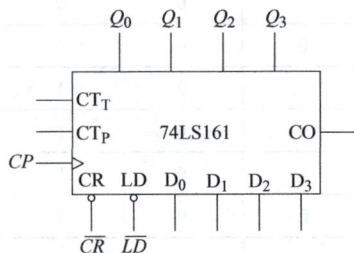

图 8-21　74LS161 的逻辑功能示意图

表 8-9　CT74LS161 的功能表

输入									输出				功能
$\overline{CR}$	$\overline{LD}$	CT_P	CT_T	CP	D_3	D_2	D_1	D_0	Q_3	Q_2	Q_1	Q_0	
0	×	×	×	×	×	×	×	×	0	0	0	0	异步清零
1	0	×	×	↑	d_3	d_2	d_1	d_0	d_3	d_2	d_1	d_0	同步置数
1	1	1	1	↑	×	×	×	×	加法计数				计数
1	1	0	×	×	×	×	×	×	Q_3	Q_2	Q_1	Q_0	保持
1	1	×	0	×	×	×	×	×	Q_3	Q_2	Q_1	Q_0	保持

由表 8-9 可知，74LS161 有如下主要功能：

1）异步置 0 功能。当 $\overline{CR}$ =0 时，不论有无时钟脉冲 CP 和其他信号输入，计数器被置 0，即 $Q_3Q_2Q_1Q_0$=0000。

2）同步并行置数功能。当 $\overline{CR}$ =1、$\overline{LD}$ =0 时，在输入时钟脉冲 CP 上升沿的作用下，并行输入的数据 $d_3d_2d_1d_0$ 被置入计数器，即 $Q_3Q_2Q_1Q_0$=$d_3d_2d_1d_0$。

3）计数功能。当 $\overline{LD}$ = $\overline{CR}$ = CT_P = CT_T =1，CP 端输入计数脉冲时，计数器进行二进制加法计数。

4）保持功能。当 $\overline{LD}$ = $\overline{CR}$ =1，且 CT_P 和 CT_T 中有 0 时，计数器保持原来的状态不变。

CO 为进位输出端，当计数溢出时，CO 端输出一个高电平进位脉冲。

（2）74LS161 构成 N 进制计数器　74LS161 是 4 位二进制计数器，最多计数 16，有时也称十六进制计数器。

用一片 74LS161 构成任意（N<16）进制计数器，则需要利用它的同步置数控制端或异步清零控制端，让电路跳过某些状态，实现 N 进制计数器。

用 74LS161 构成 N 进制计数器有反馈置数法和反馈清零法两种方法。而用反馈置数法又有两种方法：若从计数器的输出端反馈回同步置数控制端，称它为预置数端复位法；若从进位输出端 CO 端反馈回同步置数控制端，称它为进位输出置最小数法。

1）预置数端复位法。预置数端复位法是：将 N–1=S（S 为计数器的输出状态）所对应的输出二进制代码中等于 1 的输出端通过与非门反馈到芯片的同步置数控制 $\overline{LD}$ 端，使输出回零。

例如，图 8-22a 是利用预置数端复位法构成的十进制计数器。

它是首先将 $\overline{CR} = CT_P = CT_T = 1$，再令数据输入端 $D_3 D_2 D_1 D_0 = 0000$，即让计数器从 $Q_3 Q_2 Q_1 Q_0 = 0000$ 状态开始计数。由 CP 端输入计数脉冲，计数器则按二进制开始计数，当第 9 个 CP 脉冲到来后，输出状态 $S = Q_3 Q_2 Q_1 Q_0 = 1001$，则 $\overline{LD} = \overline{Q_3 Q_0} = 0$，当第 10 个 CP 脉冲到来后，计数器进行同步预置，使 $Q_3 Q_2 Q_1 Q_0 = D_3 D_2 D_1 D_0 = 0000$。此时，$\overline{LD} = \overline{Q_3 Q_0} = 1$，随着 CP 脉冲的输入，计数器则开始下一循环计数。可见，图 8-22a 实现的是十进制计数器，其状态图如图 8-22b 所示。

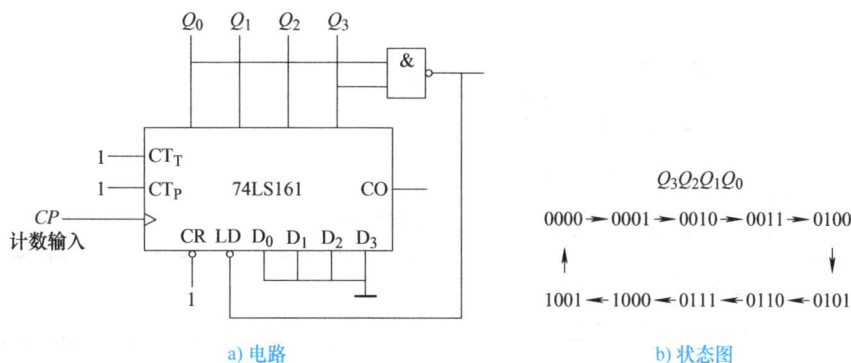

a) 电路   b) 状态图

图 8-22 预置数端复位法构成十进制计数器

2）进位输出置最小数法。图 8-22 中十进制计数器的输出 $Q_3 Q_2 Q_1 Q_0$ 的变化规律为 0000～1001，即用原十六进制的前 10 个状态构成了十进制计数器。进位输出置最小数法则是用十六个状态中的后 10 个状态构成十进制计数器。

进位输出置最小数法是：在并行数据输入 $D_3 D_2 D_1 D_0$ 端输入最小数，最小数 =16-N，将进位输出端 CO 经非门送到 $\overline{LD}$ 端，当计数器从最小数计到 1111 时，$\overline{LD} = 0$，当下一个 CP 脉冲到来后，计数器的输出进行同步预置，使 $Q_3 Q_2 Q_1 Q_0 = D_3 D_2 D_1 D_0 =$ 最小数，计数器又开始下一循环计数。

例如，图 8-23a 是利用进位输出置最小数法构成的十进制计数器。

十进制计数器 $N=10$，最小数 =16-10=6，$(6)_{10} = (0110)_2$，即数据输入端 $D_3 D_2 D_1 D_0 = 0110$，并且令 $\overline{CR} = CT_P = CT_T = 1$，当计数器从最小数 0110 计到 1111 时，$\overline{LD} = 0$，当下一个 CP 脉冲到来后，计数器的输出进行同步预置，使 $Q_3 Q_2 Q_1 Q_0 = D_3 D_2 D_1 D_0 =$ 最小数 0110，计数器又开始下一循环计数。其状态图如图 8-23b 所示。

3）反馈清零法。反馈清零法是：将 $N=S$（S 为计数器的输出状态）所对应的输出二进制代码中等于 1 的输出端通过与非门反馈到芯片的异步清零控制 $\overline{CR}$ 端，使输出回零。

例如，图 8-24a 是利用反馈清零法构成的十进制计数器。

首先使 $\overline{LD} = CT_P = CT_T = 1$，从 $Q_3 Q_2 Q_1 Q_0 = 0000$ 状态开始计数。由 CP 端输入计数脉冲，计数器则按二进制开始计数，当第 10 个 CP 脉冲到来后，输出状态 $S = Q_3 Q_2 Q_1 Q_0 = 1010$，则 $\overline{CR} = \overline{Q_3 Q_1} = 0$，计数器进行异步清零，使 $Q_3 Q_2 Q_1 Q_0 = 0000$。1010 状态转瞬即逝，故称为过渡状态。因为输入了 10 个 CP 脉冲且是异步清零，所以图 8-24a 实现的是十进制计数器，其状态图如图 8-24b 所示。

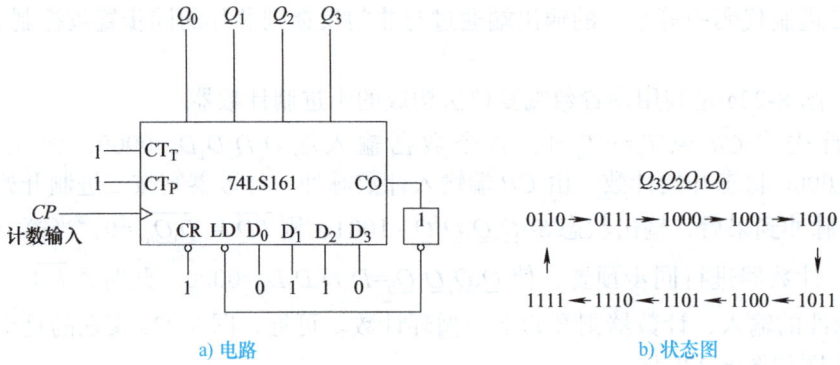

a) 电路   b) 状态图

图 8-23   进位输出置最小数法构成十进制计数器

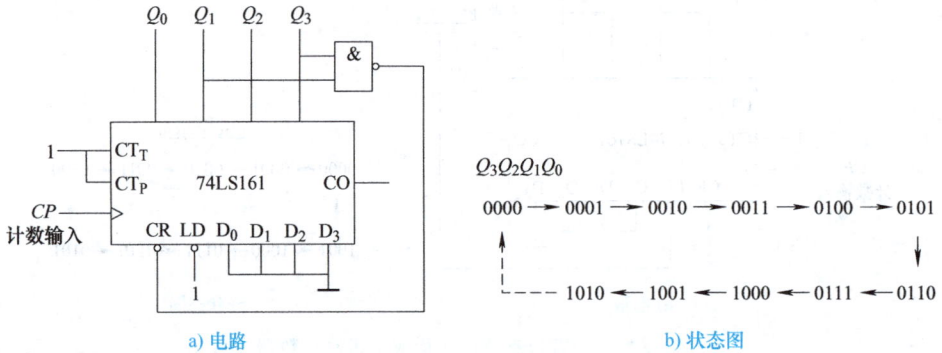

a) 电路   b) 状态图

图 8-24   反馈清零法构成十进制计数器

（3）利用级联扩大计数容量   用一片 74LS161 最大可构成十六进制计数器。如果利用级联将多个集成计数器串接，则可获得计数容量更大的计数器。

图 8-25 是利用两片 74LS161 级联构成的五十进制计数器，该图采用反馈清零法。十进制数 50 对应的二进制数为 00110010。当计数器计到 50 时，计数器的状态为 $Q_3'Q_2'Q_1'Q_0'$ $Q_3Q_2Q_1Q_0$=00110010，这时，$\overline{CR} = \overline{Q_1'Q_0'Q_1}$ =0，使两片 74LS161 同时清零，从而实现了五十进制计数。

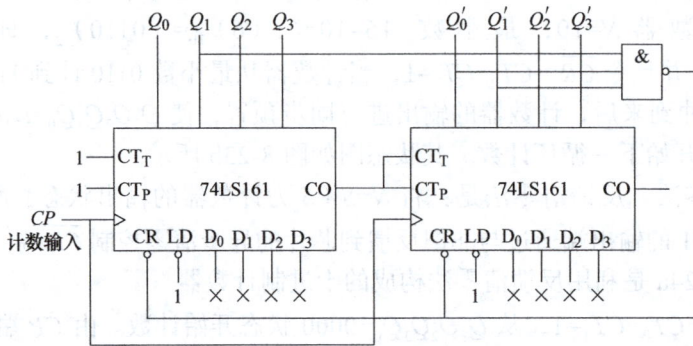

图 8-25   两片 74LS161 构成的五十进制计数器

常用的通用中规模集成计数器的种类很多，下面将 74LS160、74LS161、74LS162 和 74LS163 的功能列表比较，见表 8-10。

表 8-10　74LS160 ～ 74LS163 功能比较

型号	进制	清零	预置数
74LS160	十进制	低电平异步	低电平同步
74LS161	二进制	低电平异步	低电平同步
74LS162	十进制	低电平同步	低电平同步
74LS163	二进制	低电平同步	低电平同步

2. 集成异步二 – 五 – 十进制计数器 74LS90

中规模集成计数器 74LS90、74LS290 及原部标型号 T210 的功能相同，只是它们的引脚排列不同。下面以 74LS90 为例，介绍其电路的组成、功能及其应用。

（1）电路的组成　图 8-26 所示为集成异步十进制计数器 74LS90 的逻辑电路图、引脚排列图及示意框图。图中，$R_{0(1)}$、$R_{0(2)}$ 为异步清零端，高电平有效；$S_{9(1)}$、$S_{9(2)}$ 为异步置 9 端，高电平有效；CP_0 是二进制计数器的时钟计数脉冲输入端；CP_1 是五进制计数器的时钟计数脉冲输入端；$Q_D \sim Q_A$ 是计数器的输出端。

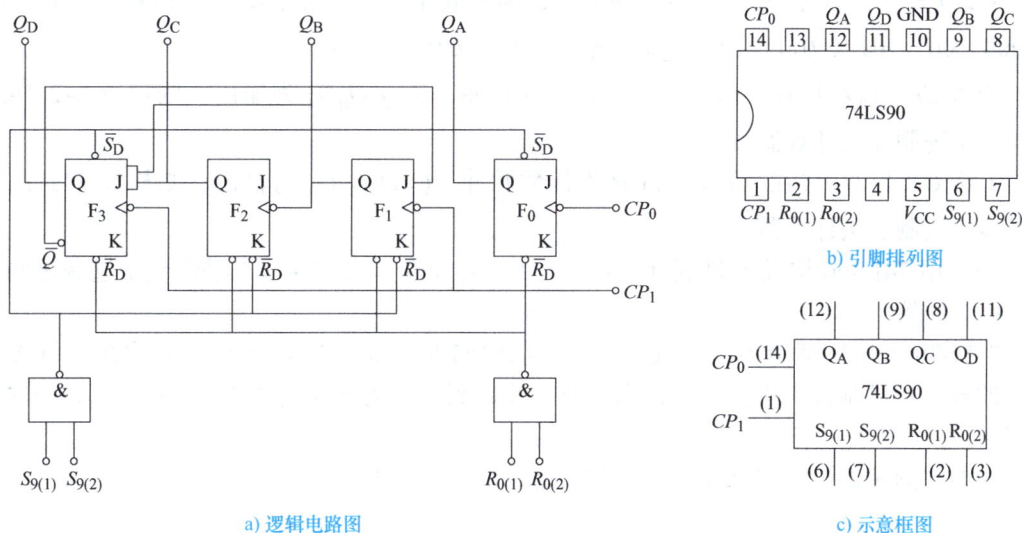

a) 逻辑电路图

b) 引脚排列图

c) 示意框图

图 8-26　集成异步十进制计数器 74LS90

（2）电路功能　集成异步计数器 74LS90 是一个二 – 五 – 十进制计数器，表 8-11 为 74LS90 的功能表，主要有以下逻辑功能：

表 8-11　74LS90 功能表

$R_{0(1)}$	$R_{0(2)}$	$S_{9(1)}$	$S_{9(2)}$	Q_D	Q_C	Q_B	Q_A
1	1	0	×	0	0	0	0
1	1	×	0	0	0	0	0
0	×	1	1	1	0	0	1
×	0	1	1	1	0	0	1

(续)

$R_{0(1)}$	$R_{0(2)}$	$S_{9(1)}$	$S_{9(2)}$	Q_D	Q_C	Q_B	Q_A
0	×	0	×				
0	×	×	0		计数		
×	0	0	×				
×	0	×	0				

1）异步清零功能。当异步清零端 $R_{0(1)}=R_{0(2)}=1$，而异步置 9 端 $S_{9(1)}$、$S_{9(2)}$ 中有 0 时，无论有无计数脉冲输入，计数器的输出均为 0，即 $Q_D Q_C Q_B Q_A=0000$。

2）异步置 9 功能。当异步置 9 端 $S_{9(1)}=S_{9(2)}=1$，而异步清零端 $R_{0(1)}$、$R_{0(2)}$ 中有 0 时，无论有无计数脉冲输入，计数器的输出均为 9，即 $Q_D Q_C Q_B Q_A=1001$。

3）计数功能。当 $R_{0(1)}$、$R_{0(2)}$ 和 $S_{9(1)}$、$S_{9(2)}$ 中均有 0 时，74LS90 处于计数工作状态。

若以 CP_0 为计数脉冲，Q_A 为输出，则构成 1 位二进制计数器。Q_A 的输出信号是 CP_0 的二分频。

若以 CP_1 为计数脉冲，$Q_D Q_C Q_B$ 为输出，则构成异步五进制计数器，计数状态 $Q_D Q_C Q_B$ 为 000、001、010、011、100。Q_D 的输出信号是 CP_1 的五分频。

若将 CP_1 与 Q_A 接在一起，以 CP_0 为计数脉冲，$Q_D Q_C Q_B Q_A$ 为输出，则构成 8421BCD 码异步十进制加法计数器。

若将 CP_0 与 Q_D 接在一起，以 CP_1 为计数脉冲，$Q_D Q_C Q_B Q_A$ 为输出，则构成 5421BCD 码异步十进制加法计数器。

（3）用 74LS90 构成 N 进制计数器　一片 74LS90 可以构成从二进制到十进制之间任意进制计数器。

74LS90 采用反馈清零法，其方法与 74LS161 的反馈清零法类似。方法是：将 N 所对应的输出二进制代码中为 1 的输出端直接反馈到芯片的异步清零 $R_{0(1)}$、$R_{0(2)}$ 端，使输出回零。

例如，图 8-27 是用 74LS90 构成的六进制加法计数器。

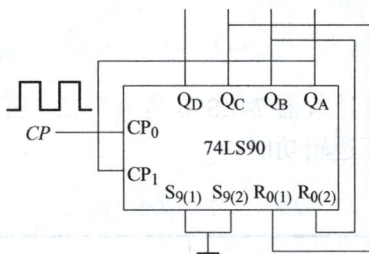

图 8-27　74LS90 构成的六进制加法计数器

8.3　寄存器

寄存器是用来存放数据和运算结果的时序逻辑电路，是数字系统和计算机的主要部件之一。寄存器主要由具有记忆功能的触发器构成，n 个触发器可以存储 n 位二进制数。

寄存器存放数码的方式有并行输入和串行输入两种。同样，取出数码也有并行输出和串行输出两种。按功能不同，寄存器分为数码寄存器和移位寄存器两种。

8.3.1　数码寄存器

暂时存放数码的电路称为数码寄存器。根据需要可以将存放的数码随时取出参加运算或进行处理。

图 8-28 所示是一个由 D 触发器构成的 4 位二进制数码寄存器。4 个触发器的时钟脉冲输入端连在一起作为接收信号的控制端。$D_3 \sim D_0$ 为数码输入端，分别对应接入 4 个触发器的输入端即 D 端，$Q_3 \sim Q_0$ 为数码输出端。各触发器的清零端 $\overline{R}_D$ 连在一起，作为寄存器的清零端，低电平有效。工作过程如下：

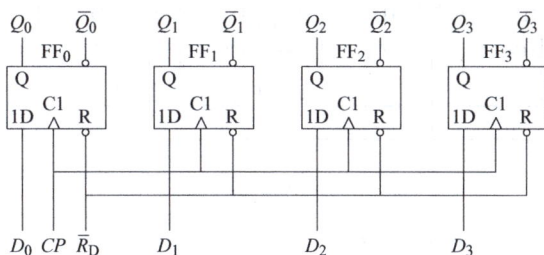

图 8-28　D 触发器构成的 4 位二进制数码寄存器

1. 清除原有数码

$\overline{R}_D = 0$，寄存器清除原有数码，$Q_3 \sim Q_0$ 均为 0 态，即 $Q_3Q_2Q_1Q_0 = 0000$。清零后，让 $\overline{R}_D = 1$。

2. 寄存数码

若存放的数码为 1011，将数码 1011 加到对应的数码输入端，即 $D_3 = 1$、$D_2 = 0$、$D_1 = 1$、$D_0 = 1$。在 $\overline{R}_D = 1$ 时，根据 D 触发器的特性，当接收指令脉冲 CP 的上升沿来到，各触发器的状态与输入端状态相同，即 $Q_3Q_2Q_1Q_0 = 1011$，于是 4 位数码 1011 便存放到寄存器中。

3. 保存数码

数码寄存器存放了数码后，只要不出现 $\overline{R}_D = 0$，各触发器都处于保持状态。

8.3.2　移位寄存器

具有存放数码和使数码逐位右移或左移的电路称为移位寄存器。所谓移位，就是每来一个移位脉冲，寄存器的数码便向右或向左移一位。移位寄存器分单向移位寄存器和双向移位寄存器。

1. 单向移位寄存器

在移位脉冲作用下，所存数码只能沿一个方向移位的寄存器称作单向移位寄存器，单向移位寄存器又分左移位寄存器和右移位寄存器。

图 8-29a 所示为 4 位右移位寄存器，它由 4 个上升沿触发的 D 触发器组成。这 4 个 D

触发器共用一个时钟脉冲信号。

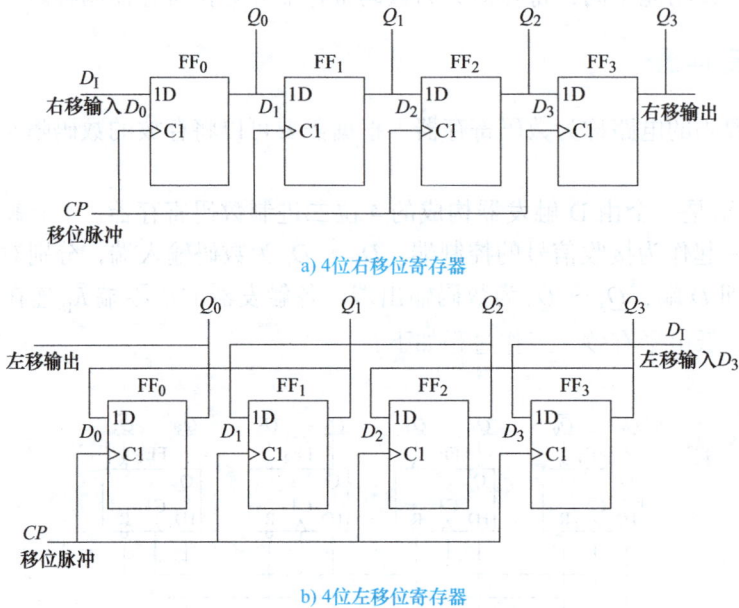

a) 4位右移位寄存器

b) 4位左移位寄存器

图 8-29　由 D 触发器组成的单向移位寄位器

数码由触发器 FF_0 的 D_0 端串行输入，其工作原理如下：

设串行输入数码 D_I=1011，同时 $FF_3 \sim FF_0$ 都为 0 态。当输入第 1 个数码 1 时，这时 D_0=1、D_1=Q_0=0、D_2=Q_1=0、D_3=Q_2=0，则在第 1 个移位脉冲 CP 的上升沿作用下，FF_0 由 0 态翻转到 1 态，第 1 位数码 1 存入 FF_0 中，其原来的状态 Q_0=0 移入 FF_1 中，数码向右移了一位，同理，FF_1、FF_2 和 FF_3 中的数码也都依次向右移了一位。这时，寄存器的状态为 $Q_3Q_2Q_1Q_0$=0001。当输入第 2 个数码 0 时，则在第 2 个移位脉冲 CP 上升沿的作用下，第 2 个数码 0 存入 FF_0 中，这时，Q_0=0，FF_0 中原来的数码 1 移入 FF_1 中，Q_1=1，同理 Q_2=Q_3=0，移位寄位器中的数码又依次向右移了一位。这样，在 4 个移位脉冲作用下，输入的 4 位串行数码 1011 全部存入了寄存器中。移位情况见表 8-12。

表 8-12　右移位寄存器的状态表

移位脉冲	输入数据	移位寄存器中的数			
		Q_0	Q_1	Q_2	Q_3
0		0	0	0	0
1	1	1	0	0	0
2	0	0	1	0	0
3	1	1	0	1	0
4	1	1	1	0	1

移位寄存器中的数码可由 Q_3、Q_2、Q_1 和 Q_0 并行输出。它也可从 Q_3 串行输出，但这时需要继续输入 4 个移位脉冲才能从寄存器中取出存放的 4 位数码 1011。

图 8-29b 所示为由 4 个 D 触发器组成的 4 位左移位寄存器。其工作原理和右移位寄存器相同，不再重复。

2. 双向移位寄存器

由前面讨论的单向移位寄存器工作原理时可知，右移位寄位器和左移位寄存器的电路结构是基本相同的，如适当加入一些控制电路和控制信号，就可将右移位寄存器和左移位寄存器结合在一起，构成双向移位寄位器。

74LS194 是一种典型的 4 位双向移位寄存器，图 8-30 给出了它的逻辑功能示意图。图中，M_1、M_0 为工作方式控制端，M_1、M_0 的不同取值，决定寄存器的不同功能：保持、右移、左移及并行输入。$\overline{CR}$ 是清零端，$\overline{CR}$ =0 时，各输出端均为零。寄存器工作时，$\overline{CR}$ 应为高电平。这时寄存器工作方式由 M_1、M_0 的状态决定：M_1M_0=00 时，寄存器中的数据保持不变；M_1M_0=01 时，寄存器为右移工作方式，D_{SR} 为右移串行输入端；M_1M_0=10 时，寄存器为左移工作方式，D_{SL} 为左移串行输入端；M_1M_0=11 时，寄存器为并行输入方式，即在 CP 脉冲作用下，将输入到 $D_0 \sim D_3$ 的数据同时存入寄存器中。$Q_0 \sim Q_3$ 是寄存器的输出端。

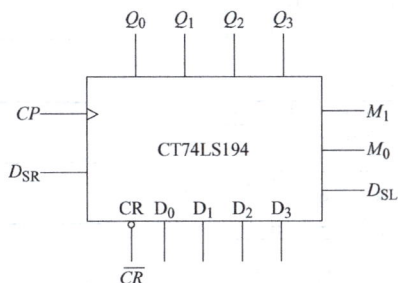

图 8-30　74LS194 逻辑功能示意图

8.3.3　顺序脉冲发生器

在一些数字系统中，有时需要系统按照事先规定的顺序进行一系列的操作。这就要求系统的控制部分能给出一组在时间上有一定先后顺序的脉冲信号，再用这组脉冲形成所需要的各种控制信号。顺序脉冲发生器就是用来产生这样一组顺序脉冲的电路。

顺序脉冲发生器可以用移位寄存器构成。当环形计数器工作在每个状态中只有一个 1 的循环状态时，它就是一个顺序脉冲发生器。由图 8-31 可见，当 CLK 端不断输入系列脉冲时，$Q_0 \sim Q_3$ 端将依次输出正脉冲，并不断循环。

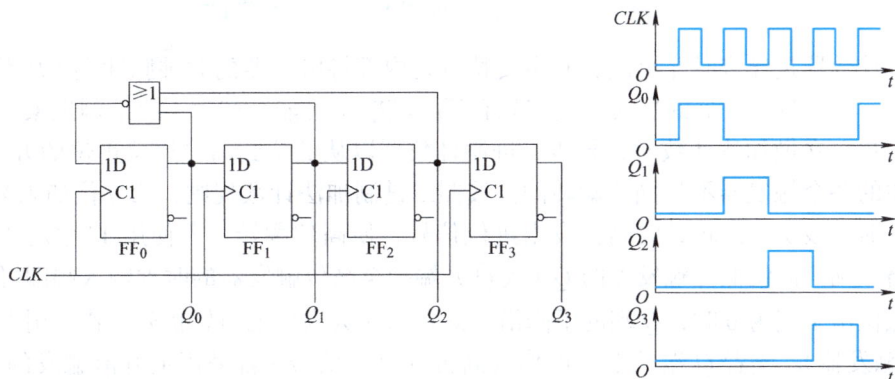

图 8-31　典型顺序脉冲发生器

这种方案的优点是不必附加译码电路，结构比较简单。缺点是使用的触发器数目比较多，同时还必须采用能自启动的反馈逻辑电路。

在顺序脉冲数较多时，可以用计数器和译码器组合成顺序脉冲发生器。图 8-32a 所示电路是有 8 个顺序脉冲输出的顺序脉冲发生器的例子。图中的 3 个触发器 FF_0、FF_1 和 FF_2 组成 3 位二进制计数器，8 个与门组成 3 线 – 8 线译码器。只要在计数器的输入端 CLK 加入固定频率的脉冲，便可在 $P_0 \sim P_7$ 端依次得到输出脉冲信号，如图 8-32b 所示。

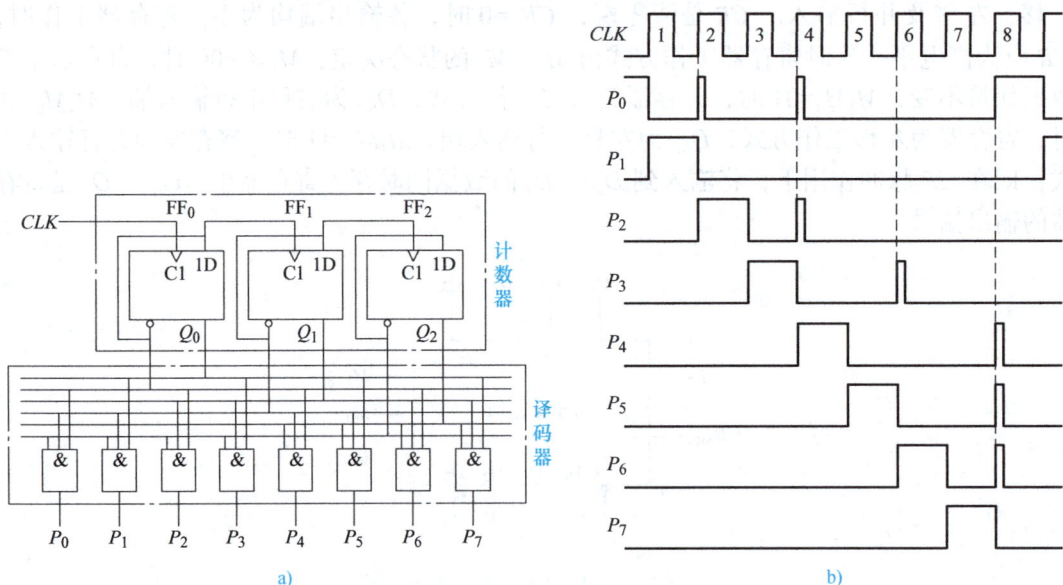

图 8-32 基于计数器与译码器的顺序脉冲发生器

由于使用了异步计数器，在电路状态转换时 3 个触发器在翻转时有先有后，因此当两个以上触发器同时改变状态时将发生竞争 – 冒险现象，有可能在译码器的输出端出现尖峰脉冲，如图 8-31b 上所表示的那样。

例如，在计数器的状态 $Q_2Q_1Q_0$ 由 001 变为 010 的过程中，因 FF_0 先翻转为 0 而 FF_1 后翻转为 1，因此在 FF_0 已经翻转而 FF_1 尚未翻转的瞬间计数器将出现 000 状态，使 P_0 端出现尖峰脉冲，其他类似的情况请读者自行分析。为了消除输出端的尖峰脉冲，大家可以自行学习。

电路仿真 8：实用时序逻辑电路设计

异步计数器是异步时序电路，其主要特点是内部各触发器的时钟脉冲端 CP 不全都连接在一起，因此各触发器的翻转时刻有先有后，其输出可能会产生干扰毛刺现象，但其电路结构简单。在做加法计数时，异步二进制计数器以从低位到高位逐位进位的方式工作，因此其中的各个触发器不是同步翻转的。按照二进制加法计数规则，第 n 位如果为 1，则再加上 1 时应变为 0，同时向高位发出进位信号，使高位翻转。若使用 T' 触发器构成计数器电路，则只需将低位触发器的 Q（或 $\overline{Q}$）端接至高位触发器的时钟输入端即可实现进位。当低位由 1 变为 0 时，Q 端的下降沿正好可以作为高位的时钟信号（若采用下降沿触发的 T' 触发器），或者 Q 端的上升沿作为高位的时钟信号（若采用上升沿触发的 T' 触发器）。图 8-33 为采用 T' 触发器构成的异步二进制加法计数器的设计原理仿真图。

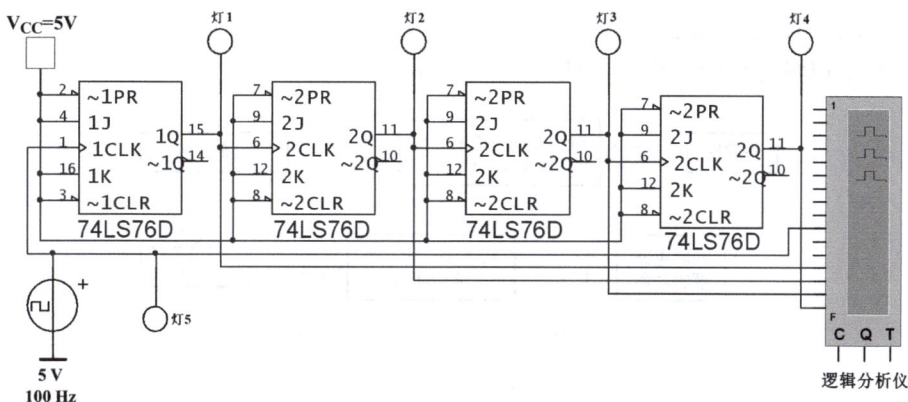

图 8-33　异步二进制加法计数器的设计原理仿真图

技能训练 8：时序逻辑电路设计与测试

一、训练目的

1. 掌握 JK 触发器的逻辑功能、触发方式和测试方法。
2. 熟悉集成触发器的应用。
3. 掌握同步时序电路的分析方法和功能测试。

二、理论原理

1. JK 触发器

在输入信号为双端的情况下，JK 触发器是功能完善、使用灵活和通用性较强的一种触发器。实验采用 74LS76 双 JK 触发器，为下降边沿触发的边沿触发器。引脚排列和逻辑符号如图 8-34 所示。

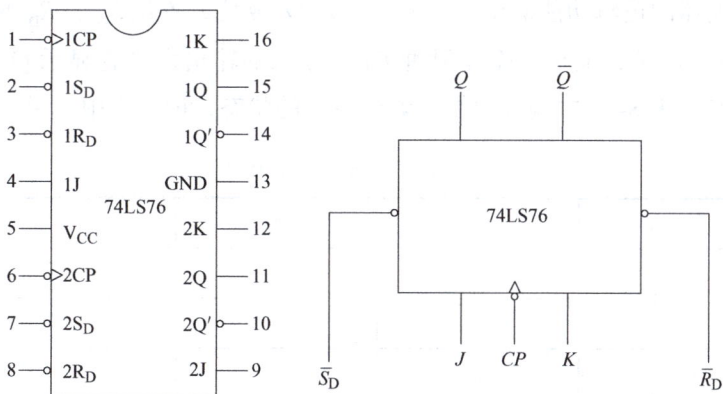

图 8-34　74LS76 JK 触发器的引脚排列和逻辑符号

JK 触发器的状态方程为 $Q^{n+1} = J\overline{Q^n} + \overline{K}Q^n$。

JK 触发器常被用作缓冲存储器、移位寄存器和计数器。

2. 同步时序逻辑电路

在同步时序逻辑电路中，所有触发器都是在同一时钟信号操作下工作，各个触发器的变化都是在同一时刻发生的。

同步时序逻辑电路的分析步骤如图 8-35 所示。

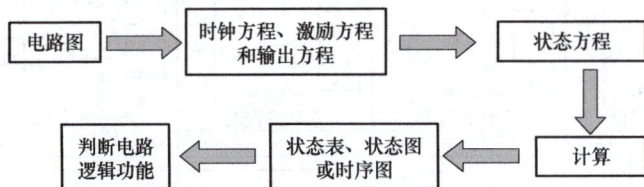

图 8-35　同步时序逻辑电路的分析步骤

三、训练设备及材料

数字逻辑电路实验箱、双 JK 触发器 74LS76、74LS08。

四、训练内容

1. JK 触发器的逻辑功能测试

集成芯片 74LS76 是双 JK 下降沿触发器，芯片 5 脚接电源 5V，13 脚接地。

（1）测试 JK 触发器的复位、置位功能　在集成芯片 74LS76 中，任取一个 JK 触发器，$\overline{S_D}$、$\overline{R_D}$、J、K 端接逻辑电平拨位开关，CP 接单次脉冲，输出端 Q 和 $\overline{Q}$ 接发光二极管显示。要求改变置位端的状态，观察输出端 Q^n 的状态，记入表 8-13 中。

表 8-13　复位、置位端测试

$\overline{S_D}$	$\overline{R_D}$	Q^n
0	1	
1	0	

（2）JK 触发器的逻辑功能测试　首先，确定 Q^n 复位或置位 $\overline{S_D}$、$\overline{R_D}$ 的状态；其次让 $\overline{S_D}$、$\overline{R_D}$ 端均置高电平，输出一个单脉冲 CP，原来的输出发光管显示 Q^n 状态即转变为 Q^{n+1} 新态。J、K 按表 8-14 中输入数据，测试 Q^{n+1} 的状态，记入表中，说明逻辑功能。

表 8-14　JK 触发器的逻辑功能测试

J	K	Q^n	Q^{n+1}	逻辑功能
0	0	0		
		1		
0	1	0		
		1		
1	0	0		
		1		
1	1	0		
		1		

2. 同步时序逻辑电路功能测试

图 8-36 所示电路为一般的同步时序逻辑电路。FF_0、FF_1 采用 74LS76 双下降沿触发器和与门芯片 74LS08 构成电路。完成电路接线，用点动脉冲作为时钟 CP，自拟表格，记录输出结果。写出电路的驱动方程、状态方程和输出方程（各触发器的初始状态均为"0"）。根据状态方程列出状态表，画出时序波形图，说明电路的逻辑功能。

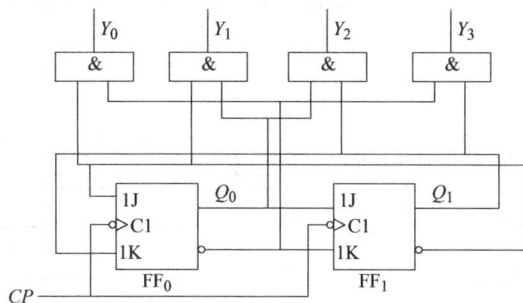

图 8-36　同步时序逻辑电路

五、训练要求

1. 复习有关触发器的内容，熟悉有关器件的引脚分配。
2. 列出 JK 触发器实验数据表格，说明其功能。
3. 参考有关资料，查阅 74LS76 的引脚排列及逻辑功能。
4. 复习同步时序逻辑电路的分析过程。

本章小结

1. 触发器是构成时序电路的基本单元，其主要特点是有两个稳定状态，具有记忆功能。

2. 触发器按结构不同可分为基本 RS 触发器、同步触发器、主从触发器、边沿触发器。结构不同的触发器，其触发方式是不同的。

基本 RS 触发器：电平触发方式；同步触发器：电平触发方式；主从触发器：脉冲触发方式；边沿触发器：边沿触发方式。

3. 在使用触发器时，必须注意电路的功能及其触发方式。同步触发器在 $CP=1$ 时触发翻转，属于电平触发，存在空翻现象。为克服空翻现象，应使用边沿触发器。功能不同的触发器之间可以相互转换。从应用的角度出发，应在理解的基础上熟练地掌握常用触发器的逻辑功能并记住其逻辑符号。

4. 描述时序逻辑电路逻辑功能的方法有逻辑图、状态方程、驱动方程、输出方程、状态转换真值表、状态转换图和时序图等。

5. 计数器是累计输入脉冲个数的部件。按计数进制分，有二进制计数器、十进制计数器和任意进制计数器。按计数增减分，有加法计数器、减法计数器和可逆计数器。按触发器翻转是否同步分，有同步计数器和异步计数器。中规模集成计数器的功能完善，使用方便，它可以构成 N 进制计数器。

6. 寄存器主要用以存放数码。移位寄存器不但可存放数码，而且还能对数据进行移位操作。移位寄存器有单向移位寄存器和双向移位寄存器。利用移位寄存器可以组成环形计数器、顺序脉冲发生器等。

习　题

8-1　图 8-37 所示为由或非门构成基本 SR 触发器，请根据 S、R 的输入波形，画出输出 Q 和 $\bar{Q}$ 的波形。

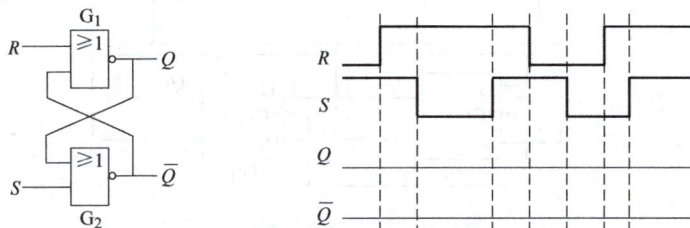

图 8-37　题 8-1 图

8-2　图 8-38a 所示为同步 SR 触发器，CP、S、R 的波形如图 8-38b 所示，试画出相应的输出 Q 波形（设初始状态为 0）。

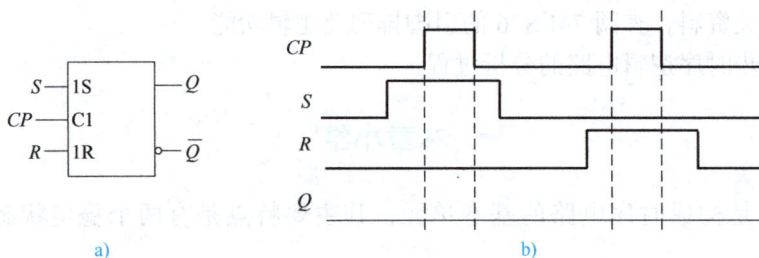

a)　　　　　　　　　　　　b)

图 8-38　题 8-2 图

8-3　图 8-39 所示为边沿触发 D 触发器的时钟信号波形，请画出输出端 $Q_1 \sim Q_3$ 的波形（设初始状态为 0）。

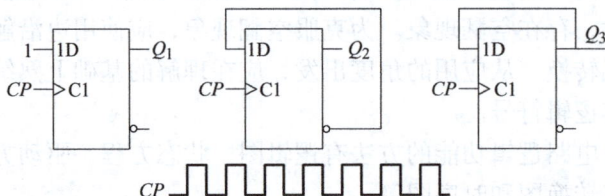

图 8-39　题 8-3 图

8-4　逻辑电路如图 8-40 所示，请根据时钟信号画出输出端 Q_1、Q_0 的波形（设初始状态为 0）。

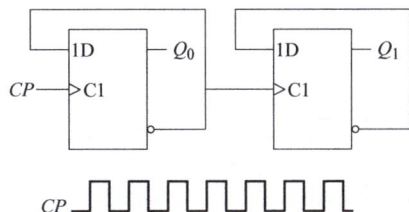

图 8-40 题 8-4 图

8-5 图 8-41 所示为上升沿 JK 触发器，请根据 CP、J、K 信号，画出输出端 Q 的波形（设初始状态为 0）。

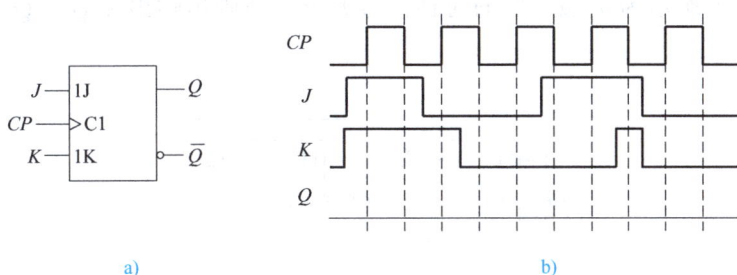

a)   b)

图 8-41 题 8-5 图

8-6 图 8-42 所示为 JK 触发器时钟信号波形，请画出输出端 $Q_1 \sim Q_6$ 的波形（设初始状态为 0）。

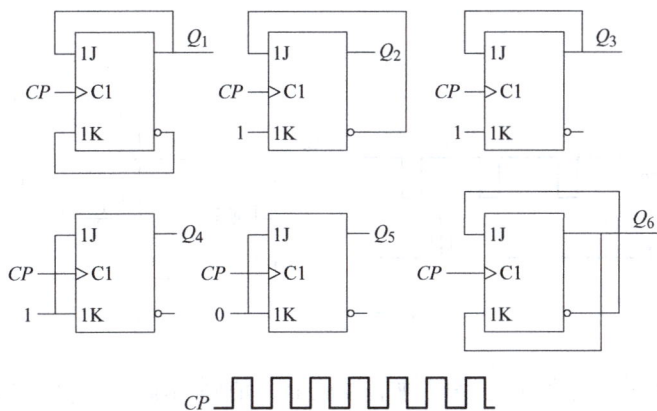

图 8-42 题 8-6 图

8-7 图 8-43 所示为主从 JK 触发器输入端 J、K 与时钟信号波形，请画出输出端 Q 的波形（设初始状态为 0）。

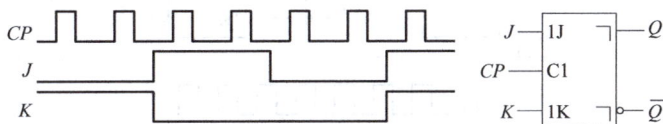

图 8-43 题 8-7 图

8-8　图 8-44 所示为逻辑电路的时钟信号波形，请画出输出端 Q_1、Q_0 的波形（设初始状态为 0）。

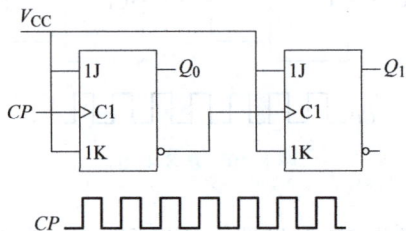

图 8-44　题 8-8 图

8-9　图 8-45 所示为 T 触发器的时钟信号波形，请画出输出端 Q_1、Q_2 的波形（设初始状态为 0）。

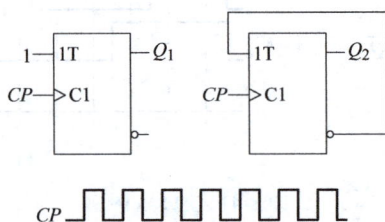

图 8-45　题 8-9 图

8-10　图 8-46 所示为逻辑电路输入端 J、K 与时钟信号波形，请画出输出端 Q 波形（设初始状态为 0）。

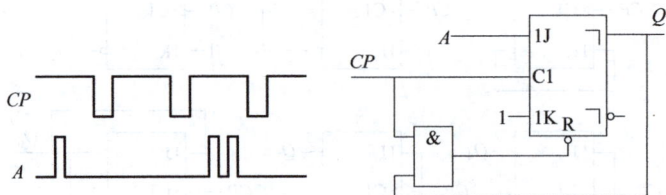

图 8-46　题 8-10 图

8-11　图 8-47 所示为逻辑电路时钟信号波形，请画出输出端 Q_1、Q_2 波形（设初始状态为 0）。

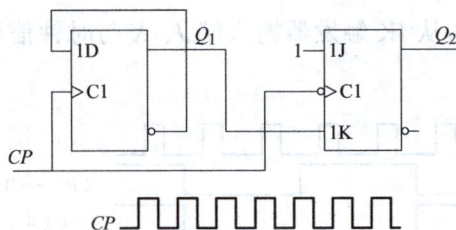

图 8-47　题 8-11 图

8-12 图 8-48 所示为逻辑电路时钟信号波形，请画出输出端 Q_1、Q_2 波形（设初始状态为 0）。

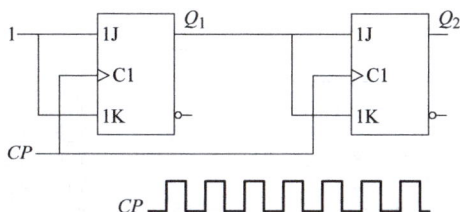

图 8-48 题 8-12 图

8-13 合理连接图 8-49a 所示 74LS161 计数器和发光二极管电路，要求发光二极管亮 3s 暗 4s，实现图 8-49b 所示周期性重复功能。

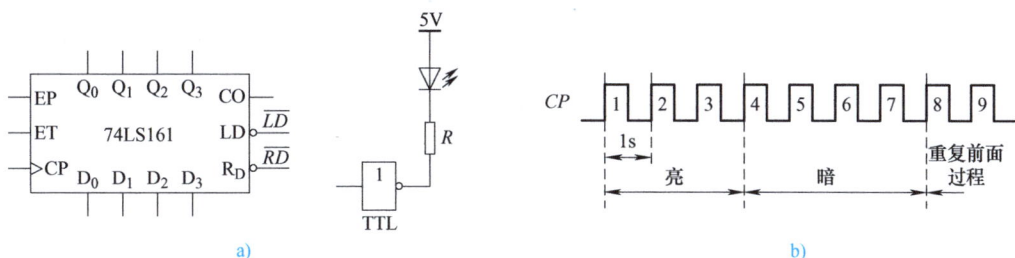

图 8-49 题 8-13 图

8-14 图 8-50 所示为具有同步预置功能的同步 4 位二进制加法计数器 74LS161 组成的计数电路，试说明该计数电路是多少进制。

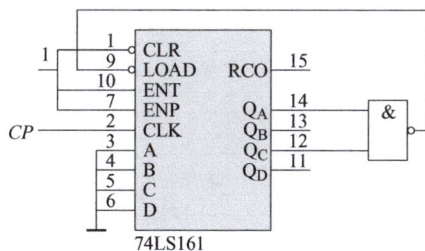

图 8-50 题 8-14 图

8-15 图 8-51 所示为具有同步清除功能的同步 4 位二进制加法计数器 74LS163 组成的计数器电路，试说明该计数电路是多少进制。

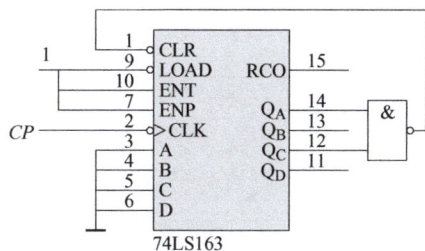

图 8-51 题 8-15 图

8-16 试用 74LS160 采用反馈清零法组成七进制计数器。

8-17 图 8-52 所示为含移位寄存器的时序电路，请根据电路结构画出状态转换图和对应的输出 Y。

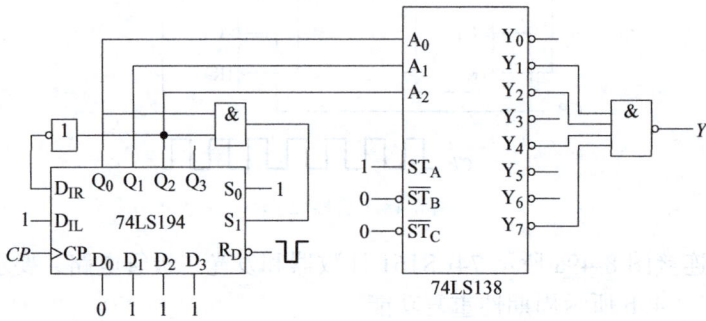

图 8-52 题 8-17 图

第 9 章

脉冲信号的产生与整形电路

▶ 学习目标

1. 了解矩形脉冲的性能参数，理解脉冲电路的工作原理。掌握影响脉冲波形参数的定时元器件参数的计算方法。

2. 掌握由集成逻辑门构成的积分型、微分型两种单稳态触发器的工作特点和典型应用，能够进行主要参数计算。理解常用集成单稳态触发器的功能和使用方法。了解其他类型单稳态触发器的原理。

3. 了解施密特触发器的工作原理与典型应用。理解施密特电路的回差特性，熟悉典型集成施密特触发器的功能与使用方法。

▶ 素养目标

掌握数字信号处理的基本概念，鼓励将技术应用于社会服务和公共利益领域。培养社会服务意识，鼓励利用专业知识服务社会，解决实际问题。

▶ 实例引导

脉冲信号发生器是信号发生器的一种。信号发生器按信号源有很多种分类方法，其中一种方法可分为混合信号源和逻辑信号源两种。逻辑信号发生器又可分为脉冲信号发生器和码型发生器，其中脉冲信号发生器驱动较少个数的方波或脉冲波输出，码型发生器生成许多通道的数字码型。另外，信号源还可以按照输出信号的类型分类，如射频信号发生器、扫描信号发生器、频率合成器、噪声信号发生器、脉冲信号发生器等，图 9-1 为脉冲信号发生器。信号源也可以按照使用频段分类，不同频段的信号源对应不同应用领域。

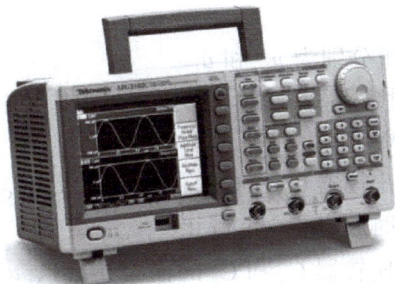

图 9-1　脉冲信号发生器

在数字电路中，获得脉冲信号的方法有两种。一种是利用多谐振荡器直接产生脉冲信号；另一种则是利用整形电路如单稳态触发器、施密特触发器等对已有的信号进行整形或变换，使之符合数字电路的要求。本章以中规模集成电路 555 定时器为典型电路，主要阐述三方面的内容：首先介绍 555 定时器的电路结构和工作原理；然后介绍由 555 定时器构成的施密特触发器、单稳态触发器和多谐振荡器的工作原理；最后介绍 555 定时器的典型应用。

9.1 555 定时器

555 定时器又称 555 时基电路，是一种应用极为广泛的中规模单片集成电路。该电路使用灵活、方便，只需外接少量的阻容元件就可以构成多种应用电路。因此广泛用于信号的产生、变换、控制与检测等方面。

目前生产的定时器有双极型和 CMOS 两种类型，它们的电路组成及工作原理基本相同。TTL 单定时器型号的最后 3 位数字为 555，双定时器的为 556；CMOS 单定时器型号的最后 4 位数字为 7555，双定时器的为 7556。它们的逻辑功能和引脚排列完全相同。

9.1.1 电路的组成

图 9-2a 所示为 555 双极型定时器的内部电路，图 9-2b 为其引脚排列图。

由图 9-2a 可见，555 定时器由 3 个阻值为 5kΩ 的电阻组成的分压器、两个电压比较器 C_1 和 C_2、G_1 和 G_2 组成的基本 RS 触发器、集电极开路的放电管 VT 和输出缓冲级 G_3 等组成。

分压器由 3 个 5kΩ 电阻组成，串接在电源电压 V_{CC} 与地之间，它的作用是为两个比较器提供基准电压。当电压控制端 CO 不外加控制电压时，比较器 C_1 的基准电压 $U_{R1}=\frac{2}{3}V_{CC}$，阈值输入端 TH 是比较器 C_1 的信号输入端；比较器 C_2 的基准电压 $U_{R2}=\frac{1}{3}V_{CC}$，触发输入端 $\overline{TR}$ 是比较器 C_2 的信号输入端。如果在电压控制端 CO 处加控制电压 U_{CO}，则 $U_{R1}=U_{CO}$，$U_{R2}=\frac{1}{2}U_{CO}$。当 CO 端不外加控制电压时，一般都通过 0.01μF 的电容接地，以防外部的干扰，从而保障控制端稳定在 $\frac{2}{3}V_{CC}$。$\overline{R}_D$ 为直接置 0 端，只要 $\overline{R}_D=0$，输出 u_O 便为低电平，正常工作时，$\overline{R}_D$ 必须为高电平。

9.1.2 工作原理

设 TH 和 $\overline{TR}$ 端的输入电压分别为 u_{I1} 和 u_{I2}。

当 $u_{I1}>U_{R1}$、$u_{I2}>U_{R2}$ 时，比较器 C_1 和 C_2 的输出 $u_{C1}=0$、$u_{C2}=1$，基本 RS 触发器被置 0，$Q=0$，$\overline{Q}=1$，输出 $u_O=0$，同时放电管 VT 导通。

当 $u_{I1}<U_{R1}$、$u_{I2}<U_{R2}$ 时，比较器 C_1 和 C_2 的输出 $u_{C1}=1$、$u_{C2}=0$，基本 RS 触发器被置 1，$Q=1$，$\overline{Q}=0$，输出 $u_O=1$，同时放电管 VT 截止。

当 $u_{I1}<U_{R1}$、$u_{I2}>U_{R2}$ 时，比较器 C_1 和 C_2 的输出 $u_{C1}=1$、$u_{C2}=1$，基本 RS 触发器保持原状态不变。

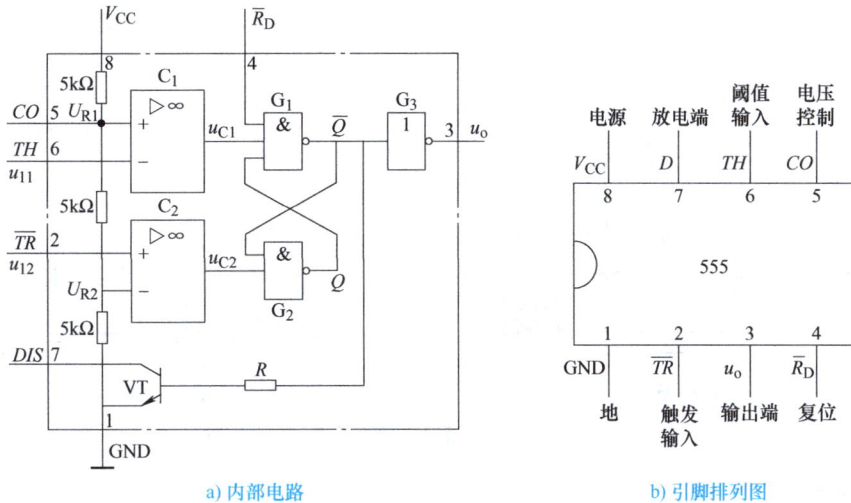

a) 内部电路　　　　　　　　　　　　　b) 引脚排列图

图 9-2　555 双极型定时器

由以上分析可得 555 定时器的功能表，见表 9-1。

表 9-1　555 定时器的功能表

$u_{I1}(TH)$	$u_{I2}(\overline{TR})$	$\overline{R}_D$	u_O	放电管 VT
×	×	0	0	导通
$> \frac{2}{3}V_{CC}$	$> \frac{1}{3}V_{CC}$	1	0	导通
$< \frac{2}{3}V_{CC}$	$< \frac{1}{3}V_{CC}$	1	1	截止
$< \frac{2}{3}V_{CC}$	$> \frac{1}{3}V_{CC}$	1	不变	不变

9.2　555 定时器的应用

555 定时器的应用非常广泛，下面介绍三种基本应用电路：施密特触发器、单稳态触发器和多谐振荡器。

9.2.1　施密特触发器

施密特触发器的重要特点是能够把变化缓慢的输入信号整形成数字电路需要的矩形脉冲，并且因为具有滞回特性，所以抗干扰能力也很强。施密特触发器在脉冲的产生和整形电路中广泛应用。

1. 电路的组成

将 555 定时器的阈值输入端 TH 和触发输入端 $\overline{TR}$ 连在一起，即 6 脚和 2 脚相连，作为触发信号 u_I 的输入端，并从 3 脚取输出信号 u_O，便构成了施密特触发器。电路如图 9-3a 所示。

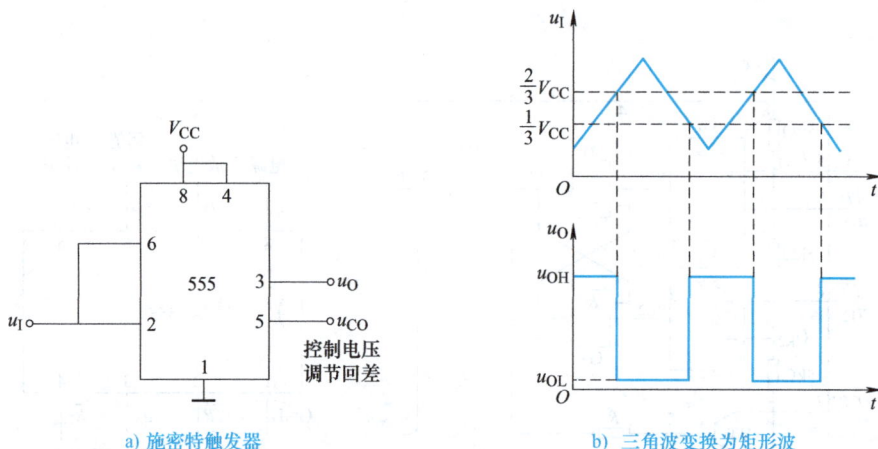

a) 施密特触发器

b) 三角波变换为矩形波

图 9-3　555 定时器构成的施密特触发器及其波形

2. 工作原理

设输入信号 u_I 为三角波，如图 9-3b 所示。由 555 定时器功能表（见表 9-1）知：

当输入 $0<u_I<\dfrac{1}{3}V_{CC}$ 时，输出为 "1"。

当 $\dfrac{1}{3}V_{CC}<u_I<\dfrac{2}{3}V_{CC}$ 时，输出保持 "1" 不变。

当 $u_I\geqslant\dfrac{2}{3}V_{CC}$ 时，电路状态发生翻转，输出由 "1" 变为 "0"。

当 $\dfrac{1}{3}V_{CC}<u_I<\dfrac{2}{3}V_{CC}$ 时，输出保持 "0" 不变；当 $u_I\leqslant\dfrac{1}{3}V_{CC}$ 时，电路状态再次发生翻转，输出由 "0" 变为 "1"。

由上述分析可知，施密特触发器的正向阈值电压为 $\dfrac{2}{3}V_{CC}$，负向阈值电压为 $\dfrac{1}{3}V_{CC}$，回差电压为

$$\Delta U_T = U_{T+} - U_{T-} = \frac{2}{3}V_{DD} - \frac{1}{3}V_{DD} = \frac{1}{3}V_{DD}$$

如在 CO 端加入控制电压 U_{CO}，则可通过调节其大小来达到调节 U_{T+}、U_{T-} 和 ΔU_T 的目的。

$$\Delta U_T = U_{T+} - U_{T-} = U_{CO} - \frac{1}{2}U_{CO} = \frac{1}{2}U_{CO}$$

回差电压的存在可大大提高电路的抗干扰能力。显然，回差电压大，抗干扰能力则强。

图 9-4 为图 9-3 电路的电压传输特性。

由图 9-3 可见，利用施密特触发器将输入的三角波变成了矩形波。用同样的方法进行分析，它还可以将正弦波、锯齿波以及其他各种周期性的不规则波形变换为矩形波（只要输入信号的幅度大于 555 定时器的基准电压）。同时矩形脉冲在传输过程中往往也会因受到外界干扰而发生畸变，利用施密特触发器的回差现象，适当地调整正负阈值电压，就可以获得比较满意的矩形脉冲。以上这些读者不妨自行分析。

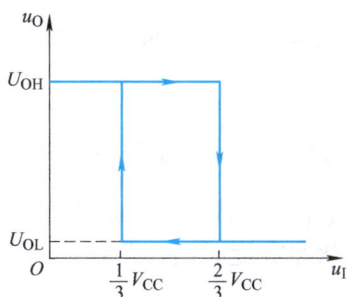

图 9-4　施密特触发器的电压传输特性

9.2.2　单稳态触发器

单稳态触发器有一个稳态和一个暂稳态。无外加触发脉冲时，电路保持稳态；在外加触发脉冲作用下，电路由稳态进入暂稳态；维持一段时间后，电路又自动返回稳态。暂稳态维持时间的长短取决于电路中阻容元件的参数，而与外加触发脉冲无关。

单稳态电路广泛用于脉冲的整形、定时、延时等场合。

1. 电路的组成

将 555 定时器的触发输入端 2 脚作为触发信号 u_I 的输入端，阈值输入端 6 脚和放电端 7 脚相连，并与外接定时元件 R、C 连接，便构成了单稳态电路。电路如图 9-5a 所示。

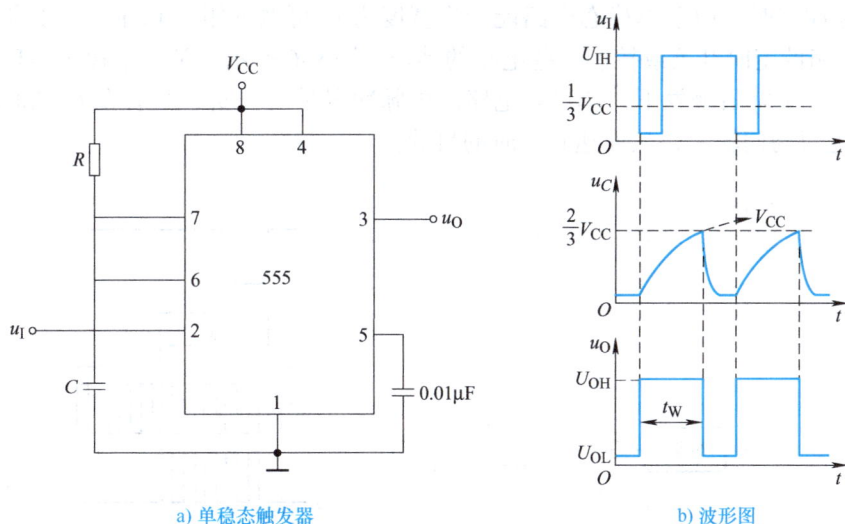

a) 单稳态触发器　　　　　　　　b) 波形图

图 9-5　555 定时器构成的单稳态触发器及其波形图

2. 工作原理

（1）稳态　当单稳态触发器未加输入脉冲时，u_I 为高电平，即 $U_{\overline{TR}} > \dfrac{1}{3} V_{CC}$。接通直流电源 V_{CC} 后，电容 C 经电阻 R 充电。当 u_c 上升至 $\dfrac{2}{3} V_{CC}$ 时，输出为"0"，内部放电管

VT 导通，电容 C 通过放电管迅速放电，直到 $u_C=0$。此时，因 $U_{TH}<\frac{2}{3}V_{CC}$，电路保持原稳态 "0" 不变。

（2）触发翻转　当单稳态触发器加入负脉冲时，$U_{\overline{TR}}=u_I<\frac{1}{3}V_{CC}$，且 $U_{TH}=0<\frac{2}{3}V_{CC}$，则输出由 "0" 翻转为 "1"。放电管 VT 截止，定时开始。

（3）暂稳态　经过一个负脉冲宽度时间，负脉冲消失，u_I 恢复为高电平，即 $U_{\overline{TR}}=u_I>\frac{1}{3}V_{CC}$。因放电管 VT 截止，电源经 R 对 C 充电，U_{TH}（$=u_C$）按指数规律上升。当 $U_{TH}=u_C<\frac{2}{3}V_{CC}$ 时，维持 "1" 态不变，这一阶段电路处于暂稳态。

（4）自动返回　当 $U_{TH}=u_C$ 上升到 $\frac{2}{3}V_{CC}$ 时，电路由暂稳态 "1" 自动返回稳态 "0"，放电管 VT 由截止变为导通，电容 C 放电，定时结束。

当下一个触发脉冲到来时，电路重复上述过程。工作波形如图 9-5b 所示。

暂稳态持续时间又称输出脉冲宽度，也就是电容 C 充电的时间，利用三要素法可求得

$$t_W \approx 1.1RC$$

可见脉冲宽度与 R、C 有关，而与输入信号无关，调节 R 和 C 可改变输出脉冲宽度。

3. 单稳态触发器的应用

（1）脉冲定时　由于单稳态电路能产生宽度为 t_W 可调的矩形脉冲，所以利用该脉冲可以实现电路的定时开关或控制一些电路的动作。图 9-6 所示是利用单稳态实现的定时电路。在输入 u_I 下降沿触发下，单稳态电路产生脉冲定时信号 u_B，只有在 t_W 的时间内，信号 u_A 才能通过与门输出，从而达到定时的目的。

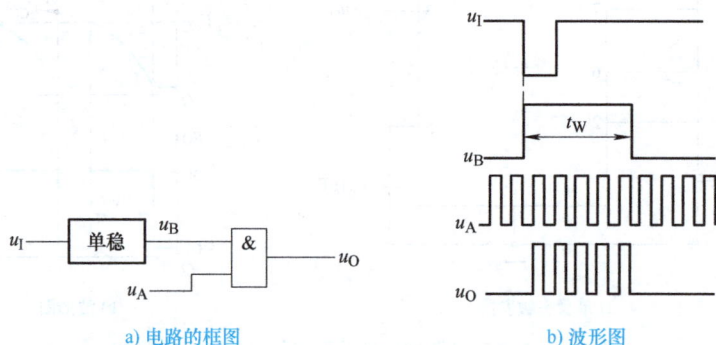

a) 电路的框图　　　b) 波形图

图 9-6　单稳态电路的脉冲定时

（2）脉冲延时　若单稳态电路输入触发脉冲为负脉冲，输出为正脉冲，则输出脉冲的下降沿比触发脉冲的下降沿在时间上延迟 t_W，这样，若用输出下降沿去控制其他电路，就比直接用输入触发脉冲控制延迟了 t_W，从而实现了延时控制，波形如图 9-7 所示。

（3）脉冲整形　将外形不规则的脉冲作触发脉冲，经单稳态触发器输出，可获得规则的脉冲波形输出，波形如图 9-8 所示。

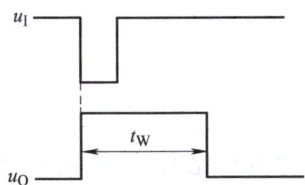

图 9-7　单稳态电路的脉冲延时　　　　　　　　图 9-8　单稳态电路的脉冲整形

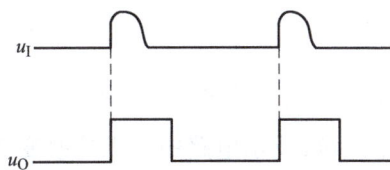

9.2.3　多谐振荡器

多谐振荡器是一种不需外加触发脉冲而产生矩形波的自激振荡器。它只有两个暂稳态，又称无稳态电路。由于矩形脉冲波是由基波和许多高次谐波组成的，故称为多谐振荡器。

1. 电路的组成

电路如图 9-8a 所示，图中 R_1、R_2、C 为外接定时元件，其余部分与施密特触发器相同。

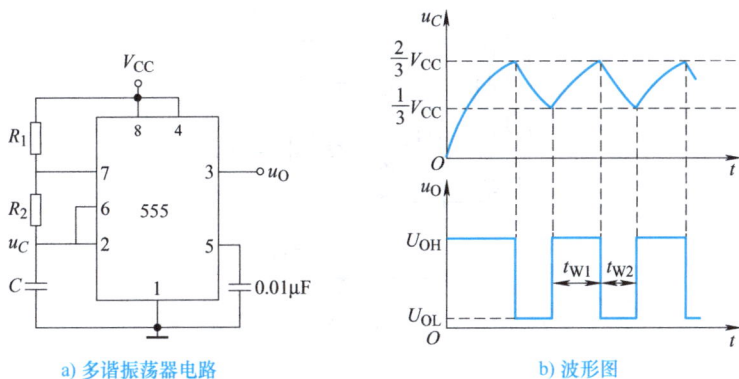

a) 多谐振荡器电路　　　　　　　　　b) 波形图

图 9-9　555 定时器构成的多谐振荡器及其波形图

2. 工作原理

假设电容 C 初始电压为零，在接通直流电源 V_{CC} 瞬间，$U_{TH} = U_{\overline{TR}} = u_C = 0 < \frac{1}{3}V_{CC}$，则 $u_O =$ "1"，电路为第一暂稳态，放电管 VT 截止，电源 V_{CC} 经 R_1、R_2 对电容 C 充电，电容电压逐渐上升。当 u_C 达到 $\frac{2}{3}V_{CC}$ 时，输出由 "1" 跳变为 "0"，电路进入第二暂稳态，同时 VT 管导通，使电容 C 通过 R_2 及 VT 管放电，u_C 下降。当 u_C 下降至 $\frac{1}{3}V_{CC}$ 时，输出又由 "0" 跳变为 "1"，电路又回到第一暂稳态，同时 VT 管截止，电容 C 又重新充电。以后不断重复上述过程，形成振荡，从而获得图 9-9b 所示的矩形波。

电容充电时间　　　　　　　　$t_{W1} = (R_1 + R_2)C\ln2 \approx 0.7(R_1 + R_2)C$

电容放电时间　　　　　　　　$t_{W2} = R_2 C\ln2 \approx 0.7R_2 C$

振荡周期　　　　　　　　　　$T = t_1 + t_2 = 0.7(R_1 + 2R_2)C$

振荡频率　　　　　　　　　　$f = \dfrac{1}{T} = \dfrac{1}{0.7(R_1 + 2R_2)C}$

占空比
$$q = \frac{t_1}{T} = \frac{R_1 + R_2}{R_1 + 2R_2}$$

3. 占空比可调的多谐振荡器

在图 9-9a 所示电路中，无论改变 R_1 或 R_2，只能产生占空比大于 0.5 的矩形波。在改变占空比同时，振荡频率也将改变。如果改变占空比时，要求振荡频率不变，可将电路改成如图 9-10 所示的形式。利用 VD_1、VD_2 管单向导电性，将电路的充电、放电回路分开，充电回路为 $V_{CC} \rightarrow R_1 \rightarrow VD_2 \rightarrow C \rightarrow$ 地，放电回路为 $C \rightarrow VD_1 \rightarrow R_2 \rightarrow$ 放电管 $\rightarrow$ 地，并可用电位器调节占空比。

周期
$$T = 0.7(R_1 + R_2)C$$

振荡频率
$$f = \frac{1}{T} = \frac{1}{0.7(R_1 + R_2)C}$$

占空比
$$q = \frac{R_1}{R_1 + R_2}$$

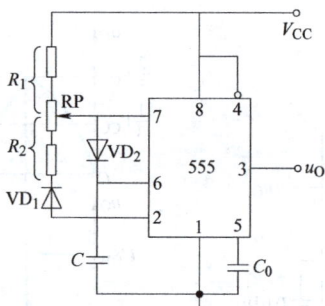

图 9-10　占空比可调的多谐振荡器

9.2.4　555 定时器应用实例

图 9-11 所示为楼道节电灯电路，其中由 555 定时器与 R_1、R_2、C_1 组成了单稳态延时电路。按一下 SB，由于 2 脚接地，使 555 定时器输出高电平，继电器 KA 吸合，其常开触头闭合，电灯 HL 亮。同时电源通过 R_1 对 C_1 充电，当 C_1 电压升至 $\frac{2}{3}V_{CC}$ 时，555 定时器输出为低电平，KA 释放，灯自灭。灯点亮时间即为单稳态电路的暂稳时间（ $t_W = 1.1R_1C_1$ ），按图示参数，$t_W \approx 2min$。调整 R_1、C_1 可调整电路的延迟时间。

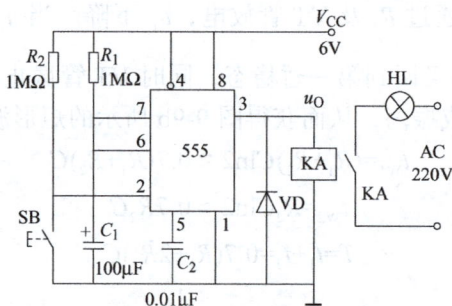

图 9-11　节电灯电路

电路仿真 9：实用 555 时基电路设计

555 时基电路是一种将模拟功能与逻辑功能巧妙地结合在同一硅片上的组合集成电路。该电路可以在最根本的典型应用方式的基础上，根据实际需要，经过参数配置和电路的重新组合，外接少量的阻容元件就能构成不同的电路，因此 555 电路在波形的产生与变换、测量与控制、家用电器、电子玩具等许多领域中都得到了广泛应用。图 9-12 所示为家用延迟触摸照明开关的仿真设计图。

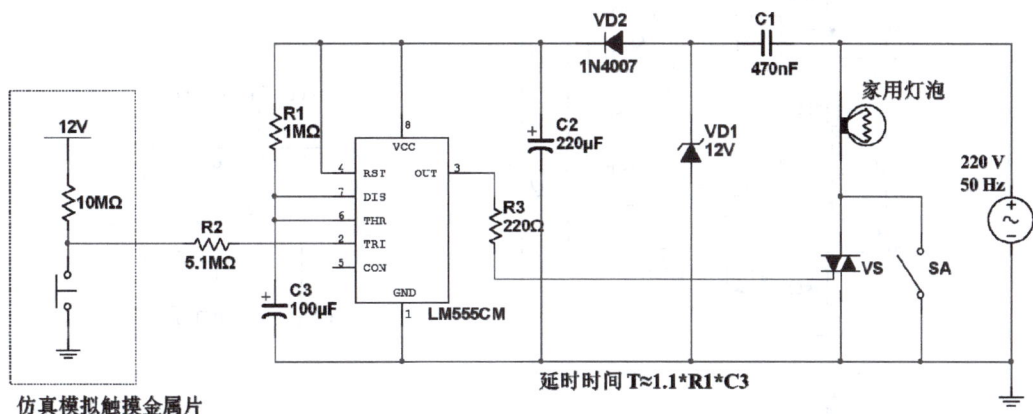

图 9-12　家用延迟触摸照明开关的仿真设计图

技能训练 9：555 时基电路设计与调试

一、训练目的

1. 熟悉 555 型集成时基电路结构、工作原理及其特点。
2. 掌握 555 型集成时基电路的基本应用。

二、理论原理

集成时基电路又称为集成定时器或 555 电路，是一种数字、模拟混合型的中规模集成电路，应用十分广泛。它是一种产生时间延迟和多种脉冲信号的电路，由于内部电压标准使用了 3 个 5kΩ 电阻，故取名 555 电路。其电路类型有双极型和 CMOS 型两大类，二者的结构与工作原理类似。几乎所有的双极型产品型号最后的 3 位数码都是 555 或 556；所有的 CMOS 产品型号最后 4 位数码都是 7555 或 7556。二者的逻辑功能和引脚排列完全相同，易于互换。555 和 7555 是单定时器。556 和 7556 是双定时器。双极型的电源电压 V_{CC}=5 ～ 15V，输出的最大电流可达 200mA，CMOS 型的电源电压为 3 ～ 18V。

如图 9-13 所示，$\overline{R}_{\mathrm{D}}$ 是复位端（4 脚），当 $\overline{R}_{\mathrm{D}}$ =0 时，555 定时器输出低电平。平时 $\overline{R}_{\mathrm{D}}$ 端开路或接 V_{CC}。V_{C} 是控制电压端（5 脚），作为比较器 A_1 的参考电平，当 5 脚外接一个输入电压，即改变了比较器的参考电平，从而实现对输出的另一种控制；在不接外加电压时，通常接一个 0.01μF 的电容到地，起滤波作用，以消除外来的干扰，以确保参考电平的稳定。VT 为放电管，当 VT 导通时，将给接于 7 脚的电容提供低阻放电通路。

555 定时器主要是与电阻、电容构成充放电电路，并由两个比较器来检测电容上的电压，以确定输出电平的高低和放电开关管的通断。这就很方便地构成从微秒到数十分钟的延时电路，可方便地构成单稳态触发器、多谐振荡器、施密特触发器等脉冲产生或波形变换电路。

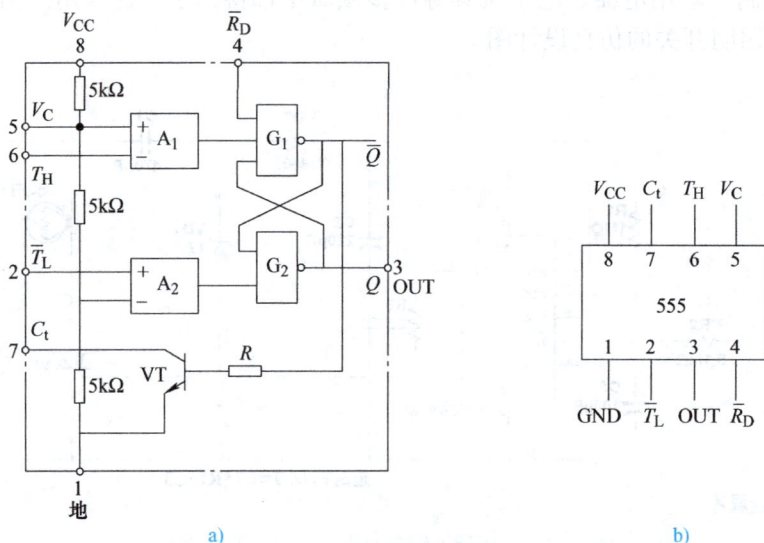

图 9-13　555 定时器内部框图及引脚排列

三、实验设备与器件

5V 直流电源、双踪示波器、连续脉冲源、单次脉冲源、数字频率计、逻辑电平显示器、555 定时器 2 片、电位器、电阻、电容。

四、实验内容

按图 9-14 接线，设计调试模拟声响电路。电路由两个多谐振荡器组成，调节定时元件，使 NE555（1）输出较低频率，NE555（2）输出较高频率，连好线，接通电源，试听音响效果。调换外接阻容元件，再试听音响效果。

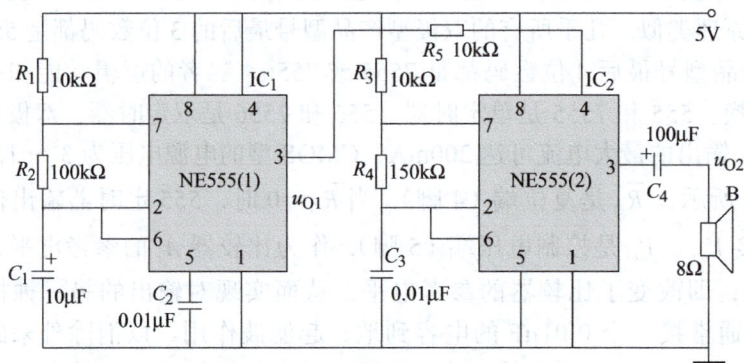

图 9-14　模拟声响电路

五、训练要求

1. 复习有关 555 定时器的工作原理及其应用。
2. 拟定实验中所需的数据、表格等。
3. 拟定各次实验的步骤和方法。

本章小结

1. 555 定时器是一种应用广泛的集成器件。它只需外接少量阻容元件便可构成三种基本应用电路：施密特触发器、单稳态触发器和多谐振荡器，它还可组成其他很多实用电路。

2. 施密特触发器和单稳态触发器是两种常用的波形变换电路，可将输入的周期性脉冲信号变换成所要求的矩形脉冲输出。施密特触发器有两个稳定状态，具有回差特性。施密特触发器还经常用来进行幅度鉴别、脉冲整形等。单稳态触发器有一个稳定状态和一个暂稳态，改变电路中的 R、C 定时元件的数值大小，可以调节输出脉冲的宽度。

3. 多谐振荡器只有两个暂稳态。暂稳态间的转换靠电容的充电和放电自动完成，接通电源后，无需外加输入信号就能输出矩形波。改变 R、C 的大小，即可调节振荡频率。

习 题

9-1 利用 555 定时器构成单稳态电路，当按钮按下后，如需将暂稳态时间设置为 1s，试画出电路图，并计算外围电路电阻与电容参数。

9-2 用定时器 555 组成多谐振荡器，要求输出电压 V_O 的方波周期为 1ms，试选择电阻与电容的数值，并画出电路图。

9-3 用 555 定时器构成的单稳态触发电路如图 9-15 所示，请回答以下问题：

（1）计算暂稳态维持时间 t_w。

（2）图 9-15b 所示为输入信号 u_I 的波形图，请画出 u_I 作用下的 u_C 和 u_O 的波形图。

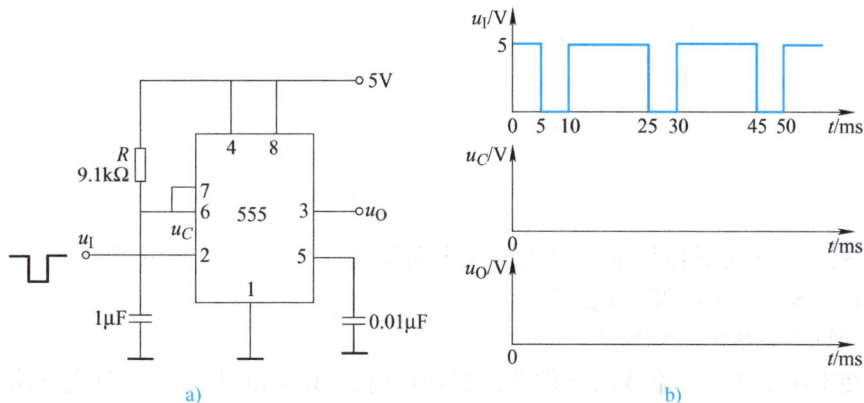

图 9-15 题 9-3 图

9-4　请根据图 9-16 所示 555 定时器和 D 触发器构成的电路，回答以下问题：

（1）555 定时器构成了哪种功能的脉冲电路？

（2）在图 9-16b 中画出 u_C、u_{O1}、u_{O2} 的波形。

（3）计算 u_{O1} 和 u_{O2} 的频率。

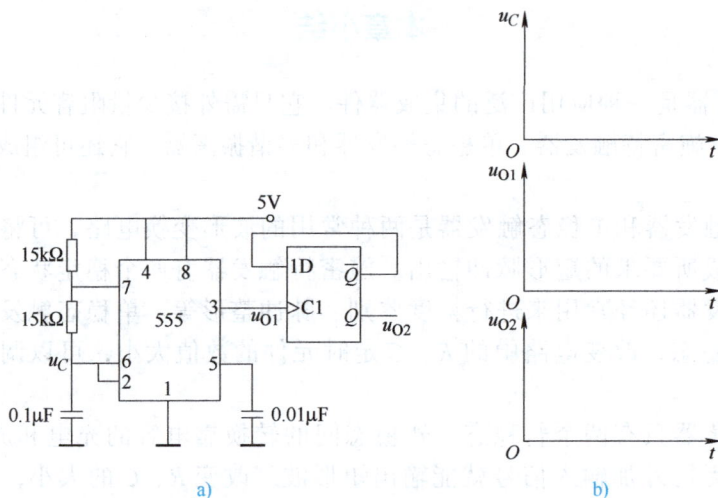

图 9-16　题 9-4 图

9-5　由 555 定时器构成的电路如图 9-17 所示，其中 $V_{CC} = 5V$、$U_S = 4V$，回答下列问题：

（1）写出该 555 定时器构成的电路功能名称。

（2）如果输入信号 u_I 如图 9-17b 所示，画出电路输出 u_O 的波形。

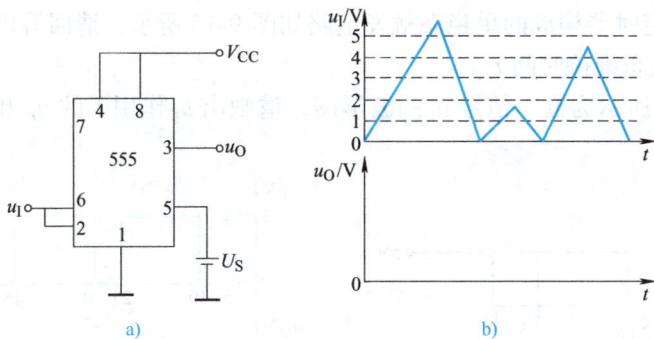

图 9-17　题 9-5 图

9-6　利用 555 定时器构成的电子门铃电路如图 9-18 所示，按下开关 S 后，门铃 BL 鸣响，且断开 S 后仍能持续一段时间。

（1）计算该系统的鸣响频率。

（2）在电源电压 V_{CC} 不变的条件下，要延长门铃 BL 鸣响时间，可改变电路中哪个元件的参数？

（3）电路中电容 C_2 和 C_3 具有什么作用？

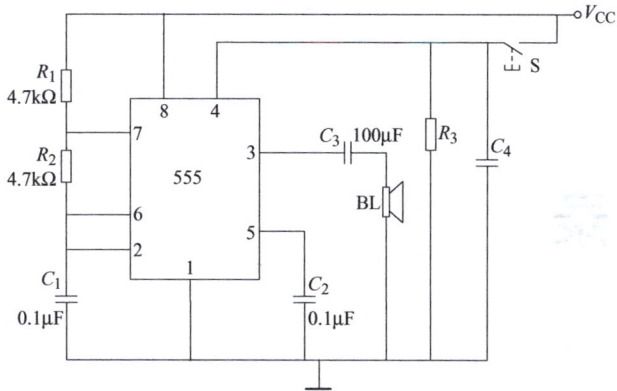

图 9-18　题 9-6 图

9-7　现选用两个 555 定时器线连，构成具有延时功能的报警器，如图 9-19 所示，具备以下功能：当开关 S 断开，并延迟 t_d 时间，扬声器才开始发声，并且在迟延时间内闭合开关，扬声器立刻停止发声。各元件参数如图所示，请根据已知信息计算延迟时间 t_d 和扬声器频率。

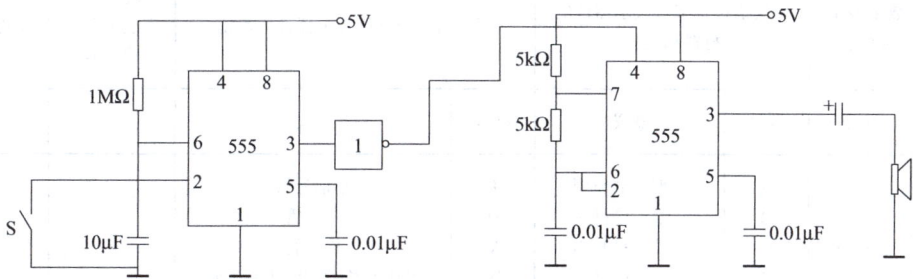

图 9-19　题 9-7 图

附　录

附录 A　半导体分立器件型号命名方法
（国家标准　GB/T 249—2017）

第一部分		第二部分		第三部分		第四部分	第五部分
用阿拉伯数字表示器件的电极数目		用汉语拼音字母表示器件的材料和极性		用汉语拼音字母表示器件的类别		用阿拉伯数字表示登记顺序号	用汉语拼音字母表示规格号
符号	意义	符号	意义	符号	意义		
2	二极管	A B C D E	N 型，锗材料 P 型，锗材料 N 型，硅材料 P 型，硅材料 化合物或合金材料	P H V W C Z L S K N F	小信号管 混频管 检波管 电压调整管和电压基准管 变容管 整流管 整流堆 隧道管 开关管 噪声管 限幅管		
3	三极管	A B C D E	PNP 型，锗材料 NPN 型，锗材料 PNP 型，硅材料 NPN 型，硅材料 化合物或合金材料	X G D A T Y B J	低频小功率晶体管 （$f_a<3\text{MHz}$，$P_C<1\text{W}$） 高频小功率晶体管 （$f_a\geqslant3\text{MHz}$，$P_C<1\text{W}$） 低频大功率晶体管 （$f_a<3\text{MHz}$，$P_C\geqslant1\text{W}$） 高频大功率晶体管 （$f_a\geqslant3\text{MHz}$，$P_C\geqslant1\text{W}$） 闸流管 体效应管 雪崩管 阶跃恢复管		

示例：

硅 NPN 型高频小功率晶体管

```
3   D   G   6   C
                └── 规格号
            └────── 登记顺序号
        └────────── 高频小功率晶体管
    └────────────── NPN型，硅材料
└────────────────── 三极管
```

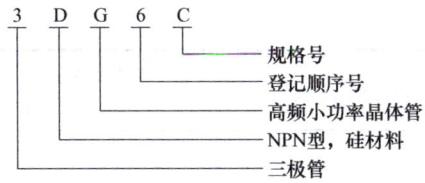

附录 B　常用半导体分立器件的参数

表 B-1　二极管

参数	最大整流电流	最大整流电流时 的正向电压降	最高反向工作电压
符号	I_F	U_F	U_{RM}
单位	mA	V	V
型号 2AP1	16		20
2AP2	16		30
2AP3	25		30
2AP4	16	≤1.2	50
2AP5	16		75
2AP6	12		100
2AP7	12		100
2CZ52A			25
2CZ52B			50
2CZ52C			100
2CZ52D			200
2CZ52E	100	≤1	300
2CZ52F			400
2CZ52G			500
2CZ52H			600
2CZ55A			25
2CZ55B			50
2CZ55C			100
2CZ55D			200
2CZ55E	1000	≤1	300
2CZ55F			400
2CZ55G			500
2CZ55H			600

（续）

参数	最大整流电流	最大整流电流时的正向电压降	最高反向工作电压
型号 2CZ56A			25
2CZ56B			50
2CZ56C			100
2CZ56D	3000	≤0.8	200
2CZ56E			300
2CZ56F			400
2CZ56G			500
2CZ56H			600

表 B-2　稳压二极管

参数	稳定电压	稳定电流	耗散功率	最大稳定电流	动态电阻
符号	U_Z	I_Z	P_Z	I_{ZM}	r_Z
单位	V	mA	mW	mA	Ω
测试条件	工作电流等于稳定电流	工作电压等于稳定电压	$-60 \sim 50℃$	$-60 \sim 50℃$	工作电流等于稳定电流
型号 2CW52	$3.2 \sim 4.5$	10	250	55	≤70
2CW53	$4 \sim 5.8$	10	250	41	≤50
2CW54	$5.5 \sim 6.5$	10	250	38	≤30
2CW55	$6.2 \sim 7.5$	10	250	33	≤15
2CW56	$7 \sim 8.8$	10	250	27	≤15
2CW57	$8.5 \sim 9.5$	5	250	26	≤20
2CW58	$9.2 \sim 10.5$	5	250	23	≤25
2CW59	$10 \sim 11.8$	5	250	20	≤30
2CW60	$11.5 \sim 12.5$	5	250	19	≤40
2CW61	$12.2 \sim 14$	3	250	16	≤50
2DW230	$5.8 \sim 6.6$	10	200	30	≤25
2DW231	$5.8 \sim 6.6$	10	200	30	≤15
2DW232	$6 \sim 6.5$	10	200	30	≤10

表 B-3　晶体管

参数符号		单位	测试条件	型号			
				3DG100A	3DG100B	3DG100C	3DG100D
直流参数	I_{CBO}	μA	$U_{CB}=10V$	≤0.1	≤0.1	≤0.1	≤0.1
	I_{EBO}	μA	$U_{EB}=1.5V$	≤0.1	≤0.1	≤0.1	≤0.1
	I_{CEO}	μA	$U_{CE}=10V$	≤0.1	≤0.1	≤0.1	≤0.1
	U_{BE}	V	$I_B=1mA$ $I_C=10mA$	≤1.1	≤1.1	≤1.1	≤1.1
	$h_{FE}(\beta)$		$U_{CB}=10V$ $I_C=3mA$	≥30	≥30	≥30	≥30
交流参数	f_T	MHz	$U_{CE}=10V$ $I_C=3mA$ $f=30MHz$	≥150	≥150	≥300	≥300
	G_P	dB	$U_{CB}=10V$ $I_C=3mA$ $f=100MHz$	≥7	≥7	≥7	≥7
	C_{ob}	pF	$U_{CB}=10V$ $I_C=3mA$ $f=5MHz$	≤4	≤3	≤3	≤3
极限参数	$U_{(BR)CBO}$	V	$I_C=100μA$	≥30	≥40	≥30	≥40
	$U_{(BR)CEO}$	V	$I_C=200μA$	≥20	≥30	≥20	≥30
	$U_{(BR)EBO}$	V	$I_E=100μA$	≥4	≥4	≥4	≥4
	I_{CM}	mA		20	20	20	20
	P_{CM}	mW		100	100	100	100
	T_{jM}	℃		150	150	150	150

表 B-4　绝缘栅场效应晶体管

参数	符号	单位	型号			
			3DO4	3DO2 （高频管）	3DO6 （开关管）	3CO1 （开关管）
饱和漏极电流	I_{DSS}	μA	$0.5×10^3 \sim 15×10^3$		≤1	≤1
栅源夹断电压	$U_{GS(off)}$	V	≤|-9|			
开启电压	$U_{GS(th)}$	V			≤5	-2 ～ -8
栅源绝缘电阻	R_{GS}	Ω	≥10^9	≥10^9	≥10^9	≥10^9
共源小信号低频跨导	g_m	μA/V	≥2000	≥4000	≥2000	≥500
最高振荡频率	f_M	MHz	≥300	≥1000		
最高漏源电压	$U_{DS(BR)}$	V	20	12	20	
最高栅源电压	$U_{GS(BR)}$	V	≥20	≥20	≥20	≥20
最大耗散功率	P_{DM}	mW	100	100	100	100

注：3CO1 为 P 沟道增强型，其他为 N 沟道管（增强型$U_{GS(th)}$为正值，耗尽型$U_{GS(off)}$为负值）。

表 B-5　单结晶管

参数	符号	单位	测试条件	型号			
				BT33A	BT33B	BT33C	BT33D
基极电阻	R_{BB}	kΩ	$U_{BB} = 3V$ $I_E = 0$	2～4.5	2～4.5	4.5～12	4.5～12
分压比	η		$U_{BB} = 20V$	0.45～0.9	0.45～0.9	0.3～0.9	0.3～0.9
峰点电流	I_P	μA	$U_{BB} = 20V$	<4	<4	<4	<4
谷点电流	I_V	mA	$U_{BB} = 20V$	>1.5	>1.5	>1.5	>1.5
谷点电压	U_V	V	$U_{BB} = 20V$	<3.5	<3.5	<4	<4
饱和压降	U_{ES}	V	$U_{BB} = 20V$ $I_E = 50mA$	<4	<4	<4.5	<4.5
反向电流	I_{EO}	μA	$U_{EBO} = 60V$	<2	<2	<2	<2
E、B_1 间 反向电压	U_{EB_1O}	V	$I_{EO} = 1μA$	≥30	≥60	≥30	≥60
耗散功率	P_{BM}	mW		300	300	300	300

表 B-6　晶闸管

参数	符号	单位	型号				
			KP5	KP20	KP50	KP200	KP500
正向重复峰 值电压	U_{FRM}	V	100～3000	100～3000	100～3000	100～3000	100～3000
反向重复峰 值电压	U_{RRM}	V	100～3000	100～3000	100～3000	100～3000	100～3000
导通时 平均电压	U_F	V	1.2	1.2	1.2	0.8	0.8
正向平均 电压	I_F	A	5	20	50	200	500
维持电流	I_H	mA	40	60	60	100	100
控制极触发 电压	U_G	V	≤3.5	≤3.5	≤3.5	≤4	≤5
控制极触发 电流	I_G	mA	5～70	5～100	8～150	10～250	20～300

附录 C　半导体集成器件型号命名方法

第0部分		第一部分		第二部分	第三部分		第四部分	
用字母表示器件 符合国家标准		用字母表示器件的类型		用阿拉伯数字表示 器件的系列和品种 代号	用字母表示器件的工作温 度范围		用字母表示器件的封装	
符号	意义	符号	意义		符号	意义	符号	意义
C	符合国家标准	T	TTL		C	$0 \sim 70℃$	F	多层陶瓷扁平
		H	HTL		G	$-25 \sim 70℃$	B	塑料扁平
		E	ECL		L	$-25 \sim 85℃$	H	黑瓷扁平
		C	CMOS		E	$-40 \sim 85℃$	D	多层陶瓷双列 直插
		M	存储器		R	$-55 \sim 85℃$	J	黑瓷双列直插
		F	线性放大器		M	$-55 \sim 125℃$	P	塑料双列直插
		W	稳压器				S	塑料单列直插
		B	非线性电路				K	金属菱形
		J	接口电路				T	金属圆形
		AD	A/D 转换器				C	陶瓷片状载体
		DA	D/A 转换器				E	塑料片状载体
							G	网格阵列

示例

```
C  F  741  C  T
```

- 金属圆形封装
- 工作温度为0～70℃
- 通用型运算放大器
- 线性放大器
- 符合国家标准

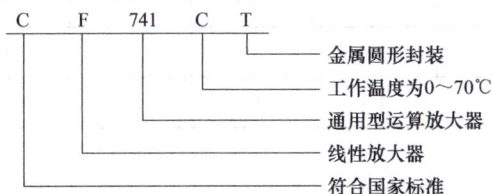

附录 D　常用半导体集成电路的参数和符号

表 D-1　运算放大器

参数	符号	单位	型号					
			F007	F101	8FC2	CF118	CF725	CF747M
最大电源 电压	U_S	V	± 22	± 22	± 22	± 20	± 22	± 22
差模开环电 压放大倍数	$A_{\mu 0}$		80dB	$\geqslant 88$dB	3×10^4	2×10^5	3×10^6	2×10^5
输入失调 电压	U_{IO}	mV	$2 \sim 10$	$3 \sim 5$	$\leqslant 3$	2	0.5	1
输入失调 电流	I_{IO}	nA	$100 \sim 300$	$20 \sim 200$	$\leqslant 100$			
输入偏置 电流	I_{IB}	nA	500	$150 \sim 500$		120	42	80

（续）

参数	符号	单位	型号					
			F007	F101	8FC2	CF118	CF725	CF747M
共模输入电压范围	U_{ICR}	V	± 15			± 11.5	± 14	
共模抑制比	U_{CMR}	dB	≥70	≥80	≥80	≥80	120	90
最大输出电压	U_{OPP}	V	± 13	± 14	± 12		± 13.5	
静态功率	P_D	mW	≤120	≤60	150		80	

表 D-2　W7800 系列和 W7900 系列集成稳压器

参数名称	符号	单位	7805	7815	7820	7905	7915	7920
输出电压	U_o	V	5，±5%	15，±5%	20，±5%	−5，±5%	−15，±5%	−20，±5%
输入电压	U_i	V	10	23	28	−10	−23	−28
电压最大调整率	S_U	mV	50	150	200	50	150	200
静态工作电流	I_O	mA	6	6	6	6	6	6
输出电压温漂	S_T	mV/℃	0.6	1.8	2.5	−0.4	−0.9	−1
最小输入电压	U_{imin}	V	7.5	17.5	22.5	−7	−17	−22
最大输入电压	U_{imax}	V	35	35	35	−35	−35	−35
电大输出电压	I_{omax}	A	1.5	1.5	1.5	1.5	1.5	1.5

附录 E　数字集成电路各系列型号分类表

系列	子系列	名称	国标型号	国际型号	速度 /ns	功耗 /mW
TTL	TTL	标准 TTL 系列	CT1000	54/74 × × ×	10	10
	HTTL	高速 TTL 系列	CT2000	54/74H × × ×	6	22
	STTL	肖特基 TTL 系列	CT3000	54/74S × × ×	3	19
	LSTTL	低功耗肖特基 TTL 系列	CT4000	54/74LS × × ×	9.5	2
	ALSTTL	先进低功耗肖特基 TTL 系列		54/74ALS × × ×	4	1
MOS	PMOS	P 沟道场效晶体管系列				
	NMOS	N 沟道场效晶体管系列				
	CMOS	互补场效晶体管系列	CC4000		125	1.25×10^{-3}
	HCMOS	高速 CMOS 系列			8	2.5
	HCMOST	与 TTL 兼容的 HC 系列			8	2.5

附录 F　TTL 门电路、触发器和计数器的部分品种型号

类型	型号	名称
门电路	CT4000（74LS00）	四 2 输入与非门
	CT4004（74LS04）	六反相器
	CT4008（74LS08）	四 2 输入与门
	CT4011（74LS11）	三 2 输入与门
	CT4020（74LS20）	双 4 输入与非门
	CT4027（74LS27）	三 3 输入或非门
	CT4032（74LS32）	四 2 输入或门
	CT4086（74LS86）	四 2 输入异或门
触发器	CT4074（74LS74）	双上升沿 D 触发器
	CT4112（74LS112）	双下降沿 JK 触发器
	CT4175（74LS175）	四上升沿 D 触发器
计数器	CT4160（74LS160）	十进制同步计数器
	CT4161（74LS161）	二进制同步计数器
	CT4162（74LS162）	十进制同步计数器
	CT4192（74LS192）	十进制同步可逆计数器
	CT4290（74LS290）	二 – 五 – 十进制计数器
	CT4293（74LS293）	二 – 八 – 十六进制计数器

参考文献

[1] 张虹，卜铁伟，等 . 电子技术基础 [M]. 2 版 . 北京：电子工业出版社，2024.

[2] 秦曾煌 . 电工学：下册 [M]. 7 版 . 北京：高等教育出版社，2011.